해석적 패러다임을 배경으로 쓴 대안학교 체육교사의 이야기!

이상한 학교의 체육선생

해석적 패러다임을 배경으로 쓴 대안학교 체육교사의 이야기!
이상한 학교의 체육선생

초판 1쇄 인쇄   2021년 4월 02일
초판 1쇄 발행   2021년 4월 12일
개정판 초판 1쇄 인쇄   2022년 10월 10일
개정판 초판 1쇄 발행   2022년 10월 25일

신고번호   제313-2010-376호
등록번호   105-91-58839

지은이   최정규

발행처   보민출판사
발행인   김국환
편집   정은희
디자인   김민정

ISBN   979-11-92071-91-6   03370

주소   서울시 강서구 마곡서로 152, 두산타워 A동 1108호
전화   070-8615-7449
사이트   www.bominbook.com

• 가격은 뒤표지에 있으며, 파본은 구입하신 서점에서 교환해드립니다.
• 이 책은 저작권법에 의하여 보호를 받는 저작물이므로 무단 전재와 복사를 금합니다.

해석적 패러다임을 배경으로 쓴 대안학교 체육교사의 이야기!

이상한 학교의 체육선생

최정규 지음

머리말

　이 글은 질적 연구를 하고자 하는 학위과정생들에게 조금이나마 도움을 주고 싶은 마음에 '이상한 학교의 체육선생'에 추가 작성하였다(개정판). 먼저 시중에 나온 학위논문 작성법과는 다르게 내러티브하게 작성하였으며, 필자가 논문을 작성하며 느낀 것과 노하우를 중심으로 작성하였다. 또한 필자의 박사학위 논문을 예를 들어 쉽게 설명하려 노력하였다. 따라서 논문작성 노하우 부분과 필자의 논문 내용을 번갈아 가며 살핀다면 논문작성의 기초를 빠르게 파악할 수 있을 것이다.

　이 글은 학문적 글쓰기가 아닌, 경험적 글쓰기이기에 학위과정생들의 상황(전공, 대학, 교수 등)에 따라 필자의 글이 도움이 될 수도, 안 될 수도 있을 것이라는 사실을 미리 밝혀두는 바이다. 또한 이 글을 읽다 학위논문 작성법에 대해 더 궁금한 사항이 생길 시 필자 학교(두레자연고등학교)에 전화를 주신다면, 시간이 되는 한 적극 도울 것을 약속하는 바이다.

'이상한 학교의 체육선생'은 '대안학교 체육교사의 정체성 형성과 체육수업의 변화'라는 체육학 박사학위(2020년 8월) 논문 내용의 포장지며 딱딱한 학문적 제목을 은유적으로 표현한 것이다. 이는 한 작은 마을의 작은 학교에서 아이들을 가르치는 체육선생 내면의 큰 질문에서부터 시작한 연구물이다. '나는 누구인가'라는 큰 질문으로부터······.

  본 책은 순서(목차)대로 읽지 않아도 된다. 대안학교에서 고군분투하는 체육교사의 삶을 총체적으로 보고 싶거나, 체육수업의 아이디어를 얻고 싶은 독자들은 연구결과만 봐도 좋을 것이다. 또한 '대안', '교육'과 '체육'에 대한 교육적 해석을 읽기 원한다면 해석 부분을 먼저 봐도 무방하다. 단 질적 연구에 관심이 있거나, 체육을 전공하는 대학원생들은 학위논문 체제를 파악하기 위해 목차대로 읽는 것을 권한다. 다음은 본 연구의 중요(필요)한 부분만을 뽑아서 적은 내용(초록)이다.

  본 연구는 대안학교 체육교사의 정체성 형성과 체육수업의 변화를 탐색함으로써 나와 체육수업, 대안교육의 이해를 통해 본연의 체육교사상에 대한 참조적 구상안과 본연의 체육교육 방향에 시사점을 제공하는 데 그 목적이 있다. 이러한 연구 목적을 달성하기 위해서 해석적 패러다임을 기반으로 자문화기술지 연구 방법을 사용하였다. 이에 나를 대상으로 자기기억자료, 타자들의 면담, 문화적 인공물을 통해 자료를 수집하였다. 수집된 자료는 Wolcott(1994)의 기술, 분석, 해석 3단계 절차에 따라 분석이 이루어졌고, 자료의 진실성 확보를 위해 동료 간 협의, 구성원 간 검토, 다각도 검증을 실시하였다. 연구결과는 대안학교 체육교사가 되기까지의 경험, 대안학교 체육교사로서의 정체성 형성 과정, 대안학교 체육교사의 정체성과 체육수업의 변화로 분류되어 해석되었다.

첫째, 대안학교 체육교사가 되기까지의 경험은 대안학교 체육교사 정체성의 근원(根源)이 되었다. 어릴 적 경험부터 기간제 교사 시절의 경험에 이르기까지 내가 자각하는 '의미 있는 경험'이 지금의 나(대안학교 체육교사)의 정체성을 형성하는 중요한 배경이 되었다. 학창 시절 다양한 체육활동의 경험은 대안학교에서의 다양한 체육수업을 구성하는 데 배경이 되었으며, 예비교사 시절 수평적 문화를 지향했던 경험은 대안교육 문화를 받아들이는 밑거름이 되었다.

둘째, 대안학교 체육교사의 정체성은 '해체 - 구성 - 재해체'의 변화양상을 보였으며, '해체'의 과정에서는 학생 중심 교육관의 형성과 생활교육 중심의 삶, '구성'의 과정에서는 다양한 대안 체육수업 구성에 중점을 둔 삶, '재해체'의 과정에서는 탐구와 탐색을 통한 본질적 체육수업 지향에 중심을 둔 삶으로 확인하였다. 이러한 정체성 변화에서 보여준 특징은 의미 있는 경험과 성찰, 대안문화로 나타났으며, 특히 일반학교 교사 정체성 형성과 다른 양상을 보인 주된 요인은 다양한 교육에 도전할 수 있도록 하는 허용적 문화, 교육과 삶이 분리되지 않는 교사의 삶, 학생과 특별한 관계를 맺는 교사라는 '대안문화' 특징으로 확인되었다. 또한, 대안교육 정체성을 가진 실천적 전문가로서의 체육교사의 특징은 세 가지 전문성으로 확인되었다. 이는 '살아내기 - 알아가기 - 이해하기 - 마음에 받아들이기' 과정을 통해 체득된 '대안교육 철학 전문성'과 '수행 전문성'인 아이들과 함께 생활하고 교육할 수 있는 생활교육의 전문성, 학생들의 다양한 역량을 키워줄 수 있는 체육수업을 계획 · 운영할 수 있는 체육수업 운영 전문성, 아이들과 함께하며 그들의 성장을 기다려주는 인내, 사랑, 책임감이 높은 '인성 전문성'이다. 이러한 실천적 전문직 체육교사에 영향을 준 대안교육의 가치는 학생 중심 교육관, 공동체, 노동과 신체활동이며, 아이들과의 경험, 대안학교에서의 삶을 성찰함으로 세 가지 가치가 함양될 수 있었다.

셋째, 대안학교 체육교사 정체성은 체육수업의 토대가 되었다. 즉, 해체의 과정은 학생 중심 철학과 이상적 목표 설정에, 구성의 과정은 다양한 수업내용과 방법 측면에, 재해체의 과정은 사유적 철학과 체계적 목표, 내용, 방법, 평가를 실천하도록 영향을 주었다. 대안교육 체육수업의 교육적 특징 세 가지는 행복이라는 수업 철학을 기반으로 신체와 정서 회복이라는 가까운 목표를 제시하였으며, 다양한 아이들의 역량을 키워줄 수 있는 다양한 내용·방법과 허용적 분위기, 마지막으로 수업의 여세성에 긍정적 영향을 주며 학생들이 빠르게 과제에 몰입되도록 만든, 교사와 아이들과의 '관계성'이라는 특징으로 확인되었다.

이상에서 밝혀진 대안학교 체육교사가 되기까지의 경험이 대안학교 체육교사 정체성의 원천이 되었고, 그 정체성 변화양상에 따라 체육수업의 변화가 이뤄졌음을 확인하였다. 결국, 국가 차원에서의 정책 변화를 통해 체육교사 정체성이 발전적으로 형성되거나, 체육수업의 질이 보장되는 것이 아닌, 교사의 의미 있는 경험과 성찰, 실천, 교육적 문화에서 비롯된다고 할 수 있다. 따라서 본연의 체육교사 정체성 형성, 본연의 체육교육으로 나아가기 위해서는 교사에게 의미 있는 경험을 주기 위한 프로그램 개발 및 교직 문화를 '대안교육 문화'로 만들기 위한 제도적 지원과 현직교사들의 노력과 관심이 뒤따라야 할 것이다.

마지막으로 서언의 마침표를 비와이(BewhY)의 곡(The Time Goes On) 가사를 발췌 및 수정하여 표현하고자 한다.

나로 인해 쓰여진 정체성과 대안학교 체육수업의 history,
어쩌면 이 모든 것은 내 이야기가 아닌 his story.

목차

머리말 4

I. 서론
1. 연구의 필요성 16
2. 연구 목적 및 연구문제 27
3. 용어의 정의 28

II. 이론적 배경
1. 대안학교 교육 33
   - 가. 대안교육 33
   - 나. 대안교육 역사 38
   - 다. 대안교육 유형 42
   - 라. 대안학교 교육 특성 48
2. 정체성 53
   - 가. 정체성 53
   - 나. 전문적 정체성 63
3. 교직 정체성 73
   - 가. 교사 정체성 73
   - 나. 체육교사 정체성 80

III. 연구 방법
1. 연구설계 88
2. 연구참여자 및 연구 환경 97
3. 자료 수집 102
4. 자료 분석 108
5. 연구의 진실성 115

IV. 연구 결과

1. 대안학교 체육교사가 되기까지의 경험 124
    가. 다양한 체육활동의 이식(移植) 125
    나. 수평적 문화에 대한 지향 141
    다. 교육 및 체육에 대한 탐색 147

2. 대안학교 체육교사로서의 정체성 형성과정 159
    가. 해체 162
        1) 대안 속의 혼돈 163
        2) 대안을 탐색 172
        3) 대안으로 수렴 180
    나. 구성 187
        1) 대안체육수업 도전 188
        2) 체육수업 전문성과 열정 197
        3) 주체성으로 대안체육문화 조성 203
    다. 재해체 213
        1) 수업에 대한 자기 성찰 214
        2) 탐구와 탐색 219
        3) 대안 속의 재혼돈 223

3. 대안학교 체육교사의 정체성과 체육수업의 변화 231
    가. 해체의 과정과 체육수업의 변화 233
        1) 대안교육에서의 체육수업 형성 233
        2) 해체의 과정과 체육수업과의 연관성 탐색 239
    나. 구성의 과정과 체육수업의 변화 255
        1) 대안교육에서의 체육수업 확장 255
        2) 구성의 과정과 체육수업과의 연관성 탐색 265
    다. 재해체의 과정과 체육수업의 변화 294
        1) 대안교육에서의 체육수업 성찰 294
        2) 재해체의 과정과 체육수업과의 연관성 탐색 298

V. 해석

1. 대안교육과 체육교사 정체성 319
2. 대안교육과 체육수업 347

VI. 요약 및 제언

1. 요약   364
2. 제언   371

참고문헌   384

<부록>

질적 연구 학위과정생을 위한 실제적인 논문작성 초간단 노하우!

1. 첫 번째 목표 : 프로포절까지!(주제, 서론, 이론적 배경, 연구방법)   406
   - 가. 지도교수!(feat. 대학원의 구조적 문제)   406
   - 나. 하고 싶은 것과 할 수 있는 것 구분하기 + 연구방법 함께 고민하기   408
   - 다. 서론은 일단 간략히 적기(프로포절 후 재수정 가능)   410
   - 라. 매일 1시간씩 이론적 배경 작성하기(주제에 따른 이론적 배경 찾기)
     - 참고문헌 작성!   412
   - 마. 연구방법은 최대한 자세하고 친절하게 설명하기   413
   - 바. 프로포절 연습은 지도교수 앞에서 여러 번 해보기   415

2. 두 번째 목표 : 결과발표까지!(연구결과)   417
   - 가. 수집자료 나열 후 목차 작성해보기   417
   - 나. 내러티브하게 연구결과 작성하기(일단 길게) + 분석적 메모(가장 중요!)   418
   - 다. (결과 작성이) 힘들 때 이론적 배경 보완하기   419
   - 라. (결과 작성이) 힘들 때 연구의 필요성 보완하기   420
   - 마. 연구결과 다듬기   420
   - 바. 결과발표 연습은 지도교수 앞에서 여러 번 해보기   421

3. 세 번째 목표 : 종심까지!(해석(논의))   422
   - 가. '내 논문에서 새롭게 알게 된 것은 무엇인가?' 생각하기   422
   - 나. 연구결과 마인드 맵 그려보기   423
   - 다. 마인드 맵과 분석적 메모를 머릿속에 항상 맴돌게 하기   423
   - 라. 이론적 배경, 마인드 맵, 분석적 메모를 참고하여 해석(논의) 목차 작성하기   424
   - 마. 이론적 배경을 옆에 두고(종이), 구글 스칼라 열어 놓은 상태에서
     (듀얼 모니터) 해석(논의) 작성하기   425
   - 바. 일단 길게 작성한 후 다듬기   426
   - 사. 해석(논의) 내용을 풀어 그림으로 보여주기(반드시 도해 그리기)   426
   - 아. 참고문헌과 본문 래퍼런스 대조하기   428
   - 자. 심사에 따른 수정사항을 지도교수와 상의 후 수정하기   428

표 목차

표 1. 대안교육 특성화중학교   44
표 2. 대안교육 특성화고등학교   44
표 3. 대안교육(각종학교)   45
표 4. 교육이념에 따른 대안학교 유형   48
표 5. Ericson의 심리사회적 발달단계 & 정체성 형성을 위한 발달과업   58
표 6. 연구 수행 과정   96
표 7. 자료 부호화   110
표 8. 전문가 그룹   116
표 9. 검토 위원   117

그림 목차

그림 1. Paul Gauguin 작품 ... 16
그림 2. Marcia 자아 정체성 범주 ... 60
그림 3. Goldie 전문적 정체성 형성 분석 ... 68
그림 4. Miller Pyramid 모델(Cruess 전문적 정체성 형성 수정) ... 70
그림 5. 곽영신, 김동민의 직업 전문적 정체성 형성과정 ... 71
그림 6. 자문화기술지 이해(개인과 사회, 문화, 교육의 상징적 상호주의) ... 92
그림 7. 연구 설계 구조도 ... 93
그림 8. 자서전적 연대표 ... 105
그림 9. 자기기억자료 ... 106
그림 10. 문화적 인공물 ... 107
그림 11. 자료분석 ... 109
그림 12. 개방, 축, 선택 코딩과 분석적 메모 과정 ... 113
그림 13. Corbin & Strauss(2008) 코딩 단계 은유적 표현 ... 113
그림 14. 대안학교 체육교사로가 되기까지의 경험 ... 125
그림 15. 대안학교 체육교사로서의 정체성 형성과정 ... 161
그림 16. 대안학교 체육교사의 정체성과 체육수업의 변화 ... 233
그림 17. 대안학교 체육교사의 정체성 형성과 체육수업의 관계 구조도 ... 315
그림 18. 대안학교 체육교사의 정체성 형성에 따른 주요 특성 ... 324
그림 19. 대안학교 체육교사 정체성 형성의 특징 ... 331
그림 20. 대안철학 체득 과정 ... 333
그림 21. 대안교육 정체성이 이식된 실천적 전문직 체육교사 특징 ... 341
그림 22. 실천적 전문가로서의 대안교육의 가치와 조건 관계 구조도 ... 346
그림 23. 대안적 체육수업 특징(교육적 의미) ... 363

1 서론

1. 연구의 필요성

그림 1 Paul Gauguin 작품 'Where Do We Come From? What Are We? Where Are We Going?'

1880년경 Paul Gauguin은 심각한 경제난 속에서 육체적 질병과 정신적 우울증을 앓고 있었다. 그러던 중 사랑하는 둘째 딸마저 잃고, 깊은 절망에 빠져 있었다. 그는 생의 마지막 작품활동을 위해 타히티섬으로 들어갔다. 그곳에서 한 달여간 밤낮 혼신의 힘을 다해 그린 작품이 바로 '우리는 어디서 왔는가? 우리는 누구인가? 우리는 어디로 가는가?'이다. 〈그림 1〉은 오른쪽의 어린아이부터 중앙의 과일을 따는 젊은이, 왼쪽 아래 웅크리어 앉아 죽음을 맞이하는 백발의 노인을 통해 탄생과 삶, 죽음을 표현한 작품이다(위키아트, 2019). 이는 실존적인 물음을 통해 인간 존재의 근원을 고찰하는 철학적 작품인 것이다.

2018년 고등래퍼 Ⅱ(고등학생 랩 경연대회 TV 프로그램) 우승까지 거머쥔 '김하온'은 싸이퍼 랩에서 철학적 가사로 10대들 사이에서 큰 반향(反響)을 일으켰다. 가사는 다음과 같다(네이버, 2019).

> 생이란 이 얼마나 허무하며 아름다운가.
> 왜 우린 존재 자체로 행복할 수 없는가.
> 우리는 어디서 와 어디로 가는 중인가?
>
> (2018년 2월, 고등래퍼 김하온의 싸이퍼 랩 가사 발췌)

백여 년 전 고갱이나, 지금의 10, 20대 문화를 대표해 살아가는 래퍼 김하온이나, '나는 누구이며, 어디서 와서 어디로 가는가?'에 대한 질문을 품고 살아간다. 이는 시대와 상관없이 인간이면 누구나 갖는 기본적인 존재적 물음이기 때문이다. 근대 철학의 아버지라고 불리는 데카르트(Rene Descartes) 또한 나는 누구인가에 대한 심오하고 중대한 질문에 답하고 싶어 했다. 그 질문에 가장 가까운 해답으로 그는 '나는 생각한다. 고로 존재한다.'라고 이야기하기도 했다(김상환, 2018).

나도 그렇다. 매일 아침 대안학교로 출근하고 종일 아이들과 부대끼며 살아가는 나 또한 '나는 누구인가?'에 대한 질문을 품고 살아간다.

수많은 학교 중에 내가 이곳으로 오기까지(그분(GOD)에게 이끌려 오기까지) 여러 굴곡진 삶의 경험들을 거쳐 왔다. 왜 이곳일까? 내가 누구이길래 이곳에 오게 된 걸까? 이곳에서 어떤 삶을 살아갈까? 체육교사로 아이들과 잘 어우러질 수 있을까?

(T201004, 교사성찰일기)

난 연구자인가, 현장 전문가인가? 평일엔 대안학교 교사로, 아빠로, 행정사로. 주말엔 대학원 공부와 프로젝트로. 난 누구일까?

(T201811, 교사성찰일기)

대안학교에 첫발을 들인 후 밀려오는 혼돈 속에서 존재론적 물음에 힘들어했던 시기가 있었고, 상황은 바뀌었으나 연구자와 현장전문가 사이에서 오는 혼란함과 미안함(아이들, 가족 등)이 여전히 마음에 가득하다. 나를 본 연구로 이끈 것은 '나는 누구인가'라는 물음이다.

교육을 구성하는 요인을 크게 4가지로 나누는데 교육적 환경과 교육 프로그램, 학생과 교사이다(교육사랑연구회, 2018; 신창호, 2012). 먼저, 교육적 환경은 교육의 하드웨어로 크게는 학교 건물, 운동장, 교실, 작게는 교육 기자재, 교과서 등을 말한다(김태완, 2004). 두 번째로 교육 프로그램은 교육과정, 교과 수업 등을 말한다. 교육부에서는 2018년 2015 개정 교육과정까지 10여 차례의 교육과정이 개정을 통해 더 나은 교육 프로그램을 지향하고 있다(교육부, 2015a; 교육부, 2015b; 신현석, 2003; 이광우, 2015). 세 번째로 학생이다. 과거의 학생은 일방적으로 교육을 받는 수동적 존재였다면 지금의 학생들은 다양한 수업 방법(프로젝트, 협동 학습 등)으로 교육에 적극적이고, 능동적으로 참여하는 존재로 변화하였다(김민성, 2017). 교육을 구성하는 마지막 요인은 교사이다. 교사(敎士)는 가르칠 교(敎)와 선비 사(士)로 가르치는 일을 하는 사람을 뜻하며, 학생(學生)은 배울 학(學), 날 생(生)으로 배우는 삶을 사는 사람을 뜻한다. 즉, 교육은 교사의 가르침을 통해 학생이 자라가는 것이다. 학생들이 자라가는 방향성과 깊이는 교육의 주체인 교사의 질(質)에 의해 결정된다. 교사들의 교육 태도에 따라 학생들의 행동 양식은 변화한다(고동희, 이소현, 2003; 김종환, 2007; 박소영, 이근모, 2008; 이종철, 조홍식, 2009). 그리고 교육 프로그램을 실행하는 주체는 교사이다. 교사가 학교 환경에 맞게 교육 프로그램을 재구성해야 학생에게 적절한 배움이 일어난다. 교육부는 '교사가 교육과정이다'라는 슬로건으로 교사의 역량을 강조한다. 각 학교의 상황과 자기 수업 프로그램의 담론(談論)이 다양하기에 교육 프로그램을 기초로 교과 내, 범교과 재구성을 통해 학생들의 역량을 높이는 것을 목적으로 한다(이광우, 2015). 좋은 환경과 좋은 교육 프로그램은 학생들에게 직접적 영향을 미치지 못한다. 간접적으로 영향을 줄 뿐이다. 교사(教師)는 학생들과의 정서적 공감, 교육적 행위 등을 통해 교육적 영향을 줄 수 있다. 교육에 있어서 교사는 주체적 존재이며, 학생에게 의미 있는 배움을 줄 수 있는 고귀한 존재이다(한석훈, 2013). 또한, 선생(先生)으로 아이들과 삶의 지혜를 나누며, 흔들리는 청소년기 학생의 고민을 들어주고, 대안을 제시하기보다 공감해주며 정서적 발판의 역할을 해주기에 학생의 교육적 영향을 미치는 중요한 역할을 하는 사람은 바로 교사이다(양은주, 2009).

이처럼 교사는 교육에 있어서 중추적 역할을 감당하고 있는 존재이기에 일반 교육학, 교과 교육학 영역에서 교사의 신념(김무영, 2011; 이지현, 2003; 조윤정, 양명희; 2008; 최예영, 이은해, 2005; Hong, 2009; Ziv & Frye, 2004), 태도(김덕진, 양명환, 2009; 이민정, 2002; Larrivee & Cook, 1979; Ross-Hill, 2009), 정서(김희경, 이나래, 2016; 조현주, 박경애, 2007; Kelchtermans, 2005; Sutton & Wheatley, 2003), 반성적 사고(김승재, 박인서, 2007; 이진향, 2002; Gay & Kirkland, 2003; Hollingsworth & Clarke, 2017) 등의 연구가 활발히 이루어지고 있다. 교사 존재에 관한 연구 중 정체성은 위의 요인(신념, 태도, 정서, 반성적 사고 등)과 등가(等價)의 요인이 아닌 교사 존재의 토대적 개념과 종합적 요인으로 볼 수 있다(Flores & Day, 2006; Reynolds, 1996).

교육에 있어서 교사는 중요한 역할을 하고 있으며, 교육의 주체이다. 이러한 교사의 종합적 요인인 정체성을 탐색하는 것은 중요한 연구주제이다. 정체성은 내가 누구인지에 대한 자기 이해이다(Gee, 2000). 교사 정체성은 교사가 되어 살아가는 것 그 자체이다(Danielevicz, 2001). 하지만 교사 정체성의 개념을 '무엇'으로 정의 내리는 것은 매우 어렵다. 교사 정체성은 연구 환경, 대상(과목), 목적, 방법 등에 따라 다양하게 제시되었기 때문이다(강종구, 2015; 박은혜, 이성희; 손준종, 2015; 이효신, 2015; 정현주, 2011; 채현순, 장유진, 2016; 한재영, 2012). 그리고 교사 정체성은 '연속적이고, 지속적인 과정'으로서 한 번에 정체성이 완결되어 얻어지는 것이 아니며(Tao & Gao, 2017), 공동체 및 타인과의 사회관계 속에서 형성되는 것이다(Ropers, 1997). 국내·외 교사 정체성 연구는 상징적 상호주의 입장이라는 큰 틀에서 실증적 연구 관점부터 해석적 연구 관점의 흐름으로 진행되고 있다(Akkerman & Meijer, 2011). 국내 연구로는 사례를 중심으로 정체성 과정에 대해 자세히 기술되어 있거나(송호현, 박종률, 2019), 생애사, 현상학 등의 방법을 사용하여 교사 정체성에 대해 기술되어 있으며(김진희, 2014; 류태호, 2000a; 장서이, 박혜연, 최의창, 2018) 설문지를 사용하여 정량적으로만 직업 정체성을 살펴보고 있는 실정이다(서인정, 2012). 이러한 정체성은 수업에 직·간접적으로 영향을 주고 있다. 체육교사라는 전문적 정체성이 어떻게 체육수업에 영향을 주는지에 대해 밝히고 있다(이원희, 2019; 장서이,

2017). 즉, 체육교사의 정체성은 공동체와 타자와의 관계 속에서 형성되며 이를 통해 내부의 신념과 교육철학을 형성하게 되어 체육수업에 영향을 미치게 된다(홍애령, 2017; 이원희, 2019).

이렇듯 교사는 교육 분야에서 중추적 역할을 하고 있으며, 교사에 관한 연구 영역 중 교사 정체성이 갖는 의미는 매우 크다. 그렇다면 일반학교 교사가 아닌 대안학교 교사의 정체성을 바라본다는 것은 어떤 의미가 있을까?

현재 우리는 민주사회에 살고 있으며, 민주시민으로서 책임 있는 행동을 사회로부터 요구받으며 살고 있다. 민주사회는 법치, 자유, 평등, 다양성 인정, 인권 감수성 등의 중요 가치를 가지고 있다(이상인, 2014). 그 중 '다양성 인정'은 민주사회의 갈등을 줄이고, 사회를 건강하게 만드는 중요한 요인이다. 과거 획일적 사고로부터 오는 다양한 문제들이 이 사회를 멍들게 했고, 이분법 사회를 만들어 끊임없는 갈등을 양산하였다(나은경, 2007). 90년대 중반까지 국가 주도 공교육 체제가 주를 이루었다. 그때의 교육 패러다임은 획일성과 평균성을 지향하는 교육이었다. 하지만 80년대 민주화 운동이 교육계에도 영향을 미쳤고, 그 결과 다양성, 개인 존중을 지향하는 대안운동, 교육이 일어나기 시작했다(임종화, 1999). 90년대 후반에는 대안교육이 법제화되어 제도 교육 안에서 새로운 교육을 가능케 하는 '대안교육 특성화고등학교'가 1998년도에 설립되기 시작했다. 다양성과 개인(학생) 존중이라는 가치를 중심으로 일어난 대안운동의 모태에서 태어난 학교이기에 대안학교는 다양성, 개인(학생) 존중을 교육으로 실현할 수 있는 장(場)이라 할 수 있다(김태연, 2007).

대안교육(alternative education)은 기존 교육의 비판적 대안으로의 운동양상을 말한다. 즉 19, 20세기 산업화에 따른 적자생존의 가치가 우선시 되고, 계급을 재생산하기 위해 기존 질서를 일방적으로 주입시키며 나타나는 인간 소외문제가 심각한 때에 대안교육 운동이 일어나게 되는데 1919년 설립된 독일의 발도로프 학교(Waldorf school), 1921년 설립된 영국의 서머힐(Summer Hill)이 운동을 현실화한 대표적 예이다. 우리나라의 대안교육은 기존 공교육의 한계에서 출발하는 것이라는 입장이다(이종태, 2003). 기존 교육의 문제점인 획일적이고, 편중된 교육을 대안적 목적으로 바꾸고, 대안적 사고를 하는 교사가 대안적 교육내용, 대안적 교육 방법으로 운영되는 작은 규모의 학교가 대안학교라고 정의한다. 또한, 학생들의 다양한 욕구를 최대한 수용해야 한다고 주장한다(이선숙, 2001). 생태적 입장에서 자연과 인간이 함께 어우러져 살 수 있는 인간을 교육하기 위한 곳이라고 정의한다(이종태, 2003). 대안학교의 선행연구로는 대안학교 재학생들의 교육적 경험과정(장성화, 진석언, 2010; 지슬비, 이정민, 2019)과 대안학교 교육적 의미를 탐색하는 연구(임태규, 2009; 허창수, 2018), 대안교육 프로그램의 개발 및 탐색(장유진, 곽해란, 박천호, 2015; 조미혜, 최정규, 김승환, 2018)과 대안학교 수업모형 개발(박승희, 이형초, 이정윤, 2007; 방기혁, 2012) 등이 연구되었다. 결론적으로, 선행연구를 종합(강태중, 1995; 고병헌, 1997; 이종태, 2000; 황인국, 2007; 황준성, 이혜영, 2010)하여 대안교육과 대안학교를 연구자의 시각으로 재정의하면 '공교육의 한계를 넘어 교육의 본질을 지향하고, 다양성을 인정하는 공동체(학교) 속에서 학생 중심 철학을 품은 대안적 수업을 통해 인간다운 민주사회 구성원으로 학생을 성장시키는 곳'이라고 말할 수 있다.

대안학교 교사는 기존 공교육의 목적에서 대안적 목적으로 변화시키는 능동적인 철학적 사고를 해야 하며 학생의 다양한 욕구를 받아들일 수 있는 깊은 마음과 실천할 수 있는 행동력이 필요하다. 또한, 교사 자신의 삶을 나누고 그 과정에서 교사가 어떤 정체성을 가지고 대안적 삶을 사느냐가 중요하다(송수지, 이정미, 2012). 특히, 대안교육을 받고자 하는 아이들은 공교육 또는 어른들에 의해 깊은 상처를 받고 온 아이들이 많다. 따라서 아이들에게 교육은 기존 사회를 유지, 재생산의 수단이 아닌, 즉 어른들을 위해 필요한 것이 아닌, 아이들 자신에게 필요하다는 확신을 주는 것과 어른들의 신뢰감을 주어 사회의 모든 구성원과 더불어 살아가야 하는 당위성과 책임감을 부여하는 역할이 교사에게 필요하다. 이를 위해 교사의 삶은 교육적 삶이 되어야 하며, 교육적 삶은 아이들과 함께 있는 삶이 되어야 한다. 그래야만 아이들의 마음과 교사의 마음이 맞닿아 교육적 기적이 일어날 수 있기 때문이다. 한 학생이 공동체 안에서 온전한 모습으로 자라가는 데는 선생님과 보내는 교육 행위의 시간과 비례한다(최정규, 박정준, 2020). 물론 친구나 학업의 문제로 인한 시련, 공동체에서의 사랑과 보살핌과 구성원들의 노력 또한 필요하다. 이처럼 대안학교는 일반학교와는 다른 독특한 맥락을 가지고 있다. 이러한 대안적 맥락 속에서도 장기적으로 성공적인 교사의 삶을 유지하기 위해서는 어떠한 교육적 정체성을 가지고 있으며, 대안적 삶을 사는 것이 매우 중요하다(송수지, 이정미, 2012).

따라서 대안교육에서는 다양한 역할을 정체성으로 받아들여야 대안학교 교사의 삶을 살아갈 수 있다. 대안학교 교육의 특징인 공동체, 노동, 자율과 자치는 교사가 몸소 실천하는 삶을 보여줄 때 학생들에게 그 가치가 체득된다. 따라서 주체적으로 실천하는 대안학교 교사 정체성을 바라봐야 하는 이유가 여기에 있다.

말머리에 이야기한 것처럼 본 연구자는 늘 역할에 대한 갈등과 혼란을 겪고 있다. 나 스스로에게 '나는 누구인가?'를 묻는다면 체육교사라고만 말할 수 없기 때문이다. 하루하루를 치열하게 살아가고, 집에 가면 녹초가 되어 거실 바닥과 30분 정도는 한 몸이 되어야 정신을 차린 후 집안일을 도울 수 있는 대안학교 교사라고 말할 수도 없다. 나의 삶은 대안학교에서 체육교사로 살아가기, 담임교사로 살아가기, 상담교사로 살아가기, 평가부장으로 살아가기, 입시체육 담당교사로 살아가기, 체육부장으로 살아가기, 예배부 지도교사로 살아가기, 기숙사 당직교사로 살아가기, 우리 반 아이들의 아빠, 때로는 친구로 살아가기, 추수

지도라고 이야기하는 졸업생들과의 지속적 만남을 통한 더불어 살아가기 등의 분리되지 않는 영역으로 나뉘기 때문이다. 어느 순간 나에 대해 잘 모르는 나를 발견하는 순간 나의 정체성에 대해 고민하기 시작했다. '과연 나는 누구인가? 어떻게 사는 것이 인간으로서 고귀한 삶을 사는 것인가?'라는 철학적 근본 물음은 10년간 끊임없이 내면에서 묻고 있는 현재 진행형이다. 내가 누구인지를 비로써 깨달았을 때 내 삶의 진정한 의미를 찾을 수 있다. 삶의 의미를 찾는 행위는 존엄한 인간으로 살아가는 필수조건이기 때문이다(유시민, 2013). 이 연구는 대안학교 체육교사로 살아가는 나를 바라보며, 나는 누구인가를 계속적으로 묻는 내면의 본질적인 철학적 물음에서 시작되었다. 이는 나를 깊이 들여다봄으로 내면의 성찰을 통해 진정한 자아를 발견한다면 인생의 가장 중요한 해답을 찾는 가장 가치 있는 일일 것이다.

    대안학교에서 체육을 가르치고, 아이들과 삶을 함께 나누는 체육교사의 정체성을 탐구하는 연구가 필요하다. 대안학교 체육교사의 정체성을 탐색하는 이 연구를 통해 일반학교 체육교사 정체성에 대해 교육적 눈으로 바라볼 수 있는 틀의 제공과 본연의 교육과 체육교육의 방향에 대한 시사점을 제공할 수 있을 것으로 기대된다. 특히, 자문화기술지라는 연구 방법에 기대어 대안학교 체육교사의 정체성을 탐구함으로 나 자신의 삶과 마주하고, 깊이 바라봄으로써 내가 속한 학교를 바로 볼 수 있을 것이며, 나아가 교육을 온전히 바라볼 수 있을 것이다.

2. 연구 목적 및 연구 문제

본 연구는 대안학교 체육교사의 정체성 형성과 체육수업의 변화를 탐색하는 데 목적이 있다. 대안학교 체육교사의 삶의 정체성을 바라보고, 이해하고, 해석함으로 본연의 체육교사상의 참조적 구상안을 제공할 것이며, 본연의 체육교육 방향에 시사점을 제공할 수 있을 것이다.

본 연구는 위와 같은 연구 목적을 달성하기 위해 다음과 같은 연구 문제를 설정하였다.

첫째. 대안학교 체육교사가 되기까지 어떠한 경험을 했는가?
둘째. 대안학교 체육교사로서 정체성은 무엇이며, 변화양상은 어떠한가?
셋째. 대안학교 체육교사로서 정체성과 변화는 체육수업에 어떤 영향을 미치는가?

3. 용어의 정의

대안학교

 본 연구에서 대안학교는 초·중등교육법 시행령 제91조 제1항에 의거한 대안교육 특성화고등학교를 지칭하며 이는 소질과 적성 및 능력이 유사한 학생을 대상으로 자연현장실습 등 체험 위주의 교육을 전문적으로 실시하는 고등학교이다.

II
이론적 배경

본 연구는 대안학교 체육교사의 정체성을 심층적으로 살펴보고 체육수업의 변화를 탐색하고자 한다. 이를 위해 제1절에서는 대안교육에 대한 개념과 대안교육의 역사와 유형, 대안학교 교육의 특성에 대해, 제2절에서는 정체성의 개념과 형성, 전문적 정체성의 개념과 형성을, 마지막 제3절에서는 교직 정체성의 교사 정체성과 체육교사 정체성에 관한 선행연구를 살펴봄으로써 본 연구의 이론적 토대를 마련하고자 한다.

1. 대안학교 교육

가. 대안교육

'대안'이라는 사전적 의미는 '어떤 안을 대신하거나 바꿀 만한 안', '이미 이루어진 안에 더 좋은 방안'을 말한다. 우리나라에서 대안, 대안교육이라는 말이 쓰이게 된 것은 90년대 중반으로 영어(alternative education)의 번역어에서 유래되었다(이종태, 2000). 대안교육과 대안학교의 의미를 정확히 규정한다는 것은 매우 어렵다. 대안교육 운동, 대안학교의 형태 등은 나라와 지역, 현장 등에 따라 다양하게 쓰이기 때문이다. 대안교육과 대안학교는 '비형식성', '열림'의 의미를 포함한 대안적 의미가 제도교육 틀 안에서 실천되는 형태와 제도교육에 대한 근본적 회의로 인간관, 교육관, 세계관, 사회관 등에서 새로운 내용과 형식을 갖는 대안교육, 대안학교까지 다양한 유형으로 나타난다.

근대교육의 대안(對案)을 넘어 대안(代案)이 되기 위한 교육을 추구하는 것이 대안교육이라고 할 수 있다(이종태, 2007). 하지만 대안교육에 대한 용어는 백과사전마다, 학자에 따라 구체적 정의가 다르다. 고영복의 사회학 사전(2000)에서는 '전통적 학교 정책으로부터 벗어나서 학생의 주도권을 강조하는 교육형태로 이동하는 교육적 운동'이라고 정의하였으며, 한국민족문화대백과에서는 '제도교육의 한계를 인식하고 그것을 넘어서는 대안적 사회를 구성하면서 새로운 교육을 모색하려는 시도'라고 정의하였다.

황인국(2007)은 근대적 교육 가치(19~20C)가 적자생존, 생존경쟁으로 인해 인간 간의 공동체적 유대를 단절과 와해시키고, 생태환경과의 친화력을 떨어트려 비인간화하는 교육에 대한 반기로 나타난 운동이라고 하였다. Lehr(2009)는 현재의 공교육에서 해결하지 못하고 있는 문제를 해결하기 위해 시도하는 모든, 다양한 교육 방법이라고 하였다. 즉, 대안교육을 하는 대안학교는 기존의 학교에서 제공했던 교육내용, 방법이 아닌, 학생과 학부모들을 위해 특별한 교육 방법과 내용이 제공될 수 있는 다른 유형의 학교라고 하였다. 권현숙(1999)은 현대사회에서 새롭게 대두된 대안교육은 3가지 의미로 이해될 수 있다고 하였다. 첫째, 대안교육은 사회 개혁을 목표로 하고 있다. 즉, 대안교육은 기존의 교육을 비판하고 새로운 교육을 모색하고자 하는 교육개혁 운동이라고 할 수 있기 때문이다. 둘째, 기존 교육 형태와 다른 새로운 형태의 교육이다. 대안교육은 교육을 대체하는 개념이 아니다. 또한, 교육 자체를 부정하는 개념도 아니다. 단, 기존 교육에서 이루어진 관료화, 경직화, 획일화 등을 비판하는 것이다. 대안교육은 인간성 회복을 위해 교육적 실천 지향을 추구하는 한 흐름이라고 할 수 있다. 셋째, 대안교육의 대상은 사회구성원 모두이다. 교육받는 대상은 학생이라는 고정관념에서 벗어나, 성별과 나이, 직업과 관계없이 사회구성원 모두가 대안교육의 대상이 될 수 있다.

이처럼 사전마다, 학자에 따라 대안교육에 대한 정의가 다르지만 대안교육의 전체를 포괄하는 의미는 다음과 같다. '기존 교육의 문제와 한계점을 비판하고, 새로운 교육 대안을 찾는 움직임 또는 운동'이라고 할 수 있다.

대안학교는 기존 교육의 문제점을 자각하는 데부터 출발하였다. '왜 아이들은 교실에서만 수업을 받아야 하는가? 교육을 받아야 하는가? 학교 안 교육은 언제나 옳은 것인가? 지역사회를 학습의 장으로 활용할 수 없는가? 교사 앞에서만 배움이 일어나는가? 책, 교과서만으로 배워야 하는가? 등교와 하교가 정해져 있어야 하는가? 아이들은 같은 시기, 시간에 입학을 해야 하는가? 정해진 교육과정을 이수해야만 졸업장을 받을 수 있는가? 교육당국이 정해주는 교과목을 반드시 이수해야 교육이 일어나는 것인가?' 등의 질문은 새로운 교육을 찾을 수 있는 시작점 질문이 되었다(이종태, 2003).

기존 공교육 문제점을 자각함으로부터 대안교육 개념이 생기게 되었고, 대안교육을 실시하는 교육기관을 대안학교라고 말한다(Lehr, C. A., 2009). 하지만 송순재(2005)는 기존 공교육 제도권의 틀에서 벗어난 학교를 '대안학교', 기존 제도권 안에서 정규학교로서 대안을 추구하는 경우를 '대안적 학교, 대안적 교육을 모색하는 학교'라고 명명해야 한다고 하였다. 대안학교의 명칭의 중요성보다는 대안의 본질적 의미를 내포하여 대안학교를 '공교육의 한계를 극복하기 위한 대안교육을 목표로 새로운 교육적 이념을 실천하는 학교'라고 정의하였다(황준성, 이혜영, 2010).

'대안'의 이해의 폭을 '넓게' 규정한다면 대안학교 정의의 방향이 달라지기도 한다. 대안은 특정 이념 속에 한계 틀을 만들어놓지 않고 다양성, 개방성 등을 고려한 사회적 의미를 폭넓게 해석될 수 있다. 이런 의미에서 고병헌(1997)은 대안학교를 '기존 교육기관에서 전통적으로 제공해오던 기존화, 정형화된 것과는 다른 새로운 학습경험을 원하는 학부모와 학생들을 위한 새롭고, 특별한 교육철학, 목표 아래 수업내용과 교수학습 방법과 평가, 프로그램들을 제공하는 학교'라고 정의하였다. 또한 강태중(1995)은 공교육 제도의 교육을 전면 혹은 부분적 거부하며 일부 교사, 교육 운동가, 부모를 중심으로 다양한 가치를 추구하는 교육 실천을 하는 학교를 대안학교라고 하였다. 정유성(1999)은 대안이라는 단어를 구체적으로 실현해 나가는 학교를 대안학교로 보았다. 이병환(1999)은 대안학교를 기존의 제도 교육이 비합리적, 무책임적, 부적합하다는 한계를 비판하고 새로운 교육 신념과 이상을 실천하는 학교라고 하였다. 곽병선(1995)은 공교육을 실천하는 학교들이 제공하는 정형화되고 전통적 수업이 아닌 학부모와 학생을 위해 새로운 교수 방법과 프로그램을 제공하는 학교를 대안학교라고 하였다. 여기서 말하는 새로운 교수 방법은 학생 중심의 비정형화된 교육과정 속에서의 다양한 교수학습 방법을 말한다.

이선숙(2001)은 공교육을 실천하는 학교체제가 구축된 이후 지속적으로 제기되어 온 지식 위주의 교육과 획일적 교육에 대한 대안으로 대안적 교육목적을 가지고, 이 목적을 새로운 대안 교육철학을 가진 교사가 대안적 수업내용과 교수학습 방법으로 아이들을 가르치는 작은 규모의 학교가 대안학교라고 정의하고 있다. 이종태(2007)는 사람과 사람, 자연과 사람이 어우러져 사는 사회에 적합한 인간을 기르는 곳을 대안학교라고 하였다. 이는 기존의 공교육은 경쟁적이고, 파괴적인 속성을 가지고 있다는 전제를 하고 있다. 즉, 이종태(2000)는 생태적 입장에서 대안학교를 바라보았다.

Smith(1989)는 대안학교를 '사회 내의 공교육에 의해 제공된 수업에 대한 경험이 아닌, 새로운 대안 학습내용, 방법을 제공하는 학교'라고 하였으며, Cooper(1994)는 '전통적인 학교들이 계획하고, 제공한 수업경험이 아닌, 다른 경험을 원하는 학생과 학부모들을 위한 특별한 교수법과 활동 등을 제공하는 학교'라고 정의하였다. Fantini(1971)는 '자유 학교(free school)라고 명명한 대안학교부터 1960년대부터 확산한 대안형식의 교육'을 대안학교라고 말했다. Bridge(1978)는 '학습의 다양성, 개별화 교수학습, 열린 교육, 경험적 학습 등에 유용한 학교'로 대안학교를 정의하였다.

지금까지 국내·외 학자들의 대안교육과 대안학교에 대한 정의를 살펴본 결과 기존의 공교육 제도는 많은 문제점과 한계로 인해 '좋은 교육'을 기대하기 어렵다는 주장이다. 교육 당국을 기반으로 운영되는 기존의 공교육 제도, 교육과정 등은 학생 개개인의 다양성을 충족시킬 수 없고, 학습권의 자유를 보장할 수 없는 구조를 가지고 있다. 따라서 기존의 공교육에서 제시한 수업 내용과 방식이 아닌, 학생 개인의 성장을 도모하고, 다양성에 맞는 새로운 수업 목표, 내용과 방법, 평가를 제시하는 대안교육과 이러한 대안교육을 실천하고 개인과 공동체, 생태를 중시하는 학교를 대안학교라고 할 수 있다.

나. 대안교육 역사

서양의 대안교육 출발점은 루소의 '에밀'로부터 시작되었다고 할 수 있다. 이를 통해 기존 교육제도를 비판하며 아동 중심 철학, 학생 중심 교육관의 토대를 구축하는 데 큰 역할을 했다. '에밀'의 책 첫머리에 나오는 '조물주의 손을 떠날 때는 모든 것이 선하지만, 인간의 손으로 넘어오면 모든 것이 악해진다.'라는 말은 이 책의 기본 명제이다. 그 후 어린이에게 자연에 입각한 교육을 하고, 발달 단계에 맞춘 교육과 어린이에게 자유를 보장하여 많은 경험을 쌓는 교육을 해야 한다는 주장은 새로운 교육 패러다임을 열어주었다(강성훈, 2008). 그 후 독일의 슈타이너(Rudolf steiner)가 1919년 세운 발도르프 학교(Waldorf padagogik)는 자유를 교육의 기본 원리로 삼고, 학생의 정서발달을 위해 음악과 미술을 다른 교과과정과 통합한 교육을 했으며, 영국의 교육가 닐(A. S. Neill)이 1921년에 세운 서머힐 학교(Summerhill School)는 자유주의 교육을 기본 원리의 바탕으로 자연과 민주적 자치교육을 중요시하는 교육을 지향했다. 이 두 학교는 지금의 대안학교 초대 모델로 평가된다. 1970년대 자유학교(free school) 운동이 교육학자와 교육적 지식인 사이에서 일어났다. 이 운동은 기존 교육의 전체주의적, 획일적 사상을 비판하며 확산되었다. 자유 학교 또한 발도르프 학교와 서머힐 학교와 같이 학생의 자유 선택권이 중요시함에 따라 교육내용 등을 선택할 수 있었다(이병환, 2008).

우리나라에서는 학자마다 구분하는 방식(김태연, 2007; 차재원, 2001; 홍성희, 2001)이 다르지만, 크게 대안학교 태동기, 정착기, 확장기로 나눌 수 있다.

첫째, 태동기는 해방 이후부터 1990년 전을 말한다. 이땐 대안교육이라는 명칭이 사용되지 않았으나, 대안적 교육이 자발적으로 이뤄졌던 시기이다. 특히, 1960년 이후부터의 민중문화운동, 야학운동이 대표적이라고 할 수 있다. 민중문화운동은 직장 또는 생활에서 필요한 일반상식, 붓글씨, 한문 등을 노동자들에게 가르치며 민중문화를 확산시키기 위한 운동이었으며, 야학운동은 체계적인 학교 교육을 받지 못한 노동자 또는 청소년들에게 밤늦은 시간을 통해 배움의 기회를 주고 학력을 취득하게 돕는 운동이었다. 1980년은 서울을 중심으로 공부방 운동이 진행되었는데, 가정의 돌봄을 받지 못하는 학생을 대상으로 숙제 및 학교생활 전반적인 부분을 돌봐주는 경험적 교육을 제공하였다. 이 시기에 체계적 학교형태를 갖춘 거창고등학교(1956년 개교), 풀무농업고등기술학교(1958년 개교), 영산성지학교(1974년 개교) 등이 생겼고, 대안교육이라는 개념이 외국으로부터 들어오기 전 우리나라에서 대안교육의 이념을 가지고 학교가 시작되었다는 점에서 큰 의미가 있다(교육부, 1998).

둘째, 정착기는 1990년 이후부터 2000년 전까지의 시기를 말하며, 이때부터 본격적인 대안운동과 대안학교 형태가 생겨나기 시작했다. 교육계에서 확산된 '대안교육'에 대한 관심은 1995년 8월 서울평화교육센터의 주최로 열린 '대안교육 한마당'을 통해 구체화되었다. 특히, 1997년 말에 제도교육 안에서 새로운 교육을 가능케 하는 '특성화고등학교' 제도가 입법화되어 1998년 3월 6개의 대안교육 분야인 특성화고등학교가 설립되었고, 1998

년 충북 양업고등학교, 전남 영산성지고등학교, 한빛고등학교, 경북 경주화랑고등학교, 경남 간디고등학교, 원경고등학교가 인가를 받았으며, 1999년 경기 두레자연고등학교, 광주 동명고등학교, 전북 세인고등학교, 푸른꿈고등학교가 인가되었다. 90년대 후반 대안학교가 봇물 터지듯 특성화고등학교로 인가된 이유가 1998년 법 개정이었지만, 근본적 이유는 80년대 말부터 폐쇄적 정치 체제의 탄압 속에서 민주화 물결이 교육으로 확장된 계기이다. 이를 통해 전교조 운동과 함께 대안교육 운동의 영향력은 사회와 교육 속으로 확장되어 갔다(임종화, 1999).

셋째, 확장기는 2000년 이후부터 현재에 이르는 시기를 말하며, 이때부터 대안교육은 새로운 형태와 양상을 보인다. 고등학교에만 한정된 대안교육이 초등학교와 중학교에도 확장되고, 특히 특성화중학교가 설립되면서 2002년 전남 성지송학중학교를 시작으로 2019년 현재 17개의 특성화중학교가 인가되었다. 또한, 정규학교로서 인가를 받지 못했으나, 일반 정규 교육기관과 유사한 교육을 하는 학교인 각종학교(各種學校)가 이 시기에 출현하였다. 이름에서 알 수 있듯이 정규학교가 담당하기 어려운 특수 분야, 즉 제과, 도예, 요리, 미용, 도예 등의 교육을 담당하는 학교를 말한다. 또한, 미인가 대안학교와 위탁형 대안학교의 확산이 이 시기에 두드러지게 나타났다. 전국적으로 미인가 대안학교가 300여 개가 넘을 것으로 추정하고 있는데, 교육부의 인가를 받지 않은 미인가 시설로 운영되어 교육당국의 관리, 감독의 사각지대에 놓여있다는 지적을 받고 있다(백종면, 2016).

몇 십 년간 대안교육과 대안학교는 조금씩 발전, 확산되어 왔다. 그리고 기존 학교에 관한 우리 사회의 고정관념을 깨는 데 지대한 공헌을 했다. 이로 인해 교육을 받는 데 나이와 성별이 제한되거나, 학교를 반드시 가야 하거나, 한 가지 형태의 학교를 고집하지 않아도 된다는 생각을 만들어주었다. 그리고 학교형태의 다양화와 형질의 변환을 시도해야 하는 이유가 아이들에게 있음을 방증하는 것이다(이종태, 2000). 기존 학교 제도에서의 과감한 변화와 다른 형식의 교육은 대안교육의 역사에 상당한 가치가 있음을 보여준다.

다. 대안교육 유형

대안교육은 법 제도로부터 인가 여부, 철학과 이념 등의 분류방식에 따라 유형이 다양하게 나뉜다. 김희동(1997)은 법 제도와의 관련 정도에 따라 '제도 안', '제도 밖', '제도 곁'으로 구분하였다. 이는 현재 교육부에서 인가 학교(특성화 학교)와 미인가 학교(각종학교 등)로 구분하는 것과 같은 방식이다. 90년대 후반에 인가된 학교 중 대표적인 특성화고등학교로는 충북 양업고등학교, 경기 두레자연고등학교, 전북 세인고등학교 등을 들 수 있다. 이는 인문계 고등학교 교육과정을 적용하지만 대안교육을 하는 특성화고등학교로 분류되어 있다. 2002년도 대안교육 특성화중학교가 법제화됨에 따라 전남 성지송학중학교, 경기 이우중학교, 두레자연중학교, 헌산중학교 등이 설립되었다. 각종학교 형태의 대안학교는 2006년 서울실용음악고등학교를 시작으로 2019년 현재 41개의 각종학교가 설립되었다. 또한, 상설학교의 형태를 갖추고 있는 방학, 주말, 방과 후를 이용하여 대안교육이 이루어지는 위탁형 대안학교, 프로그램 형태의 대안교육을 담당하는 Wee센터, 청소년 시설 등의 형태도 대안교육의 유형으로 존재하고 있다(교육부, 2019).

인가된 대안교육 특성화중학교는 2019년 현재 17개교, 대안교육 특성화고등학교는 26개교, 각종학교는 41개교이다. 현황은 〈표 1, 2, 3〉과 같다(교육부, 2019).

<표 1> 대안교육 특성화중학교

시도	학교명	설립구분	설립연도	시도	학교명	설립구분	설립연도
대구	한울안	사립	2018	강원	팔렬	사립	2011
	가창	사립	2018		가정	공립	2017
광주	평동	공립	2014	전북	전북동화	공립	2008
경기	두레자연	사립	2003		지평선	사립	2003
	이우	사립	2003	전남	용정	사립	2003
	헌산	사립	2003		성지송학	사립	2002
	중앙기독	사립	2007		청람	공립	2013
	한겨레	사립	2006		나산실용예술	공립	2018
경남	상주	사립	2015				

<표 2> 대안교육 특성화고등학교

시도	학교명	설립구분	설립연도	시도	학교명	설립구분	설립연도
부산	지구촌	사립	2002	충남	공동체비전	사립	2003
대구	달구벌	사립	2004	전북	세인	사립	1999
인천	산마을	사립	2000		푸른꿈	사립	1999
광주	동명	사립	1999		지평선	사립	2010
경기	두레자연	사립	1999		고산	공립	2018
	경기대명	공립	2002	전남	영산성지	사립	1998
	이우	사립	2003		한빛	사립	1998
	한겨레	사립	2006		한울	공립	2012
강원	전인	사립	2005	경북	경주화랑	사립	1998
	팔렬	사립	2006	경남	간디	사립	1998
	현천	공립	2015		원경	사립	1998
충북	양업	사립	1998		지리산	사립	2003
충남	한마음	사립	2003		태봉	공립	2010

<표 3> 대안학교(각종학교)

시도	학교명	설립구분	설립연도	시도	학교명	설립구분	설립연도
서울	서울실용음악고	사립	2006	강원	해밀학교	사립	2018
	여명학교	사립	2010		노천초	공립	2019
	지구촌학교	사립	2011	충북	글로벌선진학교	사립	2011
	서울다솜관광고	공립	2012		폴리텍다솜고	사립	2012
부산	송정중	공립	2019		다다예술학교	사립	2017
대구	대구해올중고	공립	2018		은여울중	공립	2017
인천	인천청담학교	사립	2014	충남	여해학교	공립	2013
	인천해밀학교	공립	2012		드림학교	사립	2018
	인천한누리학교	공립	2013	전남	월광기독학교	사립	2018
광주	월광기독학교	사립	2014		성요셉상호문화	사립	2018
대전	새소리음악고	사립	2009	경북	한동글로벌학교	사립	2011
	새소리음악중	사립	2009		글로벌선진학교	사립	2013
울산	울산두남중고	공립	2017		산자연중	사립	2014
경기	TLBC글로벌학교	사립	2008		나무와중	사립	2014
	화요일아침예술	사립	2011		링컨학교	사립	2017
	쉐마기독학교	사립	2011		대경문화예술고	사립	2017
	새나라학교	사립	2011	경남	경남꿈키움중	공립	2014
	경기새울학교	공립	2013		지리산중	사립	2014
	광성드림학교	사립	2006		경남고성음악고	공립	2017
	하늘꿈학교	사립	2016		밀양영화고	공립	2017
	중앙예닮학교	사립	2018				

법 제도에 따른 단순 형태상의 분류보다는 내용상의 특징 및 교육철학과 이념에 따른 유형 분류가 필요하다. 즉, '교육이념 추구형 대안학교', '생태학교형 대안학교', '자유형 대안학교', '교육이념 추구형 대안학교'로 나뉜다(이종태, 2001).

첫째, 교육이념 추구형은 독특한 교육이념과 방식을 실천하는 대안학교이다. 세계적으로 600여 개의 루돌프 슈타이너의 사상을 기반으로 세워진 발도르프 학교가 대표적이다. 이는 인지학을 바탕으로 취학 전 교육부터 중등교육까지 일관된 과정으로 운영되어진다. 우리나라에서는 기독교 신앙과 지역사회를 바탕으로 일관된 교육을 진행하는 풀무농업고등기술학교도 이 유형에 속한다.

둘째, 생태학교형은 노작과 생태환경, 지역사회와의 통합 등을 중시하는 대안학교다. 우리나라에서는 푸른꿈고등학교, 변산공동체학교, 간디청소년학교 등이 생태학교형과 유사하다. 그리고 대부분의 대안학교는 '노작' 형태의 생태주의 이념을 바탕으로 교과를 운영하는 경우가 많다. 대표적으로 경기도 두레자연고등학교는 인문계 교육과정을 시행함에도 불구하고, '농업' 교과를 전 학년에 걸쳐 운영한다. 외국의 경우 사티쉬 쿠마르에 의해 설립된 영국의 '작은학교'가 대표적이다. 이는 아이들을 대상으로 지식교육과 더불어 의식주와 관련된 활동, 즉 생태와 노작, 지역사회와 학교의 결합을 중요시한다.

셋째, 자유형은 학생 중심 교육을 실천하는 대안학교이다. 대안학교로 가장 유명한 영국의 '서머힐 학교'가 대표적이며, 독일의 '자유 대안학교', 일본의 '키노쿠니 어린이 마을' 등이 있으며, 우리나라에서는 비인가 형태로 운영되었던 초기 간디학교가 이 형태를 가지고 있었다. 자유 학교형은 기존 교육에서 학생들을 지나치게 통제, 억압하며 교사 중심의 교육을 비판하고, 학생의 선함과 무한한 가능성에 초점을 맞추어 교육하는 형태이다. 즉, '아이들을 학교에 맞추는 것이 아닌, 학교를 아이들에게 맞추는 것'이다.

넷째, 재적응 학교형은 일반 공교육에 부적응하는 학생을 대상으로 하는 학교를 말한다. 우리나라 대안학교 중 다수의 학교가 재적응 학교형에 속한다고 볼 수 있다. 대표적으로 영광의 성지고등학교, 두레자연고등학교, 화랑고등학교, 원경고등학교, 동명고등학교, 양업고등학교 등이 있다. 미국의 '자유학교'와 일본의 '생활학교'도 이 유형에 가깝다. 두레자연고등학교, 성지고등학교 등 주로 일반학교에서 어려움을 겪은 학생들이 헌신적인 교사들과 함께 생활하며 변화된 좋은 사례들이 보고되고 있다.

이상 네 가지 유형에 따른 특성 및 대표 학교를 정리하면 <표 4>와 같다(이종태, 2001).

<표 4> 교육이념에 따른 대안학교 유형

유형	특성	대표 학교
교육이념 추구형	독특한 교육이념과 교육방식을 실천하는 학교	풀무농업고등기술학교 발도르프학교
생태학교형	노작, 생태교육, 지역사회와의 통합을 실천하는 학교	변산공동체학교 간디청소년학교
자유형	학생 중심 교육을 실천하는 학교	초기 간디학교 서머힐학교
재적응 학교형	공교육에 부적응한 학생을 대상으로 교육하는 학교	두레자연고등학교 원경고등학교

이렇듯 외국과 우리나라에서 대안교육 운동의 결실에 따라 대안학교가 성공적으로 세워지고 있다. 하지만 학교 설립에 혼신의 힘을 다했던 교사가 '이렇게까지 힘들여 대안학교를 만들 필요가 있었나, 결국 또 하나의 학교를 만든 것에 지나지 않는 것인가?'라는 독백처럼 대안교육의 이상을 실현하는 길이 무조건 새로운 학교의 설립에만 있지는 않을 수도 있다는 것이다(이종태, 2001). 따라서 가장 이상적인 것은 대안학교의 설립으로 그치는 것이 아닌, 공교육의 체제를 극복한 대안으로서의 대안이 아닌, 모든 공교육의 본질을 회복시켜 나가는 것이다.

라. 대안학교 교육의 특징

대안학교는 대안학교 유형에 따라 다른 특성이 있지만, 학자들은 다음과 같은 공통된 특징을 제시하고 있다. 조용재와 이선숙(2000)은 대안학교 교육 특징을 7가지로 구분하였다. 첫째, 인간성 존중이다. 획일화된 인간을 만드는 것이 아닌 회복된 인간, 존중받는 개인을 지향한다. 둘째, 개인 자유 존중이다. 학생 개인 스스로 선택하는 것을 존중하고, 스스로 자기 자신을 다스리는 것을 지향한다. 셋째, 생태 존중과 생태계 회복을 강조하다. 사람 이전에 자연이 있다는 사실을 강조하며, 자연과 더불어 살아가야 한다고 강조한다. 넷째, 변화를 존중한다. 대안은 기존의 교육의 변화로부터 시작되었다. 따라서 변화를 추구하지 않는 것은 썩기 마련이다. 교육의 변화, 수업의 변화, 학생의 변화, 교사의 변화를 존중하고 지향한다. 다섯째, 경험을 존중한다. 루소의 에밀에서부터 대안의 기원을 찾을 수 있듯이, 에밀은 자연의 모든 것으로부터 경험을 통해 교육받았다. 즉, 학생들은 의도적, 비의도적인 교육활동의 경험에 의해 교육되기 때문이다. 여섯째, 노작활동을 중시한다. 자신의 의식주를 스스로 해결할 수 있는 것을 지향한다. 따라서 노작을 통해 생명의 소중함, 먹거리의 소중함을 깨닫게 되고, 자연스럽게 생태주의적 관점을 갖게 된다. 마지막으로 대부분의 대안학교가 추구하는 것처럼 지역사회와 함께하는 작은 학교를 지향한다.

강태중, 이종태, 이명준(1996)은 대안학교의 교육적 특징을 다섯 가지로 분류하였다. 첫째, 가치의 지향성이다. 대안교육이라는 가치와 학생 중심 교육관, 새로운 교수학습 방법을 통한 새로운 수업의 가치의 지향성을 가지고 있다. 둘째, 지역사회 속에

뿌리내린 작은 학교이다. 대부분의 대안학교가 도심과 전원에 작은 형태로 뿌리내리고 있으며, 그에 따라 지역사회와 통합한 교육을 지향한다. 셋째, 학생이라는 교육 주체성이다. 기존 교육에서 교사 중심의 교육 주체였다면, 대안교육의 교육은 학생이다. 넷째, '나'의 변화를 통한 교육이다. '남'을 변화시키는 교육이 아닌 나로부터의 변화가 교육의 핵심이 된다. 마지막으로, 삶 속에 녹아난 교육이다. 교사는 가르침으로 교육하는 것이 아닌, 교사의 삶에 녹아난 모습들을 보며 아이들은 자라난다.

백근수(2011)는 수업과 교사, 학생의 관점에서 교육적 특징 5가지로 강조하였다. 첫째, 사제 간의 원활한 소통을 통한 학습능력, 잠재능력 강화이다. 둘째, 작은 학교를 통한 공동체 구성원 간의 사회적 관계능력 향상, 셋째, 참여 수업(체험학습 등)을 통한 흥미를 유발하는 수업, 넷째, 가정과 학교가 협력하여 학생, 학부모 만족도를 높이는 교육, 마지막으로, 특별하고 새로운 교육과정을 통해 학생의 적성과 재능을 발휘하는 교육으로 분류하였다.

임종화(1999)는 대안학교의 교육적 특징을 크게 세 가지로 보았다. 이는 생태주의, 공동체 지향, 자치와 자율 지향이다.

첫째, 생태주의는 대안교육이 지향하는 가치 중 가장 공통적 이념이라고 할 수 있다. 자연 생태와 인간이 서로 교류하며 자연 질서 안에서 인간은 스스로 존재를 형성한다. 그리고 세계를 이루는 모든 구성은 자연으로부터 이루어지기에 대안교육의 중심적 가치를 생태주의에 두었다(정유성, 1998). 우리나라의 대부분의 대안학교는 생태주의를 지향한다. 전북의 푸른꿈고등학교의 교육 목표에 '노작 교육'이 명시되어 있다. 이 학교에서는 학생들과 교사가 가축과 채소를 키우고, 가꾼다. 온전한 자급자족의 형태는 아니지만, 생태교육의 일환으로 노작 교육을 시행하고 있다. 경기도에 위치한 두레자연고등학교도 노동의 신성함과 자연의 섭리를 배우는 가치를 지향하고 있으며, 농업수업을 통해 철마다 채소를 수확하는 교육내용을 진행하고 있다.

둘째, 공동체주의를 지향한다. 더불어 살아간다는 뜻으로 나 혼자만 살아가는 것이 아닌, 함께 살아가며 서로를 살리는 교육을 실천하고 있다. 영산성지학교와 풀무농업기술고등학교, 두레자연고등학교는 기숙사 중심의 공동체 생활을 실천하고 있다. 학생 전체가 기숙사 생활을 하고 기숙사 중심의 교육 체제를 갖추고 있다. 교사들도 기숙사에서 학생 생활교육을 함께 진행하고 있다. 교사와 학생 간의 공동체주의로 끝나는 것이 아닌, 학부모와 지역사회 간을 포함한 공동체를 지향하고 있다.

셋째, 대안교육은 자치와 자율을 중시한다. 학생 문화에 교사의 개입을 최소화하고, 중요한 교육적 판단이 필요할 때가 아니면, 학생들의 자치권을 최대한 보장한다. 대안교육의 특징을 고병헌(1997)은 '교육 주체의 원상회복'을 이야기했다. 이는 지금까지 기존 교육제도에서 교사 중심적 권위를 바탕으로 교육을 진행했지만, 대안교육에서는 학생 중심적 자율성을 통해 학생의 자존감과 자율성을 신장시킬 수 있다. 이러한 자치, 자율의 지향은 대부분의 대안학교에서 강조하고 있으며, 청소년들의 권리와 맞물려 공교육 교육에서도 지향되어야 할 중요한 가치이다.

이러한 생태주의, 공동체주의, 자치와 자율은 대안교육의 특징이지만, 공교육과 다른 사회 운동에서도 지향되어야 하며, 이는 무너진 가정과 흔들리는 사회에서 회복될 수 있는 중요한 연결고리가 될 것이다.

2. 정체성

가. 정체성

 '난 누구인가?'라는 삶의 근본적 질문을 스스로에게 하지 않은 사람은 없을 것이다. Gee(2000)는 나는 누구인지에 대한 자기 이해가 정체성이라고 하였다. 정체성 영어 단어인 Identity는 라틴어 identitas에서 유래되었다. identitas는 '그것이 자기 자신, 그 사람이 틀림없는 본인이다, 전적으로 같은 것이다.' 등의 의미가 포함되어 있다(윤철수, 2009). 정체성이란 단어는 사회 곳곳에서 사용되고, 흔히 접할 수 있는 단어이다. 국어사전(네이버, 2019)에서는 정체성을 '변하지 아니하는 존재의 본질을 깨닫는 성질 또는 그 성질을 가진 독립적 존재'로 정의하였으며, 심리학 사전(양돈규, 2017)에서는 '정체(正體) 또는 정체성(正體性, identity)은 존재의 본질 또는 이를 규명하는 성질이며, 상당 기간 동안 일관되게 유지되는 고유한 실체로서 자기에 대한 주관적 경험을 함의할 수 있다. 즉 자기 내부에서 일관된 동일성을 유지하는 것과 다른 존재와의 관계에서 어떤 본질적인 특성을 지속적으로 공유하는 것 모두를 의미한다.' 이처럼 정체성을 통상 '인간의 정체성'이라고 볼 수 있다.

정체성이란 단어를 처음 사용한 Ericson(1968)은 상징적 상호작용주의자인 Mead(1934)와 결을 같이 하고 있다. 즉, 정체성은 항상 타인과의 관계 속에서 형성된다는 Ericson, 자아가 문화를 익히며 타자와의 관계 속에서 상호작용함으로 정체성이 발달하는 것이라고 주장하는 Mead의 의견은 일맥상통한다. 또한, Ericson은 자아 정체성을 주관적 측면의 개별적 정체성과 객관적 측면의 심리사회적 정체성으로 나누었다. Mead는 주체적인 측면과 객체적인 측면으로 설명하였다. Ericson의 객관적 측면의 심리사회적 정체성으로 자신과 사회(집단)에 대한 일치성, 동일성(국가 정체성, 집단 정체성)을 말하고 있다. 주관적 측면의 개인적 정체성은 시간이 상당 기간이 지나도 자기의 연속성과 동질성을 인식함과 동시에 타인을 인식한다는 사실의 자각을 말한다. 따라서 Ericson은 자아 정체성을 불변한 것으로 보지 않고, 사회적 상황 속에서 끊임없이 상호작용을 통해 개정, 변화되는 자신에 대한 현실적 인식이라고 주장하였다(Ericson, 1963). Mead는 자아는 생리적 욕구와 충동을 가진 주체적인 나와 사회(타인)와의 상호작용을 통해 만들어진 객체적인 나로 구분되었다. 따라서 주체적인 나와 객체적인 내가 상호작용을 통해 동일시된다고 하였다(김종길, 2008). 이렇듯 Ericson과 Mead 외에도 여러 학자들은 정체성을 개인의 본질적 자아와 사회적 상호작용의 결과로 보았다(Marcia, 1980; Schiedel & Marcia, 1985; Lemke, 2003; Watson, 2006).

또한, Manuel Castells(1997)은 한 사람의 정체성에서 사회적 차원을 분리하는 것은 불가능하고 모든 정체성은 어떤 의도를 가지고 구성되는 것이라고 하였다. Baumeister(1999)는 정체성이 본질적으로 사회적 개념이며, 개인과 타인, 사회환경 속에서 경험되는 자기에 대한 이해라고 정의하였다. 사회 정체성을 주장하는 Howard(2000)는 사회 속에서 개인이 사회 집단의 틀 안에서 자신을 규정하고 자각하는 사회적 과정을 정체성이라고 하였다. Rodgers & Scott(2008)은 정체성이 지닌 속성은 다양한 사회, 문화, 정치, 역사에 의해 형성, 타자와의 관계에서 형성한다고 보았다. 따라서 개인의 정체성을 탐색하는 것은 사회, 문화, 정치, 역사를 함께 볼 수 있게 되며 이러한 사회적 맥락 속에서 개인을 다층, 심층적으로 이해할 수 있게 되는 것이다.

이렇듯, 내가 누구인지를 아는 것이 정체성이라고 단순하게 말할 수 없다. Ericson과 Mead로부터 Rodgers & Scott는 구체적인 이론의 프레임은 다르지만, 같은 맥락으로 정체성을 정의하였다. 개인과 타자, 개인과 사회, 개인과 문화, 개인과 경제와 역사, 정치 등 인간과 주변 환경은 끊임없이 관계한다는 전제하에 인간 내부의 본질적 나와 외부의 상황에 반응하는 내가 상호작용하는 것을 인지, 이해, 자각하는 것이 정체성인 것을 알 수 있었다. 따라서 정체성을 '나와 외부세계와의 의미 있는 경험을 자각하고 이해하고 해석하는 과정'이라고 개념화할 수 있다.

Ericson(1956)은 내적 본능과 외적 사회적 요구 간의 상호작용으로 전 생애를 통해 정체성이 형성 및 발달된다고 주장했다. 확고한 자아 정체성을 형성하기 위해서는 일생을 통해 8가지의 갈등상황을 해결해야 한다고 했다. 특히, 청년기의 중요성을 강조했는데, 이는 정체성 형성의 결정적 시기가 청년기이기 때문이다.

Ericson의 8단계는 영아기, 유아기, 아동 초기, 아동 후기, 청년기, 성년기, 중년기, 노년기로 나뉘며, 발달과업과 위기는 신뢰감 대 불신감, 자율감 대 수치감, 회의감, 주도성과 열등감, 정체감 대 정체감 혼미, 친밀감 대 고립감, 생산성 대 침체성, 자아통합감 대 절망감으로 나뉜다. 생명력(잠재력)으로는 영아기 시절의 희망, 유아기의 의지, 아동 초기의 목적, 아동 후기의 능력, 청년기의 충실, 성년기의 애정, 중년기의 배려, 노년기의 지혜로 나뉜다. 여기서의 생명력, 잠재력은 갈등을 성공적으로 해결할 수 있는 요인으로 말할 수 있다. 1단계인 영아기에서는 유아는 부모와 신뢰관계를 형성해야 하는데, 그렇지 않으면 불신감이 형성되며, 2단계인 유아기에는 잡기, 걷기, 괄약근 통제를 포함하는 신체적 기술을 발달시키는데, 통제를 제대로 못하면 회의감과 수치심이 나타난다. 3단계인 아동 초기에서는 단호해지려고 노력하고, 주도권을 잡으려고 노력한다. 이 과정에서 타자에게 상처를 주면 죄책감을 느끼게 된다. 4단계인 아동 후기에는 새로운 공부와 기술을 배우고 습득해야 하는데, 그렇지 않으면 열등감을 느끼게 된다. 5단계인 청년기에는 성 역할, 직업, 종교, 정치, 교육 등을 포함하는 영역에서 내가 누구인지에 대한 정체감을 확립해야 한다. 6단계에서는 친밀한 관계를 형성하기 위해 '나'를 '공동체' 안에 빠져들게 해야 한다. 그렇지 않으면 고립감을 경험한다. 7단계인 중년기에는 대부분의 교사들이 해당하는 단계이기도 하다. 이는 다음 세대를 위해 생산성의 욕구를 충족시켜야 하는데, 그렇지 못하면 침체감을 경험하게 된다. 마지막 8단계인 노년기에는 앞서 7단계의 위기를 잘 해결하게 되면 있는 나 자신을 이해하고 받아들이게 된다(Ericson, 1968; 정옥분. 2004).

정체성에 있어 Ericson은 청년기를 중요시했다. 하지만, 정체성 형성은 아동기의 경험에 그 뿌리를 두는 것이며, 청년기를 거쳐 성인기에 이르기까지 계속 발달된다. <표 5>를 보면 수직선 4단계로 되어진 과업동일시 대 무력감, 역할기대 대 역할금지, 의지·결의 대 회의감, 상호인지 대 자폐적 고립은 정체감 단계 전 근면성 대 열등감, 주도성 대 죄책감, 자율성 대 수치심, 신뢰감 대 불신감의 4단계가 어떤 영향을 미치는가를 보여주는 것이다. 예를 들어, 3단계에서 열등감을 느끼게 되면, 무력감, 역할금지, 회의감, 고립 등으로 정체성 발달에 장애를 초래한다는 것이다. 반면, 근면, 주도, 자율, 신뢰감 모두의 과업을 성공했다면 과업동일시, 역할기대, 의지와 결의, 상호인지가 정체성 형성에 기초가 된다. 수평선 7가지 부분위기라고 불리는 시간전망 대 시간혼미(Time Perpective vs. Time Confusion), 자기확신 대 자의식(Self-Certainty vs. Self-Consciousness), 역할실험 대 역할고착(Role Experimentation vs. Role Fixation), 도제수업 대 활동불능(Apprenticeship vs. Work Paralysis), 성의 양극화 대 양성혼미(Sexual Polarization vs. Bisexual Confusion), 지도력과 수행 대 권위혼미(Leadership and Followership vs. Authority Confusion), 신념실천 대 가치관혼미(Ideological Commitment vs. Confusion of Values)는 확고한 정체성 확립을 위해 성공적으로 해결해야 한다 (Ericson, 1963; Gallatin, 1975; 박아청. 1995, 정옥분, 2004).

〈표 5〉 Ericson의 심리사회적 발단 단계 & 정체성 형성을 위한 발달과업

VIII								통합성 대 절망감
VII							생산성 대 침체성	
VI						친밀감 대 고립감		
V	시간 전망 대 시간 혼미	자기 확신 대 자의식	역할 실험 대 역할 고착	도제 수업 대 활동 불능	정체감 대 정체감 혼미	성의 양극화 대 양성 혼미	지도력 수행 대 권위 혼미	신념 실천 대 가치관 혼미

	1	2	3	4	5	6	7	8
IV				근면성 대 열등감	과업 동일시 대 무력감			
III			주도성 대 죄책감		역할 기대 대 역할 금지			
II		자율성 대 회의감			의지 결의 대 회의감			
I	신뢰감 대 불신감				상호 인지 대 자폐적 고립			
	1	2	3	4	5	6	7	8

따라서 Ericson의 정체성은 개인 내부의 변화, 즉 2차 성징으로 나타나는 것도 아니고, 사회로부터 일방적으로 주어지는 것도 아니다. 정체성은 계속된 노력을 통해 획득된다고 주장한다. 따라서, 학생과 교사의 정체성도 개인 내부 또는 사회로부터 주어지는 것이 아닌 교육적 환경과 학생, 교사 사이에서의 자신의 사유와 경험, 노력 등을 통해 만들어지게 된다(조동근, 2017).

Ericson의 심리사회적(정체성) 발달 6, 7단계가 교사에 해당하는 단계로서 성인기(18~35세)에는 학생, 동료 교사, 학교에 대한 '애정'을 가지고 그들과 친밀한 관계를 형성하여 '공동체'에 속할 수 있도록 해야 정체성의 친밀감을 획득할 수 있으며, 중년기에는 '배려'를 가지고 학생 교육을 통해 다음 세대와 상호작용을 하며 생산성을 확립하게 될 수 있게 된다. 특히 중년기는 교직 5~10년 시기부터 퇴직 전까지의 시기로 다음 세대를 지원하는 일은 교사에게 자연스러운 일이다. 아이들을 가르치고, 교육하고, 사회적 도움을 '잘' 주기 위해서는 '배려'를 통해 아이에게 관심을 갖고, 어려운 아이들에게 도움을 주며, 나에게 있는 지식이나 경험을 나누어주어야 한다.

Marcia(1966, 1989, 1991)는 Ericson의 정체성 형성이론에서 '위기(crisis)', '수행(commitment)'이라는 두 가지 차원을 조합하여 <그림 2>처럼 자아 정체성을 네 범주로 나누었다. '위기'의 의미는 자신의 가치관에 대해 재평가하는 기간이며, '수행'은 계획, 가치, 신념 등에 대해 능동적 의사결정을 내린 상태를 의미한다. 위기와 수행을 기준으로 Marcia는 성취, 유예, 유실, 혼미 4개의 유형으로 범주화하였다.

		위기	
		예	아니오
수행	예	정체성 성취 (위기 해결)	정체성 유실 (위기경험 없음)
	아니오	정체성 유예 (위기 현재 진행중)	정체성 혼미 (위기경험 없음)

<그림 2> Marcia 자아 정체성 범주

첫째, 정체성 성취(Identity Achievement)는 자아 정체성의 위기를 잘 수행하여 신념, 정치, 직업 등에 대해 자의적으로 의사결

정을 할 수 있는 상태를 말한다. 이는 유예의 시기를 경험한 후 성공적으로 극복한 것이기에 높은 자아 존중감과 독립성을 가지고 있으며, 외부 환경에 끌려 다니지 않는 단계이다(Marcia, 1966; 전옥분, 2004).

둘째, 정체성 유예(Identity Moratorium)는 현재 위기 상태에 있으나, 아직은 의사결정을 못한 상태를 말한다. 하지만 의사결정을 하지 못했지만, 계속적인 신념, 철학 등을 가지고 다양한 실험을 하고 있는 상태도 포함된다. 앞서 이야기한 정체감 성취를 경험하고 자아 정체성의 확립을 위해서는 반드시 거쳐야 하는 단계이다. 정체성 유예에 있는 사람들의 대부분은 정체성 성취로 넘어가지만, 일부는 정체성 혼미로 기울어지는 사례도 있다(Marcia, 1966; 최은희, 2006).

셋째, 정체성 유실(Identity Foreclosure)은 자신의 중요한 의사결정에 앞서 깊은 사유와 여러 대안을 마련하지 않고, 부모나 교사, 신뢰감 있는 사람에게 기대어 그들의 생각을 그대로 수용하거나, 비슷한 선택을 하는 경우를 말한다. 즉, 독립적 사고와 의사결정 등은 자신의 철학과 가치관 등에 대해 고통스러운 사유가 없이는 불가능하므로, 통합된 정체성 발달을 위해서는 위기를 경험하는 것이 필요하다(Marcia, 1989).

넷째, 정체성 혼미(Identity diffusion)는 자아에 대해 통합적이고, 안정적인 견해를 갖는 데 실패한 상태를 말한다. 위기에 대한 탐색과 사유, 고민하지 않는 단계이며, 어떤 철학적 견해, 직업적 선택 등을 하지 않을 뿐만 아니라, 관심도 없는 상태를 말한다. 이러한 단계에 머물러 있는 사람들의 특징은 낮은 자아 존중감을 보이지만, 유실, 유예 상태의 사람들보다 불안을 덜 느낀다. 왜냐하면, 사유도 하지 않고, 관심도 없기 때문이다(Marcia, 1991; 김인설, 박칠순, 조효정, 2014).

Manuel Castells(1997)은 정체성 구성 유형을 정당성, 저항성, 반영성 차원에서 특징적으로 구분하였다. 정체성이 사회 권력으로부터 자유롭지 못하며, 정체성이 개인 내부적으로 발생한다고 할지라도 권력에 대해 자아와 상호작용을 통해서 형성된다는 것이다. 이를 바탕으로 정체성을 정당화, 저항성, 반영성 정체성의 세 가지로 구분했다. 정당화 정체성은 사회의 권력적인 지배 제도를 정당화하며 자신의 모습의 합리화를 말하며, 저항적 정체성은 그 권력에 대항하여 비난하며 형성된 것이다. 마지막으로 반영성 정체성은 사회 권력의 틀에서 벗어나, 내가 가진 철학과 문화를 기반으로 사회 속에서 수행하며 정체성을 형성하는 것을 말한다.

Gee(2000)는 정체성을 4가지, 즉 자연 정체성, 담론 정체성, 제도 정체성, 친화 정체성으로 구분하였다. 가지고 태어난 본성을 통해 발달되는 상태를 자연 정체성(Nature-identity)이라고 하며, 사회, 공동체 안에서 타자와의 담화, 담론을 통해 인식되는 담론 정체성(Discourse-identity), 국가나 기관, 제도로부터 인정 및 부여받은 공식적 상태를 제도 정체성(Institution-identity), 소속된 공동체, 집단의 긍정적이고, 친화적인 경험으로 설명되는 친화 정체성(Affinity-identity)으로 나뉜다. 따라서 Gee는 정체성을 단일적으로 구성되어 있는 것이 아닌, 자연, 담론, 제도, 친화적 환경 등을 통해 다양하고, 복합적으로 구성되어 있다고 하였으며, 개인의 인식과 상황의 맥락에 따라 달라질 수 있고, 이에 따라 정체성이 구성된다고 정의하였다.

지금까지 Ericson, Marcia, Castells, Gee의 정체성 발달 및 유형에 대해 살펴보았다. Ericson은 심리학 측면과 더불어 사회학적 측면에서 정체성을 바라보았다. Marcia는 Ericson의 '위기', '수행'이라는 두 차원을 통해 사회학적 측면에서 정체성을 바라보았다. Gee 또한 사회학적 측면에서 정체성이 형성된다는 입장을 밝혔다. 특별히 Castells은 사회 권력 측면을 강조하여 권력에 정당화, 저항, 반영이라는 측면에서 정체성이 형성된다고 주장하였다. 즉, 정체성은 주변 환경(사회, 공동체)에 대한 개인의 내부적 선택과 수행으로 형성되는데, 이는 선형적 유형, 발달이 아닌, 비선형적 유형, 발달로 형성된다는 것이다.

나. 전문적 정체성

전문적 정체성의 개념을 알아보기 전에 '전문'에 관련된 단어의 정의를 살펴보면, 전문성은 '전문적인 성질, 또는 특성', 전문직은 '전문적인 지식이나 기술이 필요한 직업', 전문적은 '어떤 분야에 상당한 지식과 경험을 가지고 그 일을 잘하는, 또는 그런 것'을 말한다(국어사전, 2019). 또한, 전문(專門)은 일반(一般)과 구분되는 개념으로 이론적 부분, 실천적 부분에서 상당한 지식, 기술, 경험을 가진 자와 국가기관 또는 교육기관에 의해 전문적 자격요건을 갖춘 자를 전문가라고 말한다(강기수, 2000; 오헌석, 2006).

전문성은 이론적 전문성(professionalism)과 실천적 전문성(professionality)으로 구분할 수 있다(최의창, 2009; Evans, 2008). 첫 번째로 이론적 전문성은 전문직이 가진 영역에 속한 구성원의 수행과 관련한 최적의 이론적 수준에 초점을 맞춘다. 한편 실천적 전문성은 전문지식 자체가 아닌 그 지식을 통해 무엇을 하는지, 그리고 그 지식을 가지고 어떻게 살아갈 것인지에 대한 측면으로 접근한다. 따라서 Hall(1994)이 정의한 전문과 일반의 구분은 직무종사자가 자신의 일을 보는 태도와 행동에 초점을 맞춘 것이다. 따라서 실천적 전문성은 전문지식을 가진 직업인이 어떠한 사명과 철학을 가지고 있느냐가 핵심이기에 전문직업인들을 위한 교육은 반성을 통한 수행, 비판적 지식인, 배려와 자애로운 실천인이 주가 되어야 한다(Cruess, Cruess & Steinert, 2016; 박미혜, 2017; 최의창, 2009). 이와 같이 인적자원개발 측면에서의 이론적 차원과 전문인의 태도와 행동에 대한 실천적 차원으로 전문성이 구분될 수 있다.

전문적 정체성은 전문직에 종사하는 사람이 스스로 전문 직업인이라고 내리는 자기 주관적 평가라고 말할 수 있다(박종우, 1994). 또한, 다른 직업과 구분되는 본질, 즉 직업의 본질을 전문적 정체성이라고 주장하였다(이현재, 2005). 신원식, 이경은(2005)도 다른 전문직과 구별되는 특성이라고 정의하였다. Ericson(1963)은 나와 내가 속한 집단에 대한 감정적 동일시, 직무종사자가 느끼는 주체성이라고 하였으며, 류태호(2000b)와 이윤희(1999) 또한, 자신과 자신이 속한 직업에 대해 가지는 감정적 동일시라고 하였다.

Hall(1968)은 주관적인 평가나, 감정적 동일시, 본질적 자아 개념 등이 아닌 '태도'를 이야기하였다. 즉, 직무종사자가 자신의 일을 보는 태도가 전문적 정체성이라는 것이다. Hall은 전문직의 태도적 속성은 전문가의 중요한 부분을 구성하는 것으로, 전문적 정체성의 5가지 차원인 공공에 대한 서비스 신념, 자기규제에 대한 신념, 전문 조직의 활용, 자율성, 직업에 대한 소명의식으로 규정하였다.

따라서, 전문적 정체성은 정체성의 개념의 외부적 개념으로 '전문직업'이라는 틀 안에서 정체성을 형성하는 것이다. Gee(2000)의 자연 정체성, 담론 정체성, 제도 정체성, 친화 정체성 중 제도로부터 인정 및 부여받은 공식적 상태는 제도 정체성(Institution-identity)에 속하며, 정체성이 주변 환경(사회, 공동체)에 대한 개인의 내부적 선택과 수행으로 형성되는데 직업 환경

속에서 느끼는 감정, 평가 그리고 외부적 태도에 따라 전문적 정체성이 구성되는 것이다.

전문적 정체성 연구의 시초라고 불리는 Hall(1968)은 11개의 전문직(간호사, 의사, 교사, 회계사, 변호사, 사회사업가, 주식중개인, 공학자, 사서, 인사관리자, 광고)을 대상으로 연구하였고, 이에 조직적, 구조적, 태도적 특성을 확인하였다. 태도적 특성 5가지 차원인 전문 조직 활용, 자율성, 소명의식, 윤리의식, 서비스 정신(공동체의식)으로 구성된다.

Hall(1968)의 태도적 특성 5가지 중 첫째, 전문 조직 활용은 공식, 비공식 집단과 동료 집단을 활용하여 전문적 지식과 기술을 증진시킬 수 있고, 이러한 조직을 활용하여 전문직으로서 태도를 결정하게 된다는 것이다(박수선, 2008). 둘째, 자율성은 주위의 상황, 압력으로부터 자신이 가진 전문성을 가지고 스스로 결정을 내린다는 것이다(Scott, 1965; 박용오, 2003). 인간은 어떤 상황에서 행동하고자 할 때 자율적인 자기 결정성에 의해 비롯된다. 즉, 자율성에 있어 자기 결정성은 중요한 요소이다. 자기 결정성은 스스로 의사결정을 할 수 있다는 선택에 대한 인식이고, 직무를 하는 과정에서 자율성과 주도성을 갖는다는 의미이다. 자기 결정성이 높으면 활동의 지속성이 올라가고, 직무를 수행하고자 하는 동기를 증가시킨다(Scott, 1965; 김미희 외, 2012 재인용). 셋째, 소명의식은 직업에 대한 애정이 높음에 따라, 외적 보장이 적거나, 없어도 평생 헌신하고자 하는 마음과 태도를 말한다(이성천, 2011). 소명은 개인이 삶의 목적으로 인식하는 것을 말하며, 자신의 가치, 철학이 내적으로 표출되기에 자기 지향적이다. 소명의식을 가질 때 자신에 대한 신념과 철학, 자신감과 자존감이 높아져서, 직무에 열정을 가지고 몰입하게 되며, 만족도도 높게 된다. 즉 소명의식은 직업에 대한 만족도뿐 아니라 삶에 대한 만족감을 높인다(Gross, 1958). 넷째, 윤리의식은 자기규제에 대한 신념이라고도 한다. 전문직은 가치의 개념이 중요하다. 가치는 신념이자 행동을 결정하는 감정 체계를 말하는데, 이는 전문직의 실천적 방향을 알려줄 뿐 아니라, 동시에 행동한 평가의 기준이 되기도 한다. 구성원 개개인의 전문성이 높을수록 윤리의식이 높고, 책임의식도 높아진다(이효선, 2010). 다섯째, 서비스 정신은 전문직은 나를 위한 일이 아닌, 공동체 즉 모두를 위한 일이라는 것의 믿음을 나타낸다. 그래서 서비스 정신을 공동체 의식이라고 부르기도 한다. 인간은 공동체의 구성원으로 살아가며, 공동의 선을 추구한다. 또한, 구성원과 공동체는 의존적 관계에 있고, 공동체는 구성원의 필요를 채워줄 의무가 있으며, 구성원은 공동체를 유지하고, 존속해야 할 의무가 있다. 공동체 의식은 소속감, 영향력, 욕구의 통합과 충족, 공유된 정서적 연결 등으로 구성된다(유향순, 2009).

이처럼 Hall의 전문적 정체성의 태도적 측면의 요인들은 이후 여러 분야에 전문적 정체성 연구에 영향을 주었다. Goldie(2012)는 의료분야에서의 의대생들의 전문적 정체성 형성과정을 연구하였는데 정체성 형성의 본질을 사회, 관계적이라고 보았다. 의학 교육은 전문지식의 습득과 함께 전문적 정체성을 형성해 나간다. 이는 개인의 인식과 감정보다 대학, 병원, 호스피스, 동료 등과 같은 상호작용 관계에서 전문적 정체성은 더 많은 영향을 받으며 형성해 나간다. 또한, 의대생들은 직업적 정체성 형성과 이후의 삶의 정체성을 정립하는 방법은 삶의 행복과 질에 영향을 미친다. 즉, 정체성은 다중적이면서도 역동적이며, 관계성에 기인한다. 또한, 의과대학 학생들은 공식적인 지식 습득 단계가 아닌 비공식적이고, 비형식적인 커리큘럼에 의해 더 많은 영향을 받는다. Goldie의 의대생들의 전문적 정체성 형성 분석과정은 〈그림 3〉과 같다.

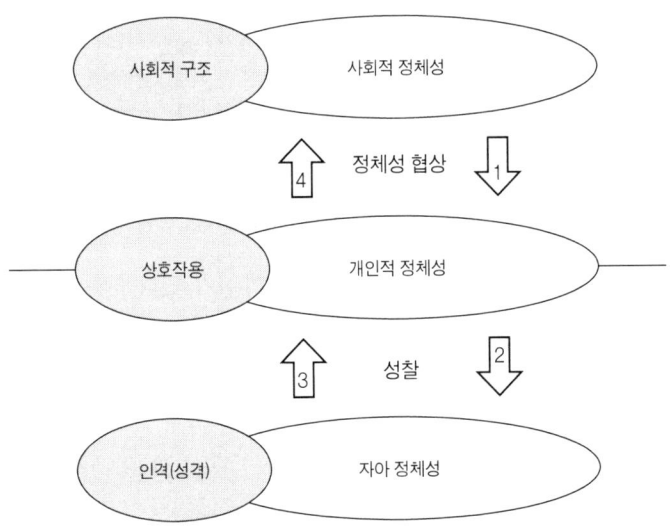

〈그림 3〉 Goldie 전문적 정체성 형성 분석

심경보 외(2018)는 스쿠버 잠수 산업 종사자의 직업 정체성 형성과정에 대해 연구하였다. 스쿠버 잠수 종사자들은 우연한 기회에 스쿠버를 경험하게 되었고, 점차 몰입의 과정을 통해 국가 공인 자격증을 취득한 후 직업화하였다. 입직 초기 포지셔닝은 '스포츠사회화 주관자'를 지향하였고, 교육자로서의 사명을 인식하고, 실천 현장에서 자신들의 정체성에 맞는 '차별화된' 전문적 실천을 보여줘야 한다는 의식을 드러냈다. 스쿠버 잠수 산업 종사자들의 기본 의무는 '안전하고 성실한 교육'의 인식과 이를 통해 형성된 '교육생과의 유대감'은 스쿠버라는 직업을 지속하게 만드는 원동력이 되었다. 이와 함께 생계유지를 위해 장비 판매와 부업을 해야 하는 상황에 함께 처하면서 정체성이 충돌하여 역할 갈등을 겪어 '혼성된 역할 정체성'이라고 정의하였다.

Cruess(2016)는 전문적 정체성 형성을 포함하도록 Miller(1990)의 피라미드 모델을 수정하였다. Miller는 의학 분야에서 전문인을 교육하기 위한 초점을 피라미드 모델로 보여주었다. 즉, 지식을 아는 것(KNOWS)으로 시작하여 기술의 능숙함(KNOWS HOW), 감독 아래 수행하고 보여주는 것(SHOWS HOW)을 지나 의사로서 행동해야 할 것들(DOES)을 배우는 수직·상향적 방향의 목표를 주장하였다. Cruss는 피라미드 모델에 마지막 꼭짓점이 되어야 할 것은 전문적 정체성을 형성하는 IS를 추가해야 한다고 주장하였다. 'IS'는 의사로서의 행동을 넘어 의사처럼 생각하고 행동하는 것을 말한다. 그리고 Miller

는 의학 전문인의 수행에 따른 평가를 해야 한다고 했으며, 이에 Cruess는 'IS'의 평가의 척도를 '책임감'으로 제시하였다. Miller(1990) Pyramid 모델(Cruess(2016) 전문적 정체성 형성 수정)은 <그림 4>와 같다.

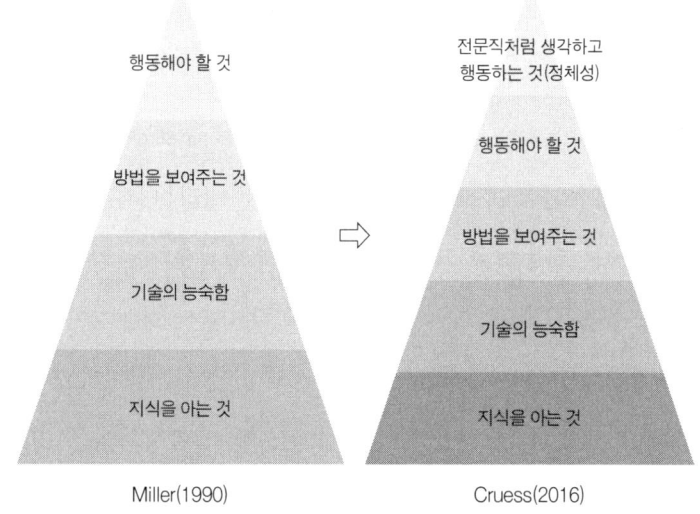

〈그림 4〉 Miller(1990) Pyramid 모델(Cruess(2016) 전문적 정체성 형성 수정)

곽영신, 김동민(2018)은 남성음악치료사들이 직업 정체성을 형성하는 과정을 연구하였다. 남성음악치료사들은 음악치료에 대한 직업의 관심과 음악가로서의 정체성 확장의 기대 및 이타적 욕구로 인해 음악치료 직업을 선택하게 되었다. 직업 정체성을 형성하는 과정에서 여성 다수 집단 내에서 소수자로 활동, 남성성에 대한 편견으로 인한 기관의 처세, 공감적 치료 관계 형성, 이성 내담자와의 어려움, 슈퍼비젼 등을 경험하였다(김성희, 2004). 하지만 남성적 역할의 필요성이 있는 내담자, 기관의 선호, 보호자의 신뢰 등은 긍정적 경험으로 나타났다. 곽영신, 김동민(2018)의 남성음악치료사들이 직업 정체성을 형성하는 과정은 <그림 5>와 같다.

<그림 5> 곽영신, 김동민(2018)의 직업 전문적 정체성 형성과정

전문적 정체성 과정에는 개인적 요소(경험, 정서, 지능 등)와 사회적 요소(조직, 환경 등)의 상호작용이 이루어지면, 이를 통해 전문적 정체성이 형성된다. Goldie(2012)의 의대생들의 전문적 정체성 형성 분석과정에서도 Ego 정체성이 Personal 정체성과 상호작용하며, Social 정체성이 Personal 정체성과 상호작용함으로 전문적 정체성이 형성된다. 이는 공식적인 커리큘럼에 의

해서만 정체성이 형성되지 않고, 비공식적이고, 비형식적인 환경 등에 의해 전문적 정체성이 형성된다는 사실을 알 수 있었다. 심경보 외(2018) 또한 직업으로서의 전문적 정체성과 교육생들과의 유대감이라는 주변 환경, 생계유지를 위해 다양한 역할을 감당해야 하는 등 혼합된 역할 정체성으로 직업 전문적 정체성이 형성된다고 주장하였다. Cruess(2016)는 Miller(1990)의 의학 분야에서 전문인을 교육하기 위한 피라미드 모델을 수정하였는데, 교육의 마지막은 전문적 정체성의 형성으로 보았다. 그리고 그 정체성을 평가하기 위한 요인으로 '책임감'을 두었다. 곽신영과 김동민(2018)은 음악에 대한 내적 동기 요인과 외부의 부정적, 긍정적 경험들로 인해 전문성이 강화되고 직업 전문적 정체성이 형성된다고 보았다. 이처럼, 개인적 요소와 사회적 요소의 상징적 상호작용을 통해 정체성과 더불어 전문적 정체성의 형성 과정도 비슷한 양상을 보인다는 것을 알 수 있다.

3. 교직 정체성

가. 교사 정체성

　교사는 일정한 자격을 가지고 학생을 가르치는 사람으로 '학교'라는 공적인 공간에서 학생, 학부모, 동료 교사들과 상호작용하며 교육적 목표를 달성하기 위해 존재하는 사람이다. 교사로서의 나는 누구이며, 나를 교사로서 어떻게 인지하고 있느냐의 문제는 교직에 속한 모든 사람의 공통적인 질문일 것이다. '나는 누구인가?'에 대한 내면적 질문 속에는 '난 어떤 사람이 되어야 하고, 어떤 사람이 되고 싶은가?'에 대한 의미가 담겨 있다(Akkerman & Meijer, 2011). Danielevicz(2001)은 '교사가 되는 것 자체'로 곧 교사 정체성을 형성하게 된다고 하였다. 하지만 교사 정체성의 개념을 '무엇'으로 정의 내리는 것은 매우 어렵다. 선행연구를 살펴보면 교사 정체성은 연구 대상(과목 등)과 목적,

방법 등에 따라 다양하게 제시되었기 때문이다.

　박은혜, 이성희(2010)는 교사의 정체성에 정서적 경험이 영향을 준다는 하였으며, 이는 정체성의 혼란, 위기, 강화, 재형성에 영향을 주었다. 정서적 경험으로는 이론과 실제의 차이에 따른 괴리감, 기관장과의 교육철학의 다름에서 오는 속상함과 모호함을 느낄 때 정체성 혼란을 느꼈고, 아이들의 안전사고에 따른 자책감, 교권의 무너짐에 대한 절망감을 느낄 때 정체성 위기를, 아이들의 애정표현, 기관장의 신뢰에 따른 정체성 강화, 교직에 대한 자율성 부족, 일상의 긴장감이 새로운 정체성을 형성하고 있었다. 박은혜와 이성희는 교사의 정체성이 철저하게 외부의 환경, 자극으로부터 교사가 느끼는 정서에 따라 정체성의 유형이 변화된다고 보았다.

　정현주(2011)는 고령의 초등학교 여교사의 정체성 형성에 대해 높은 교사 효능감은 능동적 정체성을, 낮은 효능감은 수동적 정체성을 형성한다고 했다. 능동적 정체성 형성에 부정적 영향을 주는 개인 정체성 상실, 고령 여교사에 대한 사회적 편견, 진로 탐색의 수동적 태도 등으로 나타났다.

　이효신(2015)은 수석교사의 정체성 형성과 요인에 관한 연구에서 수업전문가, 교내·외 연수전문가, 교사의 멘토라는 인식에 따라 정체성을 형성하고 있으며, 개인적 요인, 정책적 요인, 환경적 요인 등의 복합적 요인에 의한 정체성의 변화가 일어난다고 보았다. 즉 다중적 정체성을 가지고 있으며, 여러 환경들을 통해 변화한다는 입장이다.

한재영(2012)은 사범대학 예비교사 정체성 변화를 연구하면서 예비교사들은 학과 행사, 강의, 시험 등의 공식적 경험과 동아리 활동, 임용 스터디, 봉사활동 등의 비공식적 경험을 하고 있으며, 간접 경험으로 대인 경험과 대물 경험을 하고 있었다. 즉, 예비교사는 교육을 둘러싼 사회와 정치적 변화에 영향을 받으며 정체성 변화를 경험한다고 주장하였다.

손준종(2015)은 Castells(1997)의 정체성 유형을 활용하여 전교조 교사 정체성을 저항적, 반영적 정체성으로 구분하였다. 전교조 출범 초기에서는 참교육을 위해 계몽적 태도와 소명의식을 강조하는 저항적 정체성을 보였으며, 점차 저항적 정체성에 대한 비판으로 교사 정체성이 수업 전문가, 혁신 등을 특징으로 하는 반영적 정체성으로 재구성되었다. 이에 교사들은 정체성 혼돈을 경험하고 있다. 이처럼 전교조 교사의 정체성도 외부 환경에 직접적 영향을 받아 기획, 반영적 정체성으로 변모한 것이다.

정순경, 손원경(2016)은 교사의 정체성 형성요소와 정체성 형성과정을 살펴보기 위해 메타분석을 실시하였다. 결과로는 첫째, 정체성 형성에 영향을 주는 요인으로는 교사 이전 경험, 교사의 어려움, 수업경험, 보람, 반성, 통찰 등이며, 둘째, 교사 정체성 형성과정은 의미 있는 개별 경험을 통해 형성되는 정체성 형성과정과 새로운 경험을 통해 역동적 과정을 겪으며 적응, 실천적 정체성에서 실존의 의미를 찾아가는 정체성으로 나낸다.

채현순과 장유진(2016)은 전문상담교사의 전문직 정체성 형성과정에 대해 연구하였다. 전문상담교사의 전문직 정체성 형성과정의 중심 키워드는 '전문상담교사로서 나의 존재를 물음'으로 도출되었으며, 5단계의 형성과정인 '열정과 무지, 혼돈과 갈등, 의문과 고민, 실천적 고투, 개별적 정체성 구성'의 단계를 거치며 전문직 정체성이 형성되는 것으로 주장하였다.

유주연, 이승연(2015)은 영아교사들이 교육을 하는 과정에서 지식의 부족, 육체와 정신의 소진, 부모의 교육에 대한 낮은 인식, 제한된 사회적 평가 등이 전문적 정체성의 혼란을 일으키며, 영아의 이해와 전문지식을 얻기 위한 노력, 교육에 대한 철학 형성, 영아와의 관계에 대한 충족감, 부모와의 신뢰 형성 등을 통해 영아교사로서의 전문적 정체성을 형성해 나간다고 주장하였다.

강종구(2015)는 특수학급 교사들이 특수교사로서 어떤 정체성을 가지며, 어떤 요인이 정체성에 영향을 주는지에 대한 연구를 진행했다. 특수교사의 정체성은 개인의 경험과 개인별 대처에 따라 정체성에 긍정적, 부정적 영향을 미쳤고, 정체성에 미치는 변인에 대해서는 교직경력, 동료 교사, 학생, 관리자, 일반교사, 학부모들에 의해 정체성에 다양한 영향을 미치고 있었다.

정혜정, 남상준(2012)은 초등 사회과 교사로 성장하는 것과 초등 사회과 교사로서 정체성을 형성해 나가는 동일한 과정이라고 보았다. 이는 Danielevicz(2001)의 '교사가 되는 것 자체'로 곧 교사 정체성을 형성하게 된다는 입장과 같다. 사회과 교사 정체성은 전문적 자아와 개인적 자아, 사회와 내적 자아라는 대립적 요소들의 상호작용을 통해 형성된다고 보았다. 특히 교사 정체성은 일방적으로 주어진 것, 아는 것, 나의 역할에 대한 인식이 아닌, 교사가 주체적으로 구성하며, 실존 경험을 통해 정서를 통해 형성된다고 하였다.

    Helms(1998)의 연구에서 교사의 정체성의 구성요소와 그 사이의 관계를 규명하여 정체성의 다차원 모델을 개발하였다. 그는 '행동, 사회·제도 문화적 기대, 가치와 믿음, 미래의 자아와 사회'라는 4가지 차원으로 구분하였다. 그의 모델에서 각 차원들은 철학과 가치를 중심으로 서로 다른 차원과 상호작용한다고 말한다. 즉, 문화, 사회 등의 맥락에 의해 영향을 받는다고 주장한다. 특히 신념과 가치는 모든 핵심이 되며 자아는 정체성의 방향성을 보여주는 역할을 한다고 주장하였다.

    Reynolds(1996)은 교사 정체성을 타인의 기대, 사회적 관계, 교육적 환경 등에 따라 변화되고 구성된다고 보았다. 즉 교사의 정체성은 내분에서 발생되거나, 중립적이거나, 고정적이지 않다는 결론은 내렸다. Flores & Day(2006)은 교사 정체성을 개인적 요인, 매락적 요인, 전문적 요인들의 상호작용을 통해 형성된다고 주장하였다. Beauchamp & Thomas(2008)는 교사 정체성은 시간의 경과에 따라 변화하며, 외적 요인(경험)과 내적 요인(감성)의 상호작용을 통해 형성된다고 제시하였다.

이렇듯 국내·외 교사 정체성 형성에 관한 연구는 2000년도 이후 국외에서부터 활발히 진행되었으며, 국내 연구는 2010년 이후부터 활발히 진행됨을 알 수 있다. 또한, 대부분의 연구 결과는 개인과 외부환경에 따른 상호작용을 통해 교사 정체성이 형성된다는 입장을 주장하고 있으며, 외부 환경에 있어서는 연구마다 형태가 세부화되기도 하였다. 정체성을 형성하기 위한 기반이 되는 것으로, 교사 이전의 경험, 교사 외의 삶을 분석하였으며, 교사가 된 후에는 교사 자신과 학교 내 구성원들 간의 상호작용의 이해 및 인식 정도에 따라 정체성이 어떻게 형성되는지 볼 수 있었다. 위의 선행연구를 기반으로 교사 정체성 연구의 핵심적인 특징을 도출할 수 있었다. 특히 Akkerman & Meijer(2011)의 연구에서 제시한 특징 '연속적이고, 지속적인 과정, 공동체 및 타인과의 사회 관계적, 하위 정체성 구성'으로 나뉘었다.

여러 연구와 종합하여 살펴보면 첫째, 교사의 정체성은 '연속적이고, 지속적인 과정'으로서 한 번에 정체성이 완결되어 얻어지는 것이 아니다. '교육' 자체를 일시적 교육 행위로 보지 않고, '평생교육'의 차원으로 보는 것과 같은 것으로, Tao & Gao(2017) 또한 예비교사 시절, 초임교사, 경력교사 등 교사 전 생애에 걸쳐 학생, 학교 등의 상황들과 상호작용하여 연속적인 교사 정체성 형성을 주장하였다. 교육의 '평생'의 의미론적 탐색은 인간 실존의 측면에서 접근할 수 있으며, 학습자 관점에서 볼 때의 '평생'의 의미는 시·공간을 넘어 개개인의 본질에 접근하는 교육과 학습의 장인 것이다(황경숙, 이은선, 2004). Akkerman & Meijer(2011)는 '대화적 자아 이론'에 기반을 두고 교사 정체성을 직업과 삶의 다양한 나의 위치를 협상하며, 다양한 행위 속에서 내 자신에 대한 감각을 유지하는 과정임을 강조하였다.

둘째, 교사 정체성은 '공동체 및 타인(학생, 동료 교사, 학부모 등)과의 사회 관계적'이다. 인간은 개인 혼자만 존재할 수 없다. 사적(private) 정체성은 모순된 어법이며, 'how one is known'의 정체성, 즉 누군가에게 어떻게 알려지는가가 교사 정체성의 핵심이기에, 학생, 동료 교사의 기대와 상호작용을 통해 교사 정체성이 형성된다(Ropers, 1997). 아리스토텔레스가 '인간은 사회적 동물이다.'라고 정의한 것처럼, 인간은 결국 사회 안에서 존재해야 개인에 대한 진정한 의미를 찾을 수 있는 것이다.

셋째, 교사 정체성은 '여러 하위 정체성'으로 구성된다. 교사는 짧게는 24년에서 길게는 30여 년간의 삶의 경험이 모여 교사가 되었고, 교사 정체성의 기반은 교사가 되기 전까지 살아온 경험의 합이다. 교사 이전의 삶이 교사로서 교육철학을 세우는 데 지대한 영향을 미치며 넓게는 교육내용 선정과 방법, 평가의 영역까지도 영향을 미치게 한다. 교사의 정체성을 전문적 차원과 개인적 차원으로 구분해서 개인적 삶의 경험과 사건 등으로 구성된다는 입장도 이 특징을 지지한다(Day et al, 2006).

나. 체육교사 정체성

체육교사 정체성에 관한 연구는 국내에서 류태호(2000a, b)를 시작으로 2010년 이후 국내에서 활발히 연구가 진행되고 있다. 하지만 국외에서의 체육교사에 대한 정체성 연구는 정체성, 전문직 정체성, 직업적 정체성, 교사 정체성에 비해 현저히 적게 연구되고 있는 실정이다.

먼저, 우리나라 체육교사 정체성 연구의 포문을 연 류태호(2000b)는 생애사적 방법을 통해 체육교사 직업 정체성을 연구하였다. 체육교사 직업 정체성의 요인으로는 역할, 인간관계, 체육수업, 체육에 대한 사회적 인식(결핍된 존재의 이미지) 등을 들었으며, 형성과정으로는 '무형, 기능, 비판, 중용적 정체성'을 형성하게 되었다. 류태호는 체육교사 정체성의 특성을 단선적이고 일방적 과정이 아닌, 변증법적 과정을 거치고 있으며, 교사의 경력이 쌓임에 따라 단순정체성이 아닌, 복합정체성의 모습을 보이고 있고, 체육교사 정체성 형성은 일시적인 과정이 아닌, 지속적이며 역동적인 과정을 통해 형성되고 변화한다고 제시하였다.

임효경, 김승재(2011)는 특수체육교사의 정체성 연구에 대해 내러티브 분석 절차를 사용하였다. 연구 결과 '예견된 정체성 혼란의 시기', '딜레마 속에서 정체성 찾기', '과도기 속에서 자리 잡기', '연구자로서 체육교사 되기'라는 4개의 범주로 나뉘었다. 예견된 정체성 혼란의 시기에는 통과의례, 체육과목을 접해보지 않음의 하위 범주로, 딜레마 속에서 정체성 찾기는 찾아온 기회와 갈등, 체육교사이고 싶은 이유의 하위 범주로, 과도기 속에서 자리 잡기는 낯선 곳의 두려움, 통합교육 현장에서 멀티플레이어로 하위 범주화되었다. 이는 시간적 흐름에 따라 특수체육교사가 정체성을 형성해가며, 학교현장이라는 외부 환경에 영향을 받으며, 자기 인식을 통해 정체성의 변화가 이루어지는 것을 볼 수 있다.

조기희, 이옥선(2012)은 초등 예비교사의 체육교사로의 정체성을 파악하고 정체성 발달을 위한 방법을 연구하였다. Feiman-Nemser(2008)의 '가르칠 수 있도록 배우기' 이론을 기반으로 '정체성 up' 프로그램을 운영(체육교사처럼 알기, 생각하기, 느끼기, 행동하기)하였다. 그 결과 체육교사로서의 겉모습 모델링, 마음자세 모델링, 지식 모델링, 교수법 모델링으로 범주화되었고, 머리가 아닌 가슴으로 받아들이는 모델링, 가르치기 어려운 것을 가능하게 하는 모델링, 성장 원동력이 되는 모델링, 통합적으로 가르치는 모델링, 이론과 실천, 반성의 뒷받침이 필요한 모델링으로 범주화되었다. 마지막으로 모델링은 예비교사들의 정체성이 고정적 동상에서 역동적 배우로, 이끄는 사람에서 밀어주는 사람으로, 운동선수에서 전인교육자로 도움을 준 것으로 제시하였다.

장서이(2017)는 무용전공 체육교사의 전문적 정체성 형성과정 및 요인을 탐색하였는데, 형성과정은 '이방인, 적응인, 정착인, 개척인'의 모습으로 탐색되었고, 무용전공 체육교사의 전문적 정체성은 '체육능, 교육지, 무용심'을 중심으로 형성되었다. 또한, 체육교사의 전문적 정체성을 효과적으로 형성되기 위해서는 '무용 전문성'을 적극 발휘해야 하며, 이를 위해 학교 환경적 여건이 마련되어야 한다고 주장하였다.

이용진(2018)은 성장 단계 체육교사의 전문적 정체성을 탐색하였는데, 다른 전문직의 세부요소 7가지(소명의식, 전문조직 활용, 사회적 책임감, 서비스 정신, 도덕적 사고, 헌신적 태도, 자율성)를 중심으로 14가지가 범주화되었다. 즉, 소명의식에서는 '건강하게 체육 속으로, 학생의 역량을 키우는 교사, 나와 우리의 행복'으로, 전문조직 활용에서는 '관계로 실천하기, 일원이 되어 삶 배우기, 지속할 수 있는 힘'으로, 사회적 책임감에서는 '학생 변화의 믿음으로, 학교를 넘어 사회로, 나에게 주어진 기대'로, 서비스 정신에서는 '학생을 위하여'로, 도덕적 사고에서는 '당연한 체육교사로서 더욱'으로, 헌신적 태도에서는 '헌신적 노력, 나은 우리가 되기 위해'로, 자율성에서는 '자율성의 활용과 도전'으로 범주화되었다. 또한 성장단계 체육교사의 전문적 정체성 모형을 제시하였는데, 나의 사명을 중심으로 '함께하는 나, 기대 받는 나, 꿈꾸는 나'로 제시하였다.

이원희(2019)는 중등 체육교사 직업적 정체성 형성과정과 요인을 탐색하였다. 정체성 형성과정은 '형성의 동인, 상태모형, 과

정도식, 네 가지 사례'로 나타났으며, 영향요인으로는 '적극적 성찰요인, 소극적 성찰요인, 무성찰요인, 실천 이행요인, 실천 불이행요인'으로 제시하였다. 이원희(2019)의 연구에서 직업적 체육교사 정체성의 모습은 다방향적이며, 전문성과 상호보완적 관계임을 알 수 있다. 또한 자기 스스로 전문적 능력 함양을 통해 바람직한 교사 정체성 형성의 모습임을 나타내고 있다.

김혜연(2020)은 중등학교 여자체육교사의 정체성 형성과정과 요인을 탐색하는 연구로, 내러티브 탐구 방법을 활용하였다. 여자체육교사 정체성 출현, 긴장, 협상이라는 국면을 거치며 정체성을 형성해 나갔다. 또한, 정체성 형성에 미친 영향으로는 개인요소, 관계요인, 환경요인으로 범주화하였고, 개인요소로는 '목표의식, 교사신념', 관계요인으로는 '스승님의 존재, 학부모와의 관계, 학생의 반응과 동료', 환경요인으로는 '체육과 문화, 업무가 몰리는 구조, 민주, 자율, 협력적 문화'로 제시하였다.

Dowling(2006)는 체육교사들의 정체성은 스포츠에 대한 사랑에 대한 열망과 밀접한 관계가 있다고 하였다. 그리고 정체성에 대해 도덕적인 측면보다 기술적 측면(what & how)에 근원을 두고 있었으며, 체육수업 측면과 관계가 깊다는 것을 알 수 있었다. Sakamoto(2015)는 체육교사 정체성이 신체 문화(Body Culture)를 바탕으로 형성되었으며, 의식적 과정이 아닌 무의식적 과정을 통해 정체성이 형성된다고 주장하였다. 또한, 신체 구상(body schema)과 인지 경험을 통해서 체육교사 정체성을 재구성할 수 있다고 제시하였다.

　이상의 체육교사 정체성에 관한 연구를 종합하면, 각 연구 목적에 따라 체육교사 정체성이 달라짐을 알 수 있다. 즉, 체육교사 정체성의 일반화를 살펴볼 수 없지만, 교사와 교육적 환경, 학교 내 구성원들 간의 상호작용의 이해 및 인식 정도에 따라 정체성이 어떻게 형성되는지를 알 수 있었다. 또한 Akkerman & Meijer(2011)의 연구에서 제시한 특징 '연속적이고, 지속적인 과정, 공동체 및 타인과의 사회 관계적, 하위 정체성 구성'이 체육교사 정체성에서도 동일한 특징으로 작용한다는 것을 알 수 있었다. 체육교사는 일회적인 사건, 어릴 적 경험 등으로만 정체성이 형성되는 것이 아닌, 지속적이고, 연속적인 과정을 통해 형성되고 변화됨을 알 수 있었다. 또한, 체육교사 내부의 신념과 철학은 공동체와 타자와의 관계 속에서 만들어지며, 형성된다는 사실을 알 수 있었다. 마지막으로 체육교사의 정체성은 하나의 통합적 정체성으로 수렴되는 것이 아닌, 여러 하위 정체성의 합이 모여 체육교사 정체성을 형성한다는 사실을 알 수 있다.

III
연구 방법

1. 연구설계

가. 연구 패러다임 및 논리

　패러다임(paradigm)은 한 시대의 과학적 가설, 믿음, 이론, 법칙, 실험의 총체이자 세계를 바라보는 관점, 사고의 방식이다(Kuhn, 1970). 즉, 패러다임이란 세계가 어떻게 질서를 이루는지, 무엇이 지식인지, 지식을 얻을 수 있다는 가정이 성립된다면 어떻게 그 지식을 얻을 수 있는지에 대한 총체적인 사고방식이다(Kuhn, 1970). 또한 Guba & Lincoln(1994)은 패러다임을 연구를 이끄는 존재론적, 방법론적, 인식론적 전제를 형성하는 기본적 신념체계라고 정의하였다.

　본 연구는 대안학교 체육교사인 나를 대상으로 한다. 그리고 나의 삶의 흐름과 삶의 발자취를 깊이 살펴보며 이때 발생하는 현상의 맥락에 관한 정보를 풍부하게 제시하여 대안학교 체육교사의 정체성을 탐구하고자 한다. 본 연구의 목적은 대안학교 체육교사의 정체성을 이해하는 것이 목적이다. 여기서 말하는 이해는 대안학교 체육교사의 행위, 특정한 행동, 주변의 실재 세계와의 상호작용 등을 연구자 나름대로 해석하는 것을 말한다. 이러한 연구 목적을 달성하기 위해 '예측, 진단, 처방'이 목적인 실증주의 패러다임이 아닌, 본 연구는 '이해'를 목적으로 둔 해석주의 패러다임에 기반을 둔다(최의창, 2003). 이 관점은 세상의 질서는 어떤 초월적 힘, 원리에 의해 결정되는 것이 아닌 사람들의 사고, 경험에 의해 재구성되는 것을 말한다. 즉, 해석주의 패러다임의 연구자는 실험을 통해 객관적으로 가정된 질서의 진위를 입증하는 것이 아닌, 한 인간이 어떤 질서에 있으며, 왜 그 질서체제를 구성하게 되었는지를 이해하는 일이다(조용환, 1999). 다음은 내가 왜 해석주의 패러다임의 연구자가 되었는지를 단적으로 보여주는 자기기억자료이다.

　　교무실에 앉아 있을 때 아이들이 근심 어린 표정으로 나에게 다가올 때, 강당에서 아이들이 신나게 뛰어다닐 때, 졸업생들과 카페에 앉아 행복했던 옛일을 떠올리며 담소를 나눌 때, 각각의 상황에서 나의 느낌은 어떠한 수량이나 수치로 표현되기 어려울 것이다.

(2016년 5월, 자기기억자료)

Lather(2007)는 사회과학의 탐구 패러다임의 종류를 실증주의, 해석주의, 비판이론, 포스트모더니즘 네 가지로 구분하였다. 본 연구가 기반으로 삼고 있는 해석주의 패러다임은 여러 실재들이 존재할 수 있다는 상대주의적 존재론을 주장한다. 또한 연구자와 연구참여자들의 삶과 대화를 통해 이해와 지식을 공동으로 창조해 나간다는 주관주의적 인식론을 취하며, 연구참여자들의 세계를 이해하기 위해 자연스러운 환경에서 면담, 관찰해야 한다는 자연주의적 연구 방법과 절차적 입장을 취한다(곽영순, 2009).

연구 논리(research logic)는 한 연구의 이면에 전제되어 있으며, 그 연구를 지배하는 철학적 인식론을 말한다(이영숙, 김영천, 1998). 여기서 인식론은 세상이 어떤 모습으로 존재하기에, 어떤 시각을 가지고 어떤 방법으로 연구해야 한다는 것으로 인식론이 다르면 연구의 방향성이 달라지고, 과정이 달라진다(이영숙, 김영천, 1998). 본 연구는 세상을 보편적이고 객관적인 개념으로만 모인 곳으로 보는 시각, 즉 세계는 양과 수로 환원될 수 있는 것이 아닌 양자 혹은 다자간의 수많은 변수에 의해 개념들이 구성되고 해석되며 개인의 주관은 진공상태가 아닌 사회문화적 배경 속에서 상호작용을 통해 형성된다는 현상학적 인식론이라는 연구 논리적 토대를 지니고 있다(조용환, 1999).

현상학적 인식론을 토대로 해석적 패러다임을 배경으로 두고 있는 본 연구는 자문화기술지(auto-ethnography)라는 구체적인 연구 방법론에 기대어 있다. 자문화기술지는 기존 전통적 질적 연구의 한계를 넘는 과정에서 발전된 형태라고 할 수 있다(박상봉, 2019). 즉, 전통적 질적 연구는 타자들과 세계를 낯선 대상적 존재로 인식하고 재연하는 데 초점을 두었지만(조재식, 허창수, 김영천, 2006), 자문화기술지에서 세계는 특정한 관계 속에서 이루어진 상호주관성을 포함하고 있다(임민정, 2016). 다시 말해서 자문화기술지의 개인의 주관성은 사회적으로 형성되었다는 것을 전제하며 이는 개인이 만나는 타자와 외부세계에 대한 초월적 인식과 대화의 결과물이기 때문이다(이동성, 2012).

자문화기술지 연구란 개인의 주관적 체험과 성찰을 더해 자아에 대한 사회, 문화, 정치적인 이해를 풀어내는 것이다(Jones, 2005). 즉, 문화 속에 위치한 나의 경험에 대해 반성적 이야기를 기술하여 개인적인 삶의 양상을 이해하는 것이다(Ellis, 1995). 이때 이론적 타당성 확보에 대한 양적 연구자들의 의문에 대해 자문화기술지는 저자의 이야기를 독자들 자신의 삶과 비교함으로써 독자들의 공감적 타당성으로 확증할 수 있다(Ellis, 2004). 따라서 대안학교 체육교사의 정체성을 탐구하기 위해 나와 나를 둘러싼 사회, 문화, 정치적인 맥락과의 상호작용을 해석하기 위해서는 자문화기술지 연구 기법을 사용할 필요가 있다. 또한, 개인의 정체성은 과거의 삶을 바라보는 것에서부터 현재의 모습까지 바라보며 이해하고 해석하는 방법으로 확인되기에 자문화기술지의 탐구대상인 자기기억자료와 개인 삶의 사회문화적 맥락을 자아와 타자의 상호작용과 관계성에 대해 기술하는 내러티브에 집중하였다(이동성, 2012). <그림 6>은 자문화기술지 이해를 도해한 것이며, <그림 7>은 연구 설계 구조도를 도해한 것이다.

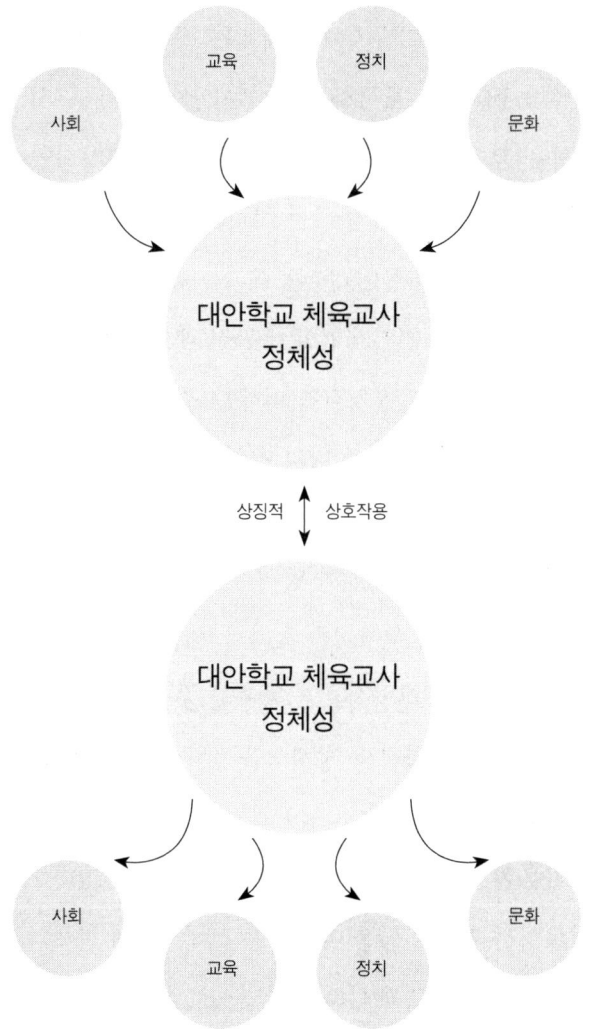

<그림 6> 자문화기술지 이해(개인과 사회, 교육, 정치, 문화의 상징적 상호주의)

대안학교 체육교사의 정체성 형성과 체육수업의 변화

⇩

1. 정체성을 형성하기까지의 과정은 어떠한가?
2. 정체성의 변화양상은 어떠한가?
3. 체육수업에 어떤 영향을 미치는가?

(해석주의 패러다임)
자문화기술지 연구 방법

자기기억자료   면담   문화적 인공물

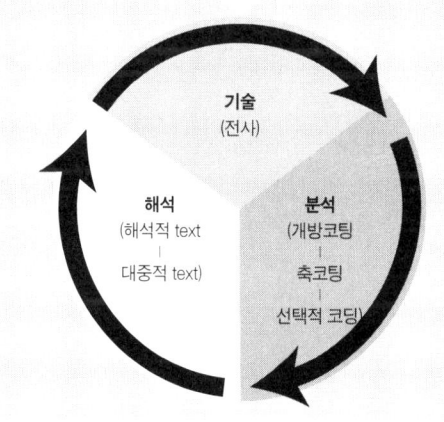

〈그림 7〉 연구 설계 구조도

나. 연구 수행과정

해석적 패러다임에 기초한 자문화기술지는 일반적인 질적 연구의 방법을 따른다(Chang, 2008). 자문화기술지는 주제선정, 자료수집, 자료의 분석과 해석, 글쓰기 작업의 영역으로 연구 수행이 나뉘지만 이것은 연역적이고 순차적인 것이 아닌, 귀납적이고 순환적이다(이동성, 2012). 본 연구에서도 자료수집 과정에서 연구 문제가 재수정되기도 하며 동시에 수집, 분석, 글쓰기가 이루어지기도 했다. 즉, 본 연구 수행과정은 영역별로 유기적이며 순환적으로 이루어졌다.

본 연구는 2018년 12월부터 시작하여 2020년 3월까지 총 16개월간 수행되었다. 대략적인 연구 수행과정은 계획 단계, 수집 및 분석 단계, 해석 단계의 3단계로 <표 6>과 같이 나타났다. 2018년 12월부터 연구주제를 선정하면서 연구 문제를 함께 고민하였으며, 자료수집 과정에서도 연구 문제가 재수정되기도 하였다.

준비 단계에서는 2018년 12월부터 2019년 3월까지 이루어졌으며, 연구 계획에 관한 전반적인 준비가 이루어졌다. '대안학교 체육교사의 삶을 살고 있는 나는 누구인가?'라는 정체성에 대해 고민을 시작으로 체육수업에 관한 본질적 목적과 나아가 교육에 관한 본질적인 물음이 계속되었고, 이것이 나와 나를 둘러싸고 있는 환경과는 어떠한 관계가 있을지에 대한 막연한 주제를 가지고 문헌을 분석하며 연구주제를 다듬어갔으며, 동시에 연구 문제를 선정하였다.

두 번째 단계인 수집 및 분석 단계에서는 2019년 2월부터 자료수집 및 자료분석이 동시에 이루어지고 있다. 이는 자문화기술지의 특성이며 질적 연구의 연구 방법의 순환적 특성 때문이다. 자기기억자료, 교사성찰일기, 문화적 인공물 등을 수집하였으며, 수집과 동시에 반복적으로 읽고 코딩하며 전반적인 맥락을 파악하고자 하였다. 수집된 자료를 코드화하고 이를 체계화(codifying)와 범주화(categorizing)의 과정을 통해 범주(category)를 생성하였다(Saldaña, 2009). 자료의 진실성은 구성원 간 검토, 동료 간 협의, 다각도 검증 등을 통해 확보하였다.

마지막 세 번째 단계인 해석 단계에서는 분석된 자료를 바탕으로 결과를 기술하고 해석하여 결론을 도출해내는 과정으로 진행되었다. 대안학교 체육교사로서의 나의 삶에 관한 자료 가운데 나와 내 주위를 둘러싸고 있는 환경을 분석하고 요인을 찾기 위한 과정을 심층적이며, 교차적으로 진행하였다. 이때 선행연구를 빗대어 살펴보며 대안학교 체육교사의 정체성과 다른 점은 무엇이며, 해석한 부분이 어떠한 교육적 의미가 있는지를 살펴보았다.

<표 6> 연구 수행과정

단계		기간 2018년 12월 ~ 2020년 3월 (총 16개월)															
		12월	1월	2월	3월	4월	5월	6월	7월	8월	9월	10월	11월	12월	1월	2월	3월
계획	문헌분석	●	●	●	●												
	연구주제 선정	●	●														
	연구 문제 형성			●	●												
수집 및 분석	자료수집			●	●	●	●	●	●	●							
	자료분석			●	●	●	●	●	●	●	●	●	●	●			
해석	결과												●	●	●		
	해석 및 논의													●	●	●	
	결론 도출														●	●	●

2. 연구참여자 및 연구 환경

가. 연구참여자

　본 연구에서 나는 연구자이며 연구참여자이다. 현재 대안학교 체육교사로 삶을 살아가고 있다. 나는 수도권 4년제 대학 경기지도학과에 입학하였으나 교직이수를 위해 2학년 때 동 대학 체육학과로 전과를 하였다. 교직을 이수한 후 2002년 2월에 졸업을 하게 되었고 졸업 후 3년간 학사장교로 군 복무를 마친 후 12개 초, 중, 고등학교에서 짧게는 하루 시간강사부터 길게는 6개월 기간제교사 생활을 약 3년간 할 수 있었다. 그리고 현재 근무하고 있는 대안교육 특성화고등학교에서 2010년부터 11년째 체육교사로 아이들과 함께 뒹굴고 있다.

　나는 남자 중학교, 남자 고등학교, 체육대학, 군 복무까지 총 13년간 남자들 세계의 삶을 살다가 2005년 9월 30일 군 제대 후

10월 1일 중학교 체육교사로 첫 기간제교사를 할 때 나의 변환 기적 교육 사건이 있었다.

> [난 구령대에 서 있고 아이들을 운동장에서 4열 횡대로 줄을 선 상태]
> 나: 오늘은 레이업 슛 수행평가 볼 거야. 다들 준비해!
> 여학생: (손을 번쩍 들며) 선생님!
> 나: 왜?
> 여학생: 근데 이거 왜 해요?
> 나: 왜라니? (큰소리로) 그냥 해!
>
> (2005. 10. 중학교 운동장에서 한 여학생과의 대화)

수업을 마친 후 교무실에서 난 한참을 멍하니 있었다. 그 이유는 13년 만에 '왜?'라는 질문을 받았기 때문이다. 물론 나 또한 그동안 '왜?'라는 질문을 해보지도 않았고, 받아보지도 않았던 터라 이 사건은 나에게 큰 충격이었다. 그리고 아마 이때부터였으리라. 수업에 대해, 교육에 대해 진지하게 고민한 출발점이.

이 사건은 잘 가르치고 싶다는 열망을 가져다주었고, 교육대학원에 진학하여 스포츠 교육학(sport pedagogy)을 전공하도록 날 이끌었다. 석사학위 과정 중 대안교육 특성화고등학교에 임용되어 현장실천가와 체육교육연구자의 두 역할을 하며 대안학교 체육교사로 어떻게 살아가야 하는가에 관한 궁극적인 질문을 스스로에게 던져볼 때가 많다. 내가 몸담고 있는 대안학교에서의 체육수업이 가치 있으며, 교육적 의미가 있다는 추상적 생각과 경험을 이론적 연구를 통해 석사학위를 받게 되었다. 2005년 교육적 사건은 2014년 스포츠 교육학 박사학위 과정에 입문하게 했으며 지금까지도 교육적 물음에 답하며 살아가고 있다. 현재는 스포츠 교육학 박사과정을 수료하였으며, 4년제 대학 시간강사로 체육수업 발표 및 토론, 체육교육 현장세미나 강의를 하고 있다.

나. 연구 환경

내가 체육교사로 일하고 있는 대안교육 특성화고등학교는 농·어촌 지역으로 경기도에 위치하고 있으며, 한 반에 20명, 학년당 2개 학급으로 전교생은 120명의 소규모 학교이다. 그리고 한 반에 학생 20명에 두 명의 교사가 담임으로 배정되어 10명 담임제가 시행되고 있다. 중소기업, 자동차공장이 주변에 있는 사회적 환경을 가지고 있으며, 시립도서관, 근린 생활 공원 등이 있으나 거리가 멀어 활용도가 낮고, 마을을 바탕으로 학교 내에 교회가 있는 교육적 환경을 지니고 있다. 남자, 여자 기숙사에서 생활교육을 실시하고 있으며, 학생 비율은 남학생이 높다. 또한, 전국 단위 모집 학교이기에 타 지역에서 입학하는 학생 비율이 높다. 학생들의 학업 수준은 개인차가 심하며, 일반 교과 및 예·체능 교과 수준이 낮은 편이다. 교원은 여교사 8명, 남교사 11명으로 총 19명이며, 아이들에 대한 관심도와 교육에 대한 열의, 사명감이 높은 편이다. 또한, 소규모 학교 특성상 수업 외 생활교육, 행정업무 부담이 과중한 편이며, 학생 상담과 기숙사 생활지도에 높은 열의와 노력을 기울이고 있다.

대안교육 특성화고등학교이며 인문계 교육과정을 채택하여 수업을 진행하고 있으나, 각 교과당 30% 특성화 수업을 진행하고 있다. 특히 일반 공교육 고등학교보다 음, 미, 체, 농업 등의 수업의 중요도가 높은 편이며, 생태교육과 인성교육을 강조하고 있다. 교과의 요구에 따라 블록 타임제를 실시하고 있고, 방과후 동아리 활성화, 창의적 체험활동, 봉사활동 등이 활성화 중이다. 특히 매주 화요일은 정기적인 자치활동, 즉 학생자치회의를 통해 학교의 교육적 행사, 문제에 대해 학생과 교사가 함께 고민하고 결정하는 시스템을 갖추고 있다.

고등학교 본관 건물은 신앙수련관을 개조하여 만든 것으로 예배당을 작은 강당으로 꾸며 그곳에서 주로 체육수업이 진행된다. 과학실, 도서관, 보건실, 가사실습실, 상담실, 목공실, 농업체험장 등이 있지만 부지 등의 문제로 현재 운동장은 없다. 따라서 시설 여건으로 인해 전통 스포츠(축구, 농구, 배구 등)보다 좁은 공간에서 할 수 있는 뉴 스포츠와 지역사회의 시설을 이용한 수업(볼링, 승마 등)을 진행하고 있다. 체육대회는 주변 인근 학교 운동장을 빌리거나, 주변 근린 생활 공원을 빌려 사용하고 있는 실정이다. 방과 후 스포츠클럽은 매주 1회 전교사, 전학생 100% 참여하는 시스템에서 쿼터스포츠클럽이라는 시스템을 1년 전부터 체육교사 주도하에 도입하였다. 이는 점심시간을 기존 1시간에서 1시간 30분으로 늘리고 식사 후 15분(쿼터)간 스포츠클럽에 참여하여 학생들에게 매일 운동하는 습관을 들여 평생스포츠로 갈 수 있도록 도우며, 실질적인 학생들의 건강 체력을 올리는 방안에서 시작하였으며, 현재도 진행 중이다. 앞서 말한 바와 같이 교사들의 교육적 열의와 사명감이 높아 쿼터스포츠클럽의 교사, 학생 실제 참여율이 매우 높다.

3. 자료 수집

 본 연구의 자료 수집은 대안학교 체육교사의 정체성을 깊이 있게 탐구하기 위해 자기기억자료, 교사성찰일기, 문화적 인공물 등 다각적으로 수집하였다. 질적 연구를 이해하는 개념으로 브리콜라주(Beicolage)라는 개념을 사용한다(Denzin & Lincoln, 2000; 김영천, 2012). 이는 '여러 가지 일에 손대기' 또는 수리(修理)라는 사전적 의미를 지닌다. 또한, 질적 연구자를 브리콜뢰르(Bei-coleur)라고 하는데 이는 불어로 '아무것이나 주어진 도구를 써서 자기 손으로 무언가를 만드는 사람'을 가리키는 말이다(백훈기, 2010). 브리콜뢰르의 이해를 돕자면 1980년대 우리나라에서 인기를 끌었던 TV 프로그램 '맥가이버'는 브리콜뢰르다(허창수, 2016). 주어진 문제 상황에서 주변에서 주어진 여러 도구를 활용하여 문제를 해결하는 자였기 때문이다. 본 연구자 또한 브리콜뢰르(Beicoleur)가 되어 다양함과 복잡한 상황에서 다양한 도구(자료 수집)들을 통해 주어진 연구 문제를 해석적 성찰을 통해 이해하고, 탐구하며 해결해 나갔다.

가. 자기기억자료

자문화기술지가 다른 질적 연구 방법론들과 차이를 나타내는 자료 수집 중 하나는 바로 자기기억자료이다. 자문화기술지는 개인의 기억자료와 자기성찰, 즉 자신의 내부 자료가 연구에 반드시 필요하며 이에 따라 자기기억자료가 강조된다(박순용, 장희원, 조민아, 2010). 하지만 자기기억자료, 자기회상자료는 연구자의 주관성에 기초한 자료이기에 오염된 자료로 객관적 기준이 확보되지 않은 자료로 근대 학문영역에서 배제되어 왔다(이동성, 2011). 그러나 자신의 내부 기억자료는 연구자의 과거의 경험과 현재, 미래의 지평과 가능성에 대한 계속적인 대화가 풍부하게 담겨 있어(Stinson, 2009) 자신의 기억이 개인적 경험과 상황에 의해 변형될지라도, 기억의 시간성과 지속성으로 인해 자문화기술지 연구주제와 과정에서 강한 영향력을 발휘한다(Muncey, 2005). 자기기억자료의 주관성은 오염된 자료가 아닌, 기억은 타자와 외부세계에 대한 메타인식과 대화의 결과물이며(이동성, 2012), 표면적 정보가 아닌, 풍부한 자료를 통해 총체적 정보 습득을 가능하게 한다.

만약 두 친구가 동일한 학창 시절을 경험했다 하더라도, 같은 학급에서 동일한 교육적 사건을 경험했다 하더라도 기억의 정도는 다르다. 그 이유는 그 경험과 사건이 자신에게 얼마만큼의 의미가 있었는지에 따라 다를 것이다. 그것이 삶의 중요한 변곡점이 된 친구에게는 평생의 기억으로, 일상의 평범한 사건으로 지나간 친구에게는 여러 단서를 기억해야만 떠올릴 수 있는 희미한 기억으로 남을 것이다. 즉, 동영상 녹화파일로 보관되어 있지 않은 기억은 지나온 삶의 가치와 의미를 가지고 개인적 내부 자료로 남는다. Stinson(2009)가 이야기했듯 기억은 과거의 경험뿐 아니라 현재와 미래를 아우르며 이어가는 풍부한 대화이기에 지금의 지평과 앞으로의 가능성을 통해 삶의 가치와 의미 있는 과거의 경험을 기억함으로 해석적 성찰에 이르게 될 것이다.

따라서 본 연구에서는 대안학교 체육교사의 정체성을 탐구하기 위해 연구자의 삶의 여정을 기억의 중요도에 따라 회상을 하였다(김명찬, 2016; 나주영, 고문수, 2016). 이때 내 기억의 중요도를 가늠하기 위해 Pinar(1975)의 자서전적 방법(Autobiographical method) 중 후향(regressive), 전향(progressive)의 단계를 차용하였다. 파이너의 자서전적 방법은 자아 정체성 불안을 극복하기 위해 자신과의 소통과 자신의 삶의 성찰을 통해 자아 정체성을 찾기에 도움이 되는 방법이기에 본 연구의 주제인 대안학교 체육교사의 정체성 탐구하기와 맞닿아 있어 파이너의 방법을 차용하였다(최선녀, 2014). 후향 단계는 연구자의 과거의 경험에 대한 기억을 기록하여 자신의 교육적 경험이 지금의 생각과 교육철학을 어떻게 형성하게 되었는지, 그것이 왜곡되어 있거나, 은폐되어 있는 것은 없는지를 들여다보는 것이다. 전향 단계는 과거의 경험, 현재 자신의 삶을 연관시키고, 관심 있는 분야의 자신의 의식을 떠올려 기록해 나가는 것이다(한혜정, 2009). 즉, 후향과 전향 단계를 구분하여 중요한 경험, 교육적 사건을 중심으로 자문자답(自問自答)의 형태의 대화를 텍스트로 기록하였다. 이를 위해 자서전적 연대표(time line)을 사용하였다〈그림 8〉. 대안학교 체육교사가 되기 전의 삶의 여정부터 대안학교 체육교사 10년 차의 교직생활 가운데 체육수업 상황, 동료, 학생과의 대화의 기억들을 텍스트화하였고, 이러한 과정을 통해 그 당시 느꼈던 희(喜,) 로(怒), 애(愛), 락(樂) 등의 감정들 또한 구체적으로 표현하였다. 따라서 대안학교 체육교사로서의 정체성을 형성하는 과거의 경험에 대한 개인 내적 자료를 수집하기 위해 〈그림 8, 9〉의 자서전적 연대표와 자기기억자료를 활용하였다.

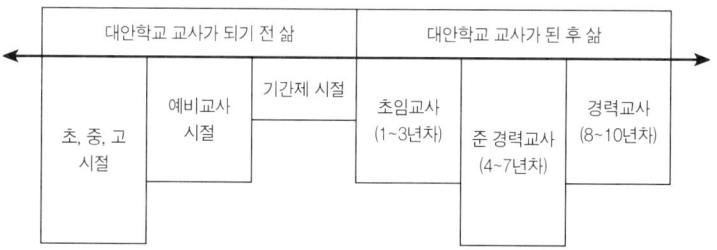

〈그림 8〉 자서전적 연대표

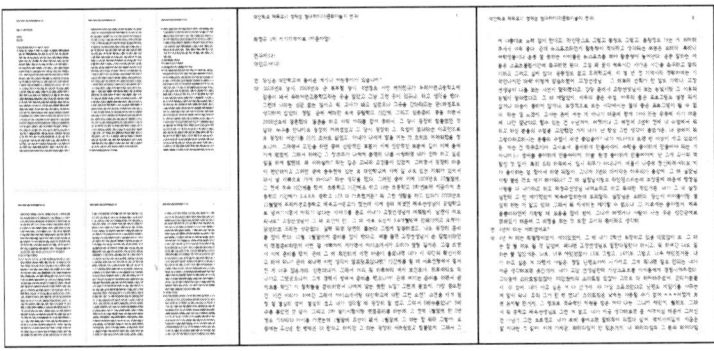

<그림 9> 자기기억자료

나. 면담

본 연구에서는 면담을 통하여 연구자의 기억을 자극하고, 기억의 공백을 메워줌으로써 연구주제와 관련된 새로운 정보를 획득하였다(Chang, 2008). 또한, 타자들의 영향력에 대한 이해 없이는 자문화기술지 연구를 총체적으로 수행할 수 없기 때문이다(Maydell, 2010). 면담자료의 수집 절차를 통해 연구자의 자기기억자료로부터 정당성을 확보할 수 있으며, 자신에 대한 타자들의 입장과 관점을 얻을 수 있기 때문이다(Chang, 2008).

면담은 나의 삶과 밀접하게 관계되어 있던 타자들로 구성하였으며, 초등학교부터 대학교 동기, 전문적 학습 공동체 동료, 동료 교사 2명, 내 수업을 경험한 졸업생 2명 등 총 9명에 대하여 면담을 진행하였다. 면담 중 3회 이상의 면담 후 발생되는 추가 답변 요청은 모바일 메신저, 이메일, 유무선 전화 등을 포함한 온

라인 방식으로 진행하려고 하였다. 면담 기법으로는 연대기적 연구를 수행할 때 유용한 내러티브 인터뷰를 사용하였다.

다. 문화적 인공물

자문화기술지 연구자는 자기기억자료와 교사성찰일기뿐만 아니라, 연구주제와 관련된 문화적 인공물(cultural artifact)을 수집하여 추가적인 외적 자료를 확보할 수 있다(Muncey, 2005; Chang, 2008). 자문화기술지의 문화적 인공물은 단순한 보조자료가 아닌 연구자의 삶의 여정에 녹아있는 이력과 기억이 녹아있는 문화적 자료이다(이동성, 2012). 이에 본 연구에서는 대학학교 체육교사의 삶의 현장을 심층적으로 이해하기 위해 학교교육과정, 체육수업 연간운영계획, 평가기준안, 체육업무 관련 계획서, 교수·학습 과정안, 학생 포트폴리오, 동영상, 사진, 그림, 학생 편지, 인터넷 카페 게시판 글, 모바일 메시지 등을 활용하였다.

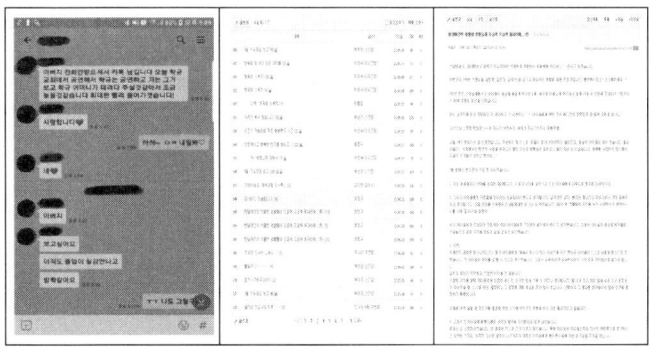

〈그림 10〉 문화적 인공물

4. 자료 분석

　자문화기술지의 자료 분석은 특정한 이야기와 경험이 자문화기술자의 문화를 어떻게 형성하였는지를 밝히는 연구 활동을 말한다(이동성, 2012). 그리고 자료 해석은 앞서 밝힌 분석에 기초하여 이야기와 경험의 문화적 의미를 탐구하는 것을 말한다(Chang, 2008). 따라서 Smith(2005)는 자료 분석과 자료의 해석의 작업은 상호 보완적이며 순환적이라고 정의하였다. 따라서 본 연구에서는 Wolcott(1994)의 기술, 분석, 해석 3단계 분석절차를 따랐다. 그리고 이 절차과정 속에서 분석적 메모(analytic memo)를 적극 활용하였다. <그림 11>은 자료 분석 절차를 도해한 것이다.

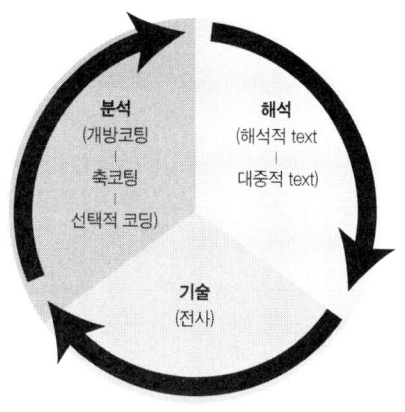

<그림 11> 자료 분석

또한, 본 연구자는 견(見), 시(視), 관(觀)의 눈으로 순환적 자료 분석 및 해석을 하였다. 즉, 견(見)은 사람 인(人)에 볼 견(見)의 문자가 합쳐진 것으로 사람의 눈으로 있는 그대로 바라보는 것이며 시(視)는 볼 시(示), 볼 견(見)이 합쳐진 것으로 부(部)와 음(音) 모두 보는 것으로 자세히 바라보는 것이다. 마지막으로 관(觀)은 황새 관(鸛), 볼 견(見)이 합쳐진 문자로 황새를 타고 세상을 하늘에서 바라보는 것처럼 어떠한 상황을 통찰력으로 꿰뚫어보는 것을 말한다. 정리하면, 견(見)의 눈으로 대안학교 체육교사의 삶을 그대로 바라보고, 시(視)의 눈으로 그 삶을 자세히 들여다보며, 마지막으로 관(觀)의 눈, 통찰력을 가지고 연구자의 삶을 해석하였다. 잘 보이지 않거나, 해석이 불분명할 때, 다시 견(見)의 눈으로, 시(視)의 눈으로 나의 삶의 여정을 다시 깊이 살펴보았다.

가. 기술

Wolcott(1974)은 기술 단계에 대해 사실을 관찰하고 수집하는 데 집중한 사고를 통해 '연구자가 본 것을 독자들이 보게(see) 하는 일'이라고 정의하였다. 즉, 요리하기 전의 재료의 상태로 현상을 보여주는 일인 것이다(조용환, 1999). 따라서 본 연구는 자기기억자료, 교사성찰일기, 문화적 인공물 등을 통해 연구자가 본 자료를 〈표 7〉의 형태로 부호화하여 체계적 분석의 기초를 마련하였다. 체계적으로 정리된 모든 자료는 즉시 전사 작업을 하여 텍스트화하였다. 특히 자기기억자료의 전사 작업을 시행할 때는 그 당시의 느낌과 분위기, 주변 상황 등을 자세히 기록하기 위해 노력하였다.

〈표 7〉 자료 부호화

자료명		부호화		예시
		형태	날짜	
자기기억자료		I		자기기억자료 1997년 3월: I199703
교사성찰일기		T		교사성찰일기 2013년 10월: T201310
문화적 인공물	학교 문서	C	sp	교육과정운영계획 2010년 3월: Csp201003
	학생 자료		st	학생포트폴리오 2016년 6월: Cst201606
	인터넷		in	인터넷 카페글 2012년 11월: Cin201211
	사진		pi	체육수업 사진 2017년 5월: Cpi201705
	기타		et	학생편지 2015년 12월: Cet201512

날짜 형식: yyyymm

나. 분석

Wolcott(1974)은 분석 단계에 대해 아이디어와 상식의 조화로운 사고를 통해 '연구자가 안 것을 독자가 알게(know) 하는 일'이라고 정의하였다. 즉, 요리된 재료를 준비하는 과정인 것이다(조용환, 1999). 따라서 본 연구는 이를 위해 Cobin & Strauss(2008)가 제시한 코딩 방식을 따랐다. 이를 통해 연구주제의 방향 속에서 자료의 전체적 맥락을 이해하고 최소한의 의미 단위를 발견, 반복적 검토를 통한 범주화, 범주 간 통합 및 정교화 작업을 통해 핵심범주를 생성하였다. 이를 체계적으로 분석하기 위해 질적 자료분석시스템 파랑새 2.0을 활용하였다. 먼저, 개방코딩(open coding) 과정으로 세그먼트(segment) 작업을 통해 원 자료를 분절하고자 하였다(Charmaz, 2006). 이는 최소한의 의미 단위에 코드(하위범주)를 부여하는 작업으로 새로운 코드가 더 이상 생성되지 않을 때까지 자료 분석을 시도하였다.

둘째로 축 코딩(axial coding) 과정으로 범주를 하위범주와 연결시키는 과정으로 한 범주(중심현상)의 축을 중심으로 속성과 차원에 따라 여러 하위범주들을 유기적으로 연결하는 방법이다(이동성, 김영천, 2012). 즉, 언제, 왜, 어디서, 어떻게, 누가, 어떤 결과와 같은 물음에 답함으로 한 범주의 속성과 차원을 구체화하는 것이다(Cobin & Strauss, 2008). 본 연구에서는 지속적 검토를 통해 유사한 특성을 가지거나, 빈번히 출현하는 하위범주를 분류하여 축으로 연결하였다.

셋째로 선택 코딩(selective coding) 과정으로 범주를 최대한 통합시키고 정교화함으로써 더 이상 새로운 속성과 차원이 드러나지 않는 핵심범주(core category)를 생성하였다(Cobin & Strauss, 2008).

마지막으로 자료 분석을 위해 분석적 메모를 활용하였다. 전사, 면담, 분석의 전 과정에서 생기는 학문적 의문점과 실천적 의문점, 아이디어를 작성하여 자료와 분석을 다양한 관점에서 해석할 수 있도록 하는 데 큰 도움을 주었다. 분석적 메모는 파랑새 2.0 프로그램에서의 분석적 메모장과 교무수첩, 휴대전화 메모장, 전사한 종이 여백 등 다양한 곳에 기록하였다<그림 12>.

또한, 이동성과 김영천(2014)은 위 코딩 단계를 '의미의 만국기 달기'로 비유적으로 표현하였다. <그림 13>은 '의미의 만국기 달기'의 비유적 표현을 도해한 것이다.

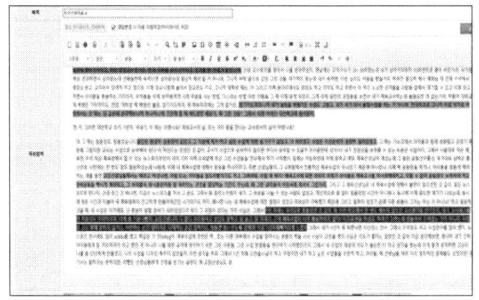
① 개방코딩

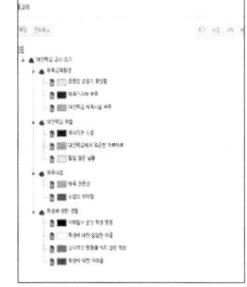
② 축코딩

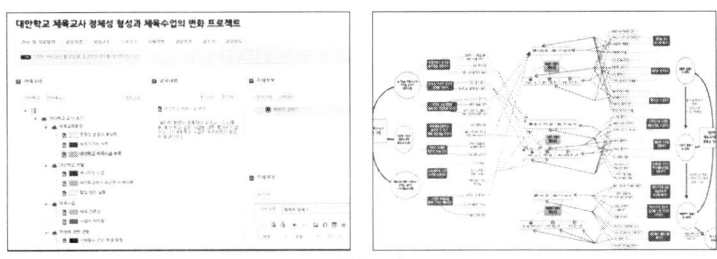

③ 선택코딩

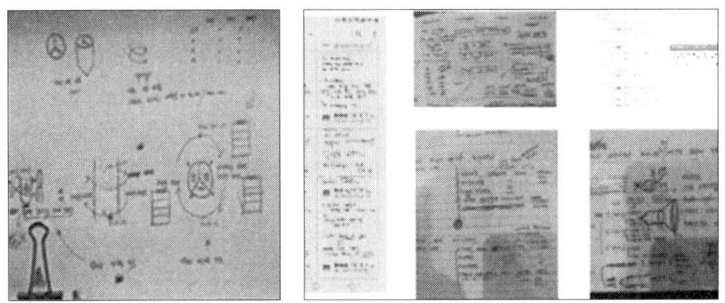

분석적 메모 (①, ②, ③)

<그림 12> 개방, 축, 선택 코딩과 분석적 메모과정

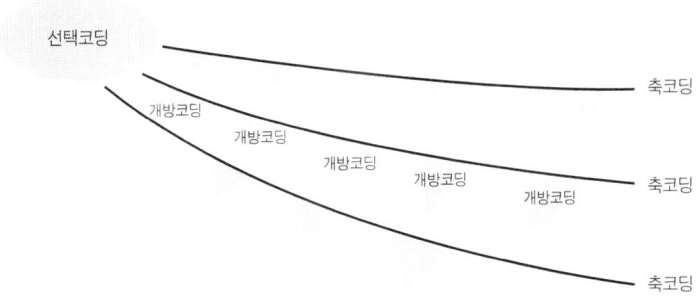

<그림 13> Cobin & Strauss(2008) 코딩 단계 은유적 표현

다. 해석

　Wolcott(1974)은 해석 단계에 대해 인내심과 자유로운 사고를 가지고 문제를 숙고하는 자세를 통해 '연구자가 이해한 방식으로 독자가 이해하게 하는 일'이라고 정의하였다. 즉, 재료를 활용하여 완성된 음식을 만들어내는 과정이다(조용환, 1999). 본 연구에서는 Denzin(1994)이 제안한 단계를 통해 연구자가 본 것을 독자들이 공감할 수 있는 글쓰기로 연결하였다. 즉, 현장 텍스트를 연구 텍스트와 해석적 텍스트로 마지막으로 대중적 텍스트로 이어갔다.

5. 연구의 진실성

분석 작업의 전 과정이 끝나게 되면 연구자는 자신의 연구 작업이 온전히 되었는지, 연구 결론이 타당한 것인지, 신뢰할 만한 것인지에 대해 평가해보아야 한다(조용환, 1999). 이에 본 연구에서는 질적 연구도 과학적 활동으로 수행되었다는 것을 보장하는 방식으로 Lincoln과 Guba(1985)가 개발한 신뢰성 준거 총 여덟 가지 중 본 연구의 목적과 연구 결과의 진실성을 높이는 데 부합한 동료 간 협의, 구성원 간 검토, 다각도 검증법을 활용하여 연구의 타당성, 진실성을 확보하고자 노력하였다. 또한, 실존적 증명의 시도, 즉 양심을 갖고 연구하고, 실천하는 자로서 스스로 윤리적 존재임을 드러내는 방식을 사용하여 연구의 타당성을 높였다(조재식, 허창수, 김영천, 2006).

가. 동료 간 협의

본 연구에 관여하지는 않으나 연구 패러다임이나 배경, 학문 분야가 같은 연구 동료를 선정 후 연구의 자료 수집, 분석과 해석에 대한 연구 동료들의 관점과 조언, 평가를 구하였다(조용환, 1999). 이는 연구자가 범할 수 있는 오류, 즉 연구가 지나치게 주관적이 되거나 연구자가 미처 생각지 못한 문제, 준거, 관점들에 대해 조언해주고 대안적 아이디어를 제공할 수 있다(Lincoln, Guba, 1985). 따라서 본 연구에서는 스포츠 교육학을 전공하고 질적 연구 경험을 가진 스포츠 교육학 전문가 및 대학원 동료들과의 협의를 통해 연구의 진실성을 확보하였다.

〈표 8〉 전문가 그룹

성명	나이	성별	직위	학력
박○○	50	남	교수	체육학 박사
유○○	53	남	교수	체육학 박사
윤○○	41	남	교수	체육학 박사
정○○	40	남	교수	체육학 박사

나. 구성원 간 검토

질적 연구의 중요 목적 중 하나는 연구참여자의 삶과 의미가 얼마나 가깝게 접근하였는지, 그리고 그 삶의 의미 구조를 얼마나 이해했는지에 대한 것이다(조용환, 1999). 따라서 연구자의 삶과 의미를 구성원들로 하여금 나의 생활세계가 얼마나 근접하게 기술, 표현되고 분석되었는가를 다시 묻고자 한다. 이 행위는 과학적 활동이며(조용환, 1999) 연구 결과의 타당성과 진실성을 재평가해주는 작업을 의미한다(김영천, 2012).

〈표 9〉 검토 위원

성명	나이	성별	관계	학력
이○○	42	남	초등학교 동기	학사 졸업
최○○	41	남	중학교 동기	학사 졸업
김○○	42	남	고등학교 동기	학사 졸업
조○○	42	남	대학 동기	석사 졸업
최○○	38	남	전문적 학습 공동체 동료	석사 졸업
이○○	41	여	동료 교사, 아내	석사 졸업
허○○	49	남	동료 교사	석사 졸업
우○○	27	남	졸업생	학사 졸업
김○○	25	여	졸업생	대학교 재학

본 연구에서는 자기기억자료, 교사성찰일기, 문화적 인공물 등을 통해 수집된 자료와 분석에 대해 초·중·고·대학생 때의 친구, 전문적 학습 공동체 동료 교사, 졸업생 등 나를 10년간 가장 근접하게 바라본 이들과 함께 검토의 과정을 가졌다.

다. 다각도 검증

　질적 연구의 타당도를 평가하는 가장 일반적인 방법 중 하나인 다각도 검증법은 두 가지 이상의 방법을 사용하여 현상을 연구하는 것을 의미한다(조용환, 1999; 조재식, 허창수, 김영천, 2006). 또한 다양한 자료들을 수집하여 비교하는 것을 의미하며 이는 질적 연구의 진실성 확보에 필요하다(Mathison, 1988). 연구의 다각도 검증법을 사용하는 이유는 한 가지 방법을 사용함으로 생기는 연구 결과의 오류를 보완할 수 있기 때문이며, 또한 다른 방법을 사용하여 동일한 맥락, 동일한 현상, 동일한 해석이 나올 경우, 연구 결론의 신뢰도가 높아지기 때문이다(Lincoln, Guba, 1985).

　따라서 본 연구에서는 자기기억자료, 교사성찰일기, 학생수업일기, 사진, 그림, 편지, 공문서, 게시판 글, 모바일 메시지 등 다양한 자료를 수집하고 각 자료를 비교, 검토의 절차를 가졌다.

IV
연구 결과

얼마 전 '제92회 아카데미 시상식'에서 봉준호 감독이 오스카 감독상을 수상한 후 발표한 소감이 화제가 되었다. "내가 영화를 공부할 때 늘 가슴에 새긴 말이 있다. 가장 개인적인 것이 가장 창의적인 것이다. 이 말은 바로 마틴 스콜세지 감독이 한 말이다."라며 스콜세지 감독에게 경의를 표한 사건이다. '가장 개인적인 것이 가장 창의적인 것'이라는 표현이 연구 결과를 정리하고 있는 나에게 큰 의미로 다가왔다. 나의 대안학교 체육교사라는 정체성이 형성되기까지의 과정은 지극히 개인적인 사건들로 이뤄졌지만 나를 '나' 되게 한 창의적 사건들이라는 확신이 들었고 본 연구 결과를 과감히 기술할 수 있게 되었다.

'당신이 사랑하는 것이 당신의 정체성'이라고 말한 철학자 James(2018)는 "누군가를 알고 싶다면 그 사람이 무슨 생각을 하는지보다 무엇을 사랑하는지 물어보라."라고 했다. 그는 우리 자신의 정체성 중심에 있는 사랑이 우리가 누구인지 말해줄 것이기 때문이라고 보았다. 예를 들어 SNS에 올리는 해시태그(#)가 우리 자신의 정체성을 말해준다고 말했다. 연구 결과에 지금의 '나'인 대안학교 체육교사로 임용되기 전의 경험들을 기록하려 한다. 그 과정이 때론 아프기도 했고, 숨기고 싶은 기억도 있지만, 지금의 나를 있게 한 사랑했던 시간이기에 중요 사건을 중심으로 세세하게 묘사하려 한다.

 한 분야에서 10년이면 그 분야의 전문가라고 한다. 지금 난 전문가라 불릴 수 있는 10년의 시기를 지나고 있다. 그런 내가 언제부턴가 '대안학교에서 체육교사로 살아가고 있는 난 과연 누구이며, 어떤 역할을 하며 살고 있는가?'라는 질문이 생겼다. 그 질문에 답하기 위해 대안학교 체육교사가 되기까지의 경험을 학창 시절, 예비교사 시절, 기간제교사 시절의 경험 중 연구 문제 중심으로 탐색하고 도출하였다. 둘째로 10년간 체육교사로서의 정체성 형성과정은 어떠한지 살펴보았다. 정체성의 변화양상은 대부분이 시간의 흐름(초년에서 3년 차, 4년에서 7년 차, 8년에서 10년 차)대로 변화의 양상이 나타났지만, 이는 명확히 분절되지 않으며 몇몇 교육적 사건은 중첩된 부분이 있다.

 셋째로 대안학교 체육교사 정체성이 대안학교 체육수업에 어떠한 영향을 미쳤는지를 살펴보았다. 각 정체성의 시기마다 수업의 변화양상이 보였으며, 대안학교 체육교사가 되기까지의 경험들 또한 철학, 내용, 방법 측면에서 영향을 미쳤음을 알 수 있었다.

1. 대안학교 체육교사가 되기까지의 경험

　대안학교 체육교사가 되기까지의 경험은 시간의 흐름인 학창 시절, 예비교사 시절, 기간제교사 시절로 나누어 탐색하였다. 즉, 다양한 체육활동이 내 몸에 일부가 되어버린 경험들과 전형적 체육적 문화에 대한 저항에 따른 수평적 문화를 동경 및 경험하였다. 마지막으로 교육철학과 체육수업, 학생에 대한 고민으로 가득했던 기간제교사 시절을 탐색하였다. 하루하루의 경험이 모여 지금의 내가 되었듯, 대안학교 체육교사가 되기 전까지의 나의 경험은 대안학교 체육교사의 정체성에 중추적인 영향을 미친다. 특히 학창 시절의 다양한 체육활동과 일기쓰기 경험, 예비교사 시절의 배려와 섬김의 기독교 철학을 지향한 경험, 기간제교사 시절의 교육, 체육수업, 학생을 향한 고민의 교육적 경험은 지금의 나에게 '난 누구인가?'에 대한 답의 중요한 핵심을 제공한다. 다음 〈그림 14〉는 대안학교 체육교사가 되기까지의 경험을 도해한 것이다.

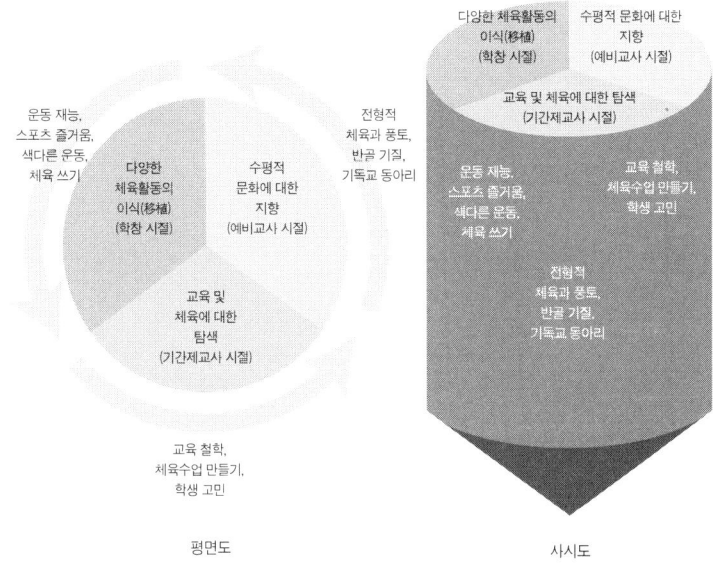

〈그림 14〉 대안학교 체육교사가 되기까지의 경험 (연구 결과 1 정리)

가. 다양한 체육활동의 이식(移植)

대안학교 체육교사가 되기까지의 경험 중 학창 시절에서 운동에 대한 재능을 깨닫고, 탁구, 축구, 농구 등의 스포츠 경기의 즐거움을 경험하였으며, 당구와 북청사자놀음이라는 색다른 체육활동을 경험하였다. 마지막으로 움직임을 '쓰기'로 표현했던 경험으로 도출되었다.

1) 운동 재능에 대한 자각

우당탕탕! 난 공동 수돗가에서 야채를 씻고 계셨던 어머니를 향해 돌진했다.

나: 엄마! 나 1등 했어! (흥분한 목소리)

어머니: 응? (무심한 듯 야채를 씻고 계시며)

나: 응. 반에서 달리기 대표 뽑는 건데, 내가 거기서 1등 했어.

어머니: 진짜? 우리 아들 정말 잘했네!

(잠시 후)

나: 엄마! 나 우리 반에서 제일 잘 달리는 애 이겼어!

어머니: 아이구. 우리 아들 잘했네.

(잠시 후)

나: 엄마, 근데 애들도 내가 1등 한다고 아무도 생각하지 못했나 봐. 내가 1등으로 들어오니깐 친구들이 엄청 놀랬거든.

어머니: 아, 그랬어. (지치신 표정)

(I198804, 공용 수돗가에서 어머니와 대화)

발표하기를 쑥스러워하고, 말 시키면 대답을 잘하지 못했던 아이가 체육대회를 위해 달리기 부문의 반 대표를 뽑는 날, 아이의 몸 안에 깊이 숨겨 있던 체육 DNA가 깨어났다. 달리기 1등 했다는 이야기를 어머니께 여러 번 말씀드렸다. 내가 원하는 반응은 한두 번만 나왔을 뿐, 그 후론 어머니는 그다지 반응하지 않으셨다. 아마도 삶의 무게가 짓누르고 있었기 때문으로 생각된다. 마냥 기분이 좋았다. 다음날부터 아침 일찍 학교에 나가 책가방과 실내화 주머니를 획획 돌려서 운동장 구석에 던져 놓고, 나뭇가지 하나를 주워 바톤처럼 쥐고서 신나게 달렸다. 다리가 가벼웠다. 심장이 뛰는 그 느낌이 좋았다. 달리고 있을 때 영남이가 와서 결투를 신청했다. "정규야. 달리기 시합하자."라고 말하면 난 주변을 둘러보고 나뭇가지 바톤을 찾아 영남이 손에 쥐어 주며 "자! 준비. 시작!" 하고 다시 달리기를 시작했다. 친구들이 한 명, 두 명 찾아와 결투를 신청했다. 누가 더 잘 뛰는지가 너무나 중요한 일이었다.

    결정의 그날, 체육대회에 4학년 8반 대표로 출발선에 섰을 때 심장이 뛰는 소리와 아이들의 응원 소리가 뒤섞여 내 귓속을 간지럽힐 때 "탕!" 하며 들려오는 총소리와 함께 평소에 연습한 대로 달리기 시작했다. 결승선을 제일 먼저 통과하자, 그제서야 친구들의 환호 소리와 박수 소리가 들렸다. 4학년 체육대회 이후에 난 운동을 좋아하게 되었고, 친구들과 운동으로 주로 소통했으며, 나의 존재감도 운동하면서 찾게 되었다. 그냥 즐기는 운동이 아닌 누군가와 경쟁에서 나의 존재감을 찾는 행위를 좋아하게 된 것이다. 이를 통해 체육 DNA는 다른 종목으로도 옮겨졌다. 친구들과 철봉에서 2 대 2 배구 경기를 즐겨했다.

지금 생각해보면 재미없었을 것 같은데, 그때는 뭐가 그리 재밌었는지. (중략) 아마 모래가 밑에 깔려 있어서 우리가 막 다이빙해서 공 받고 그랬잖아. 다이빙하면 점수 1점 더 주고, 기억나? (웃음) 달리기는 네가 빨랐어도, 배구는 내가 좀 더 잘하지 않았냐? (웃음)

(이○○ 면담, 2019. 7. 28.)

조용했던 내가 한 꺼풀을 벗고 자존감을 느끼게 된 이유는 하나의 사건, 즉 달리기 반 대표 선발전이었다. 그 사건 이후 난 운동으로 친구들과 소통했다. 공부를 그다지 잘하지 못했던 내가 친구들과 경쟁하여 이겼던 그 하나의 사건이 내 안에 있던 체육 DNA를 깨우고, 어린 시절 삶의 존재 의미를 찾게 해주었다.

2) 스포츠 경기의 즐거움

봇물 터지듯 체육에 대한 나의 갈망은 끊임없이 일어났다. 1889년도에는 탁구장이 없는 동네가 없을 정도로 탁구는 큰 인기를 끌었다. 그 이유는 88서울올림픽 당시 넘을 수 없을 것 같던 중국의 벽을 넘은 탁구 때문이었다. 탁구경기가 있는 날이면 가족과 친구들이 함께 모여 응원하며 기쁨을 함께 나눴다.

친구: 정규야! 오늘 유남규랑 김택수가 결승전 한대. 우리 집 가서 같이 보자.

나: 진짜? 알았어. 엄마한테 허락받고 갈게. 진우랑 상목이도 부

르자.

친구: 좋아. 그러면 이따 만나.

(I198909, 학교에서 친구와 대화)

경쟁을 통해 체육에 대한 열정이 생기고, 그로 인해 친구들과 소통하면서 자존감이 형성되었던 나의 열망은 달리기를 넘어 탁구로 이어졌다. 친구들이 함께 운동하자, 함께 경기 보자고 제의하는 것은 조용했던 나에게 즐거운 일이었다. 자연스럽게 운동으로 모인 친구들끼리 함께 다녔고 하나의 모임이 결성되었다. 그 모임은 KBS '토요 명화'에서 이름을 따서 '토요 탁구'로 불렸다. 토요일 오전 수업이 끝나면 자연스럽게 친구들과 나는 마천 슈퍼 앞에 모였다. 작은 손에 300원씩 들고 말이다. 진우, 영남이, 상목이, 현수, 현철이가 다 모이면 시간이 넘더라도 쫓아내지 않으시는 푸근한 탁구장 사장님이 계시는 마천탁구장으로 뛰어갔다. 탁구장에서 펜홀더 라켓을 들고 유남규라도 된 듯 서브를 하고, 되지도 않는 드라이브를 하다가 공이 천장에 맞고 떨어지는 경우가 부지기수였다.

어느 날, 우리끼리 대회를 펼쳤다. '토요 탁구' 대회에서 금·은·동메달을 결정하기로 한 것이다. 사실 친구들끼리 실력을 어느 정도 알고 있었기 때문에 순위는 예상돼 있었다. 결과는 진우 금메달, 나 은메달, 영남이 동메달, 상목이 4등, 현철이 5등, 현수가 꼴등이었다. 진우는 가끔 주말에 아빠와 탁구를 배우며

친다는 이야기를 들었다. 난 집에 가서 아빠에게 주말에 탁구장 가자고 졸랐다. 아빠는 하루종일 이삿짐을 나르느라 늘 고단하셨고, 주말에는 1.5톤 트럭으로 이삿짐과 공장 물건을 지방에 옮겨주는 일을 하셨기에 더 바빴다. 나도 알고, 형도 아는 사실이었다. 그때는 그것을 고려할 수 없었다. 아니 그 부분까지 볼 수 있는 철이 없었다. 내가 금메달이 아닌, 은메달을 땄다는 사실이 더 중요했다. 아빠는 머뭇거리셨고, 엄마는 '아빠, 바쁘시다'고 하셨으며, 형은 눈빛으로 철없는 놈이라는 레이저를 발사하고 있었다.

형: 야! 방으로 들어와.

나: 왜?

(잠시 후)

형: 뭐하냐? 철없냐?

나: 내가 뭐?

형: 이게 한 대 맞을라고.

(I198911. 집에서 형과 대화)

형 잔소리의 의미도 알고 있었고, 내가 철없는 짓을 하고 있는 것도 느끼고 있었다. 그렇지만 눈물이 났다. 진우 아빠처럼 우리 아빠도 탁구를 같이 쳐주셨으면 하는 마음이 더 컸던 것이다. 그날 밤 아빠가 조용히 나를 마루로 부르시더니 "이번 주는 지방으로 일 가야 하니깐, 다음 주에 아빠랑 꼭 탁구장 가자."라고 하셨다. 기뻤다. 그땐 아빠와 함께 탁구장에 간다는 자체보다 금메달을 딸 수 있을 것이라는 기대감으로 기뻤던 것이다. 그 후로 진우와 난 '토요 탁구' 모임에서 1, 2등을 놓고 엎치락뒤치락하며 라이벌 구도를 이뤘다.

그 후에 진우와 같은 반이었던 난 담임선생님께 진우와 함께 교실 탁구대회를 열도록 부탁을 드렸고, 주변 아이들도 호응이 컸던지라 교실 탁구대회를 열기도 했다. 책상을 여러 개 붙이고, 가운데 딱딱한 책을 놓고, 테니스공으로 하는 손 탁구대회였다.

선생님: 탁구대가 없어도 괜찮아?

아이들: (큰 목소리로) 네! 괜찮아요!

선생님: 그러면 어떻게 할까?

아이들: 선생님. 책상 여러 개 붙이고, 가운데 책 놓고, 라켓 대신 손으로 공을 치면 돼요.

선생님: 그래. 좋아. 해보자! 1, 2, 3등에겐 선생님이 공책을 상품으로 줄게!

아이들: (큰 함성) 와!

(I198912, 교실에서 선생님과 대화)

무리한 대회, 아무것도 없는 대회를 선생님께서는 허락해주셨고, 나아가 대회 상품까지 준비해주셨다. 이 대회를 준비하고,

계획하며, 진행한 에피소드는 12세였던 우리의 기억에 가장 남는 사건이었다.

국민학교 정규 체육 수업시간에 수많은 체육활동을 했을 텐데 그런 활동이 내 기억 속에 남지 않은 이유는 뭘까? 자발적으로 우리가 만들었던 철봉에서의 배구 놀이, 탁구 모임과 교실 탁구대회, 경쟁적 상황에서 처음으로 1등을 해서 느낀 감정은 지금도 내 세포에 새겨져 언제든 꺼내볼 수 있다. 내가 대안학교 체육교사로 살아가며 수업에 대해 고민할 때마다, 어릴 적 경험한 체육 관련 사건들이 나의 대안 체육교육 철학단지 안에 담겨 있어서 필요할 때 꺼내보는 소중한 자산이 될 줄은 그땐 몰랐다.

마천국민학교, 4층 창문을 열고 누군가 소리친다. "야! 빨리 들어와. 선생님, 화나셨어!" 친구들과 난 아랑곳하지 않고 축구를 이어간다. 아마 점심시간이 끝난 지 꽤 지났을 때일 것이다. 우리는 종아리 맞는 것이 두렵지 않았다. 그만큼 축구가 좋았다. 축구를 하고 나면 이마 위에 송글송글 맺히는 땀방울이 좋았다. 친구들과 소리치며 패스를 주고받는 것도 좋았다. 누군가가 골을 넣으면 함께 좋아하며 기뻐하는 것이 좋았다. 우리 편 골키퍼가 골을 막으면 가서 격려해주는 것이 좋았다. 이렇게 좋아하는 축구를 하다 보면 5교시 수업에 늦기 부지기수였다.

어느 날이었다. 5교시에 늦어 후다닥 교실로 뛰어 들어갔는데 분위기가 심상치 않았다. 그날 우리의 허벅지는 우리의 것이 아니었다. 함께 축구를 한 친구들과 화장실 벌 청소가 끝나고 나서도, 절뚝거리는 다리를 이끌고 운동장으로 나가 축구를 다시 했을 정도로 공놀이는 즐거웠다.

> 비 오는 날 먼지 나게 맞는다는 표현을 그때 몸으로 배웠잖아. (웃음) 지금 생각해보면 담임선생님께서 얼마나 속이 상하셨으면 그러셨을까? 죄송하네. (중략) 그때는 크게 혼난다는 사실을 알면서도 축구에 미쳤었는지…. 참, 희안하네. 그때 우리 반(6-2)이 축구대회 우승했잖아. 그래도 우승하고 그랬을 때 담임선생님과 포옹하고 막 울고 그랬는데. (웃음)
>
> (이○○ 면담, 2019. 7. 28.)

그렇게 혼나고도 축구를 한 이유는 친구들과 함께 뛰는 것이 좋았기 때문이다. 국민학교 때 몸을 움직이는 즐거움에 대한 기억이 중학교에 와서는 더욱 간절해졌다. 1990년도 초반에는 '슬램덩크'라는 만화가, '마지막 승부'라는 드라마가 대유행이었다. 그리고 당시 농구대잔치에서의 '연고전', NBA의 '시카고 불스의 마이클 조던'이 인기였다. 나 역시 그 영향을 받아 농구를 좋아하게 되었다. 농구를 좋아하는 친구끼리 자연스럽게 모였다. 동아리가 있었던 것이 아니었음에도 통통 튀는 고무로 된 농구공 하나로 사내아이 여럿이 모여서 되지 않는 레이업 슛과 페이더웨이 슛을 흉내 내곤 했다.

난 어떤 종목에 빠지게 되면 어느 정도의 수준에 올라가기 위해 부단히 애를 쓰는 편이다. 아마도 국민학교 시절 경쟁으로부터 시작된 체육적 흥미 시발점이 나를 그렇게 만든 것 같다. 30분 걸어야 도착하는 중학교까지 이른 아침에 공을 가지고 가서 쌀쌀함을 느끼면서도 농구대에서 슛을 연습하곤 했다. 그리고 '슬램덩크' 만화책에서 나오는 서태웅의 폼, '마지막 승부'에 나오는 손지창의 3점 슛 폼, '농구 대잔치'에 나오는 전희철, 현주협, 신기성, 양희승, 김병철의 수비력, 공격력, 가끔 뉴스에서 보았던 '마이클 조던'의 환상적인 폼을 기억해두었다가 농구장에 가서 한 번씩 해보는 것이 중학교 시절 유일한 낙이었다. 누가 그렇게 하라고 한 적도 없다. 나의 마음이 동(動)해서 농구에 대한 지식을 스스로 찾아보고, 폼을 연습하며, 수정하고, 실전에 써본 것이다. 중학교 3년은 농구와 살았다고 해도 과언이 아니다. 그래서 중학교생활기록부 담임선생님의 종합의견란에는 진중한 한 줄이 적혀 있다. "농구를 매우 잘함."

    지금은 축구지만 그때는 농구였지. 너도 참 징하게 농구했던 기억이 난다. 한여름에 네가 우리 집에 농구하러 가자고 한 거 기억나? 내가 자신 없다고 했나? 너무 덥다고 했나? 기억이 잘 안 나지만 어쨌든 안 나간 거 같아. 그때 기록적인 폭염이다 뭐다 그랬는데 (중략) 다음날 네가 그때 나가서 혼자 연습했다고 했어. 속으로 '징한 놈이다.'라고 생각했지.

(최○○ 면담, 2019. 7. 28.)

3) 색다른 체육활동의 경험

당구장은 왠지 '노는 형'들이 담배를 물고 큐를 들고 당구 치는 모습이 상상되는 곳이다. 그 당시는 학생부장 선생님께서 학교 주변 당구장에 불순한 행동을 하는 학생을 찾고자 하는 명목으로 돌아다니시곤 했다. 그 시절에 나는 당구를 150 쳤다. 내가 양아치였다? 아니었다는 것을 말하려는 것이 아니다. 초등학교 4학년 때 달리기에서 시작된 나의 체육 사랑이 배구, 탁구, 축구, 농구를 거쳐 당구로 이어져 온 것뿐이다. 하얀 공이 빨간 공을 맞출 때의 느낌은 주로 대근육을 사용하여 체육 활동을 한 나에겐 색다른 경험이었다. 매 순간을 집중하는 재미가 있었고, 하나씩 늘어나는 당구 기술 습득의 재미가 있었다. 하지만 구기종목에서는 지불하지 않아도 될 돈이 나간다는 사실이 슬프기도 하고, 그 점이 또 다른 재미를 주기도 했다. 슬픔과 재미를 가르는 지점에는 이기고, 지는 승패라는 기준점이 있었다.

조금 노는 친구들과 당구장을 처음 가던 날 약간의 설렘과 조금의 두려움이 있었다. 하지만 60명이 앉아 똑같은 수업을 듣는 교실을 벗어나 약간의 담배 냄새가 나는 널찍한 당구장이 (집에서 아버지의 담배 냄새에 익숙했기에) 맘에 들었다. 사장님은 학생부장 선생님이 오시면 도망갈 수 있는 뒷문도 알려주신 후 기초적인 레슨을 해주셨다. 그 후로 1년간은 당구의 신세계 속에 살았다.

그 사장님 진짜 친절했는데, 가리(외상)도 무조건 해주셨잖아. 물론 장사하시기 위해 우리한테 당구도 가르쳐주셨겠지만 (중략) 그래서 사장님 덕분에 회사 생활에 큰 도움 됐지. 우리 직원들과 간간이 당구 치는데, 요즘 애들도 당구 좋아하더라고. (웃음)

(김○○ 면담, 2019. 8. 10.)

대희라는 친구와는 당구 단짝이었다. 이 친구와 당구를 치고 졌을 때 외상으로 달아놓고, 어머니께서 단과학원비를 주시면 그 돈으로 당구비를 해결하곤 했다. 꼬리가 길면 밟힌다고 했던가. 어느 날 형이 단과학원의 수강증을 가져오라고 했다. 순간 "대희가 빌려갔는데."라는 거짓말을 했고, 형은 무서운 표정으로 "대희한테 스피커폰으로 전화해."라며 다그쳤다. '아. 당구의 세계도 이젠 끝이구나.' 하고 속으로 읊조리며 전화를 걸었다. "대희야, 전에 빌려갔던 수강증 가져와. 형이 보여달래." 나의 토스를 받은 대희는 "아아, 미안. 지금 갈게."라며 스파이크를 날려주었다. 형은 멋쩍은 듯 방으로 들어갔고, 대희와 기분 좋게 또 당구를 치러 나갔다. 대희가 "네 첫 마디에 뭔 상황인지 알겠더라. 정규야. 연기 죽이지?"라고 말해 난 "어, 죽였어. 역시 우린 통한다니깐."이라며 서로를 보며 웃었다. 이러한 일탈과 방황은 아버지의 소천으로 끝이 났지만 나를 구성하고 대안교육철학을 구성한 소중한 경험이 되었다.

대안학교의 아이들은 당구를 좋아한다. 우리 학교 로비에 덩

그러니 두 대의 당구대가 있다. 처음 오는 손님들은 학교에 들어오자마자 염색하고 귀걸이를 한 아이들이 당구 치는 모습을 보고 깜짝 놀라시곤 한다. 내가 이 학교에 오려고 고등학교 1년여의 시간을 당구와 함께 보낸 것이 아닌가. '범생이'로만 고등학교 시절을 살아갔다면 우리 아이들의 마음을 읽지 못했으리라!

내가 다닌 고등학교는 동아리 활동이 활발했다. 친구와 어느 동아리를 들까 하고 다니다 보니 민속놀이반이라는 명패가 걸린 방이 있었다. '윷놀이나 자치기를 하는 곳인가?'라고 생각하며 들어갔다. 커다란 사자탈이 걸려 있고, 무섭게 생긴 칼도 여기저기 걸려 있었다. 이상하게 생긴 탈도 있었고, 한복도 여기저기 걸려 있었다. 호기심이 들었다. 몸을 움직인다는 사실에 끌렸을지도 모른다. 또는 사자탈을 써보고 싶었을지도 모른다. 선배들에게 내 소개를 하고 연락을 기다렸다. 사실 농구부를 들어가고 싶은 마음이 있었으나 중학교 때 나름 정상을 찍어봤으니 다른 것에 도전하고 싶은 마음이 컸다. 우리 반 교실로 민속놀이반 선배들이 나를 찾아왔다. 매주 토요일에 역삼동에 있는 북청사자놀이 강습소에 가야 하는데 괜찮냐고 물었다. 그리고 연습 후 짜장면을 준다는 이야기를 하였다. 입회 신청서를 작성한 후, 일주일에 2번씩 강당에서 사자춤 연습, 토요일에는 강습소에 가서 꼽추춤 연습을 했다. 북청사자놀이에는 여러 역할이 있다. 꺽쇠와 양반, 의생, 거사, 사자 앞, 뒤, 꼽추 등 여러 역할 중 하고 싶은 역할을 연습하면 됐다. 꺽쇠와 양반은 마당놀이의 전체 흐름을 대화로 이끄는 역할이다. 의생, 거사 등의 사람들은 중간중간 장면을 연출하는 사람이다. 사자춤은 열정적인 춤사위를 보여야 하고, 꼽추는 중간의 지루한 부분에서 관객의 흥미를 끄는 역할을 한다. 내성적이었던 난 이상하게도 꼽추 역할이 마음에 들어왔다. 선배에게 찾아가 "선배님. 저 꼽추춤 좀 가르쳐주세요."라고 이야기했고, 그 선배는 올림픽 공원을 크게 한 바퀴 돌면 받아준다고 했다. 마음속으로 '꼽추춤 좀 가르쳐주는데 무슨 마라톤이냐?'라는 푸념을 했다. 그 선배는 장난으로 얘기하지 않았다. 그의 표정은 진지했고, 진중했다. 마침 동아리 연습시간이 되어 학교 정문부터 올림픽 공원까지 크게 한 바퀴 뛰었다. 초등학교 4학년부터 달리기로 시작한 운동 자부심이 있는 나로서는 어려운 미션이 아니었다. 그 선배는 나의 달리기 실력을 흡족하게 바라보았고, 그 후 난 꼽추춤을 배울 수 있었다.

동아리 담당 선생님: 이번 전국 청소년 탈춤 대회인데 개인전을 사자가 나가는 걸로 할 거지?

동아리 부원들: 매번 사자가 나가는데, 이번에 꼽추가 나가는 건 안 되나요? 정규도 열심히 했는데….

나: 그래도 북청사자놀음에 사자가 나가는 게 맞지.

동아리 담당 선생님: 그러면, 너희끼리 결정해서 알려줘.

(I199606, 동아리방에서 선생님과 대화)

친구들이 나를 안쓰럽게 본 것이다. 사자춤을 추는 친구들보다 내가 더 연습하는 양이 많다고 생각해서 추천한 것이다. 열심히 한 보상의 차원에서 말이다. 누군가가 나의 열심을 인정해준다는 생각에 기분이 좋았다. 물론 그 대회 성적은 좋지 않았지만, 북청사자놀음에서 개인전으로 꼽추가 나갔다는 사실로 위안했다.

어떻게 보면 스스로 하고 싶어서 한 마지막 체육활동이 북청사자놀음이었다. 초등학교 4학년 달리기를 시작으로 간이 배구, 탁구, 축구, 농구, 당구, 북청사자놀음까지 적절한 경쟁에서 승리하고, 그 안에서 재미를 찾고, 좀 더 잘하기 위해 노력하는 모습의 순환이었다. 대안학교 체육교사의 삶도 이 순환의 연속이기도 하고, 아이들에게 운동을 사랑하게 만들기 위한 중요한 단서이기도 하다.

4) 체육을 쓰기

중학교 1학년, 3학년 때 학교에서 유명한 생물 선생님이 나의 담임선생님이셨다. 유명하신 이유 두 가지는 매일 일기 검사를 하신다는 사실과 매 종례시간에 한문 10문제, 영단어 10문제 쪽지시험을 본다는 사실 때문이었다. 무슨 수를 써서라도 피해야 한다는 선배들의 조언이 있었지만, 난 두 학년을 만나는 운명이었다. 국민학교 때 운동을 너무 사랑했던 탓인가? 글쓰기가 어려웠다. 즉, 일기 쓰기는 나에게 엄청난 부담감으로 다가왔다.

그냥 지나갈 수 없는 일이다. 매일 아침 조회시간까지 교탁 위에 일기를 올려놓아야 하고, 종례시간에 코멘트를 달아주신 일기장을 나눠주시며 안 쓴 사람에겐 종아리를 때리셨다. 한문과 영단어는 어떻게든 외웠다. 일기의 구도를 어떻게 잡아야 할지 몰랐다. 내 감정을 어떻게 글로 표현해야 할지 몰랐다.

(1990년 3월 일기) 오늘은 친구들과 농구를 했다. 난 전희철을 좋아한다. 전희철대로 움직여지지 않았으나, 친구들과 땀 흘리는 게 좋았다. 농구를 잘하고 싶다.

(선생님 코멘트) 정규는 농구를 좋아하는구나! 정규야. 운동하는 사람이 책을 많이 읽고, 글을 쓰면 더 멋진 사람이 된단다! 멋진 아들을 기대할게.

(I199003, 일기)

학기 초에 일기를 어떻게 써야 할지 모르는 난 내가 좋아하는 운동을 했다고 썼다. 사실 너무 짧게 써서 혼나지 않을까 걱정도 많이 했다. 하지만 선생님께서 빨간 사인펜으로 정성스럽게 쓰신 코멘트는 나에게 감동과 도전을 주었다. 하지만 마음먹는다고 한 번에 되는 일이 아니었다. 어릴 적에 책을 접하지 않은 나에겐 더더욱 큰 도전이었다. 생일 선물로 선생님께서 주신 ≪주홍글씨≫ 소설을 읽어보려고 애썼지만 나에겐 넘기 힘든 큰 산이었다. 그래서 일기라도 정성껏 써보기로 했다. 처음엔 말이 되든 안 되든 길게 썼다. 선생님의 칭찬 일색의 코멘트는 날 춤추게 했다. 조금씩 욕심을 내보았다. 내가 느낀 하루를 잘 정리하고 싶었다. 오늘 하루 농구로 몸을 움직였다면 그때의 내 감정과 친구들과 있었던 에피소드를 잘 정리하고 그 안에서 느꼈던 느낌을 세세히 적어보았다.

나에게 일기는 단순히 글을 쓰는 행위가 아니다. 나의 모든 행위와 내 주변에서 일어나는 사건을 글로 적고 돌아볼 수 있게 된 것이다. 내가 체육학을 전공하고 인문적 체육수업을 동경하게 된 보이지 않는 뿌리가 여기에 있다.

나. 수평적 문화에 대한 지향

대안학교 체육교사가 되기까지의 경험 중 전형적인 체육과 풍토에 대해 반골 기질을 표현했고, 이에 대한 저항으로 기독교 동아리의 활동을 하며 기독교 문화, 철학을 체득한 예비교사 시절은 체육학과 시절과 기독교 동아리 시절을 나타낸다.

1) 전형적 체육과(科) 풍토와 반골 기질

"예비군 제외하고 18시까지 체육관 지하로 모이래." 과대표의 전달 사항이었다. 그날도 어김없이 체육관 바닥을 머리로 쓸고 다니거나 몸으로 구르거나, 지하에서 학번별로 '빠따(몽둥이)'

를 맞는 날이었다. 이유는 간단하다. 인사를 잘하지 않는다거나 어떤 후배가 건방지다거나 단지 월례행사인 경우도 있었다. 당시 군대를 경험하지 않았지만 1980년대의 군대 이야기로 들었던 일들이 1990년대 후반에 내가 다니는 학과에서 이뤄지고 있었다. 내가 교회 고등부 때 대학생 선생님께 들은 대학 생활은 그런 게 아니었다. 지성인이 모인 장소였고 막걸리를 마시며 토론하는 곳이었다. 학과만 다를 뿐 같은 대학 공간인데 다른 세계에 살고 있는 것 같았다.

견딜 수 있었으나 견디고 싶지 않았다. 불합리한 선배들의 이야기와 그러한 조직문화가 싫었다. 그래서 1학년 1학기를 마치고 휴학을 했다. 대학 생활에 대한 회의감이 들었다. 그곳을 상아탑(象牙塔)이라고 하기엔 상식적으로 이해가 가지 않았다. 스포츠라는 학문을 연구하는 것에 방점을 찍기보다 상하 조직문화를 공고히 하여 자신의 조직을 지키려는 태도가 강했다. 그렇게 강압적 방법을 사용하지 않는다면 리더십의 문제가 생길 것이라는 잘못된 생각 때문임을 어린 그때도 알 것 같았다. 난 부딪쳐서 바꿀 수 없다는 비겁한 변명을 하며 휴학을 하였고, 복학 후에도 변하지 않는 학교의 문화에 염증을 느끼기 시작했다.

나의 반골(反骨) 기질은 체육학과와 완전 반대 성향을 만들어주었다. 지나가는 후배가 인사를 하는지, 하지 않는지를 살피는 것이 싫었고, 때가 되면 집합시켜 후배들을 잡으려는 것이 싫었기에 내가 선배가 되었을 때 그 부분을 크게 신경 쓰지 않았다.

좀 더 학업에 열중하려고 노력했고, 궁금했던 분야에 관심을 갖는 편이 나아 보였다. 후배들에게 부드럽게 보이려고 더 노력했던 이유가 여기에 있다. 이렇게 만들어진 나의 성향은 대안교육과 맞닿아 있었다. 대안교육은 학생들을 학생(學生) 이전에 인간(人間)으로 존중하며, 교사와 학생 간에 수직적이 아닌 수평적 관계에서의 교육을 지향하기 때문이다(장성화·진석언, 2010; Peter & William, 2010).

2) 기독교 동아리 활동으로의 전환

"넌 JOY학과고 체육동아리로 대학 왔냐?" 기독교 동아리 활동에 푹 빠져 있던 나에게 체육학과 선배는 보기 안 좋다는 의미로 말을 내뱉었다. 체육과 내의 군대 문화에 따른 반골 성향이 작동되어 동아리 활동에 빠지게 된 경향도 있으나, 어릴 적부터 믿어오던 신의 존재가 실재하는지 궁금했고 알고 싶었다. 허름한 패널로 되어 있던 동아리방에 들어가 보니 왠지 신성한 느낌도 들고, 그곳에서 공부하고 기도하면 알 것 같았다. 나는 어머니 뱃속에서부터 교회에 다닌 모태 신앙인이다. 하지만 기도도 못하고, 찬양도 못하고, 성경 읽기도 못하는 신앙인이었기에 알고 싶었다. 그리고 1년 전 돌아가신 아버지의 죽음 앞에서 삶의 허무함과 실재적 존재가 무엇인지 고민하고 있던 참이었다.

동아리 친구: 바울 형 기억나?

나: 그럼.

동아리 친구: 그 형은 뭐 때문에 우리 성경공부 시키려고 밥까지 사줬을까?

나: 그렇지? 근데 너나 나나 3학년 때 후배들한테 똑같이 했잖아. (웃음)

동아리 친구: 그랬지. (웃음)

나: 그때 형, 누나들이 우리 새내기들 오면 그렇게 좋아했는데. 참 따뜻한 기억이고, 신앙을 삶으로 보여주려고 노력했던 것 같아.

나: 그렇게 뿌린 씨앗들이 자라서 우리 학번에서 목사, 선교사, 교사로 다 나왔잖아.

(조○○ 면담, 2019. 8. 9.)

기독교 선교단체 선배들의 모습은 삶을 통해 무언가를 보여주고 싶어 했다. 기독교에서 말하는 '예수의 삶'의 방식을. 남을 위해 헌신하는 모습이 좋았고 나도 따라하고 싶어졌다. 나도 그렇게 살고 싶었다. 선교단체에 들어가기 전에까지는 성공하고, 잘 돼서 행복하게 살고 싶었다. 하지만 행복을 목적으로 산다는 것은 나의 행복을 위해 타인의 행복을 뺏을 가능성도 있다는 것을 알았다. 하지만 사랑을 삶의 목적으로 삼으면 다른 사람에게도 사랑을 주며 살게 된다는 것을 깨달으며 삶의 방향의 키를 돌리게 되었다. 그래서 난 사랑을 목적으로 사는 삶을 살고 싶었다.

운동의 훈련 단계를 밟는 것처럼 성경공부의 단계를 거치게 되었다. 운동으로 근육이 발달되는 것처럼, 성경공부는 믿음의 근육을 발달시켰다. 고3 때 아버지의 소천으로 허무해진 삶에서 답을 찾은 것 같았고, 앞으로 어떻게 살아야 하는지 방향성을 찾은 것 같았다.

기독교 대안학교에 근무하고 있는 난, 이곳에 온 이유가 소명이라고 생각한다. 교사이지만 다른 모양의 교사로 아이들을 섬기는 데는 이유가 있을 것이라 생각하고 나의 사명이라고 생각하며 달려왔다. 보이지 않는 손이 나를 그곳까지 이끄셨다는 확신으로 십 년의 시간을 보내고 있다. 나의 삶의 방향이 흔들릴 때마다 기독교 선교단체에서 느끼고 배웠던 것을 다시 상기하곤 한다.

일반 학과에서 MT를 가는 것과 같이 동아리에서도 MT를 간다. 그곳에서 함께 레크리에이션을 하고, 나눔도 하고, 밥도 해먹는다. 일반 MT와 다른 점은 예배드리는 것과 술을 마시지 않는 정도이다. 선교단체 동아리에 가입하고 첫 MT를 갔다.

정규야. 조이는 정말 따뜻한 공동체야. 세상의 '양육강식'의 논리가 판쳐서 사람들 간의 신뢰가 깨지는 이 각박한 세상에서 난 조건 없는 사랑이 무엇인지 배웠어. 이곳은 그 사랑을 실천하는 것이 왜 중요하고 행복한 것인지 느끼고 배울 수 있는 공동체란다. 꼭 끝까지 완주

해서 정규도 느끼고, 깨닫기를 바라.

(I199709, MT 장소에서 선배의 이야기)

'양육강식'이라는 단어가 마음속에 들어왔다. 한 학기 동안 조직문화, 약육강식의 논리가 판치는 곳에서 휴학이라는 카드를 내고 빠져나온 나는 이 선배가 이야기하는 것이 기독교 공동체의 철학이라면 깊이 관여해보고 싶었다. 동아리 동기는 이 이야기를 함께 들었는데 반응이 없었다. 난 '이 친구는 과에서 어려움이 없었나 보네.'라며 의아해했다.

그 후에 이 선배의 말이 사실인지 증명하고 싶었다. 선배가 후배를 가르치는 성경공부 방식이 있다. 단계당 3개월의 기간을 두고 가르치는 공부 모임인데 6단계까지 있었다. 1단계 성경공부는 신입생들을 모아놓고 하는 단계였다. 1단계부터 꾸역꾸역 단계를 이어갔고 마지막 단계를 수료한 후, 내가 받은 만큼은 돌려주어야 한다는 의무감으로 단계 리더와 동아리 회장 등을 맡았다. MT가 있던 어느 날 나는 신입생들에게 이렇게 이야기하고 있었다. "우리 공동체에서는 다른 사회에서 느낄 수 없는 조건 없는 사랑을 배울 수 있을 거야. 그 사랑을 실천하는 것이 왜 중요하고, 행복한 일인지 너희들도 꼭 알아갔으면 좋겠다." 예전에 선배가 내게 해준 말을 외우지 않았는데도 몸으로 체득되어 있어서 나도 후배들에게 그렇게 이야기해주고 싶었나 보다. 사람을 대할 때 조건 없이 대하는 것의 이유가 내가 하늘로부터 받은 은혜 때문이라는 것을 선배들의 삶과 간사님들의 삶을 통해 배운 것이다.

아이들을 사랑하는 행위가 내가 교사이기 때문이 아닌 하늘로부터 받은 은혜를 나눠주는 것뿐이라는 사실을 기독교 공동체에서 몸으로 배웠다. 내 안에 터 잡고 있는 기독교 철학은 모든 것을 결정하는 데 가장 중요한 척도가 되었고, 대안학교를 지원하게 된 이유와 목적 또한 그랬다.

다. 교육 및 체육에 대한 탐색

대안학교 체육교사가 되기까지의 경험 중 교육철학과 체육수업에 대해 고민하고 탐색했던 기간제교사 시절은 중·고등학교 기간제교사 시절과 초등학교 체육전담교사 시절을 나타낸다. 교육철학에 대해 내면의 질문을 했던 시기에는 아이들을 향한 관심과 열정을 길게 가질 수 있을까에 대한 고민과 민원과 학생 사이의 고민을 경험했다. 또한 한 여학생의 농구 수행평가를 왜 해야 하는지에 대한 질문을 통해 체육수업에 대한 첫 반성을 시작으로, 질서 정연하게 보이는 체육수업과 무질서해 보이지만 아이들과의 소통이 질서 정연했던 경험, 기간제 체육교사로서 체육수업의 고민을 탐색하였다. 마지막으로 초등학생의 움직임 욕구 지속성에 대한 고민을 경험하였다.

1) 교육철학을 묻기

　중·고등학교 기간제교사 자리도 쉽게 구해지지 않았다. 다행히 초등학교 체육전담교사로 기간제교사 생활을 할 수 있었다. 5, 6학년 아이들의 체육을 담당하는 교사였다. 중고등학생에겐 정식 스포츠 종목을 수준별로, 단계별로 수업을 진행하면 되었는데, 초등학생에겐 정식 종목을 가르칠 수 없었다.

　그리고 초등 체육 교과서를 살펴보았지만, 내용을 소화한 후 가르치기엔 자신이 없었다. 그래서 평소 관심이 많았던 뉴 스포츠를 적용해서 가르쳤고 아이들의 반응은 기대 이상이었다. 수업에만 관심 있던 나는 전담교사들과 점심을 먹는 자리에서 새로운 영역의 이야기를 들었다.

　　영어전담교사: 선생님, 몇 점 정도 더 따야 해?
　　실과전담교사: 이번에 수업 대회 나가서 1등이 목표예요.
　　영어전담교사: 그래. 수업 설계 잘하는 선생님 있는데, 소개해줄까?
　　실과전담교사: 정말요? 감사해요.
　　나: 선생님. 무슨 점수를 말씀하시는 거예요?
　　영어전담교사: 아, 승진 점수라는 건데요, 계속 평교사만 할 순 없
　　　　　　　　잖아요.

　　　　　　　　　　(I200703, 교직원 식당에서 선생님들과 대화)

　처음엔 무엇을 이야기하는지 몰랐다. 나중에 승진 점수라는

의미를 알고 나서는 그 선생님들과 괴리감이 느껴지기 시작했다. 그들은 똑같은 대상의 아이들을 가르치지만 나와는 전혀 다른 고민을 하며 살고 있었다. 자격지심(自激之心)에 의한 괴리감이 아니었다. 교육 연차가 차면 자연스럽게 고민의 대상이 아이들에게서 승진으로 바뀌는 것에 대한 괴리감이었다.

내가 할 수 있는 최대한의 고민은 아이들이었다. 그 외의 일은 접해보지 못했을 뿐더러 그럴 수 있는 위치도 아니었기 때문이다. 밖에 나가서 뛰어노는 것을 너무너무 좋아하는 아이들에게 더 좋은 수업을 제공하고 싶었다. 뉴 스포츠용 기구가 없어서 집에 있는 바구니를 가지고 '바구니 농구'를 만들어서 진행하기도 했고, 현직교사 친구에게 플라잉 디스크를 빌려 2주 정도 디스크 골프수업을 하기도 했다. 아이들은 새로운 수업을 할 때마다 "선생님, 이렇게 재밌는 게임을 어떻게 아셨어요?"라며 놀라워했다. 새로운 것을 아이들에게 맞게 각색하여 즐거운 수업을 진행하는 것은 비록 기간제교사라는 신분이었지만 나에겐 큰 기쁨이었다.

선배 교사들이 승진 점수를 고민했던 것처럼 나도 미래에는 같은 고민을 할 수 있다. 하지만 그 고민과 함께 아이들에게 끊임없는 관심과 사랑으로 수업에 대한 열정을 길게 간직할 수 있는 방법을 알고 싶고, 찾고 싶었다. 이는 교육에 대한 고민의 첫 시작점이었다.

가랑비가 오는 날이었다. 하필 수업 참여도의 보상으로 몇

주 전부터 아이들과 축구하기로 한 날이었다. 주위의 시선이 찝찝하긴 했으나, '가랑비 정도야 괜찮겠지?'라는 생각으로 아이들과 17 대 17로 행복한 축구를 한 것이다. 수업을 마치고 '축구공'과 '수건'을 들고 교실로 올라가는데 교감 선생님의 호출이 있었다.

교감: 최 선생. 이런 날씨에 운동장에 나가면 어떻게 해.
나: 죄송합니다. 아이들과 약속을 미리 잡은 거라서요.
교감: 음. 당분간 운동장에서 운동하지 마세요.
나: 네? 수업을 어떻게 하나요?
교감: 애들 비 오는 날 수업해서 감기 걸렸다고 민원 들어오면 책임지실 거예요?
나: 죄송합니다. 생각이 짧았습니다.

(I200705, 교무실에서 교감 선생님과 대화)

강당이 없는 학교였기에 교실에서 2주간 이런저런 레크리에이션 수업을 진행했다. 자신(교감 선생님)의 말에 감히 기간제교사인 초짜가 '아이들과 약속'이라는 이야기로 교육적 뜻을 굽히지 않은 대가는 컸고, 그 피해는 고스란히 아이들에게 갔다. 사실 이해가 가지 않았고, 부당하다고 생각했다. 아이들은 그 어떤 시간보다 체육시간을 기다렸기 때문이다.

교무부장 선생님께서 조용히 오시더니 "선생님, 내일부터 운동장에서 수업하서도 됩니다. 앞으로 아이들 이야기도 좋지만, 민원이 민감하니 조심해주세요."라고 말씀해주셨다. 그리고 교실에서 멍하니 생각하게 되었다. 반성도 잠시 내 안에서는 여전히 '아이들과의 약속이 먼저'라는 생각이 강했다. 다시 한 번 같은 상황이 닥친다면 또다시 아이들과의 약속으로 결정할 것이다. 여전히 이상적 교육을 꿈꾸고 있는 철없는 교사라는 이야기를 듣는 것도 이 때문일 것이다. 민원과 아이들과의 약속 사이에서 무엇을 결정했어야 하는가는 나의 교육철학을 세워가는 데 중요한 방향키와 같은 역할을 했다.

2) 체육수업 만들어가기

난 중학교도 남중(男中), 고등학교도 남고(男高)를 나왔다. 여자 동기가 2, 3명뿐인 체육학과를 4년간 다니고, 장교로 군 복무를 3년 3개월간 했다. 장황하게 이 이야기를 꺼낸 이유는 다음과 같다. 군 제대(2005년 9월 30일)한 다음 날인 10월 1일부터 기간제교사로 근무하기 시작했다. 기독교 문화와 철학을 기반으로 가지고 있던 나였지만 남자들만의 세계에서 십여 년을 넘게 살아오며 '왜 (why)?'라는 단어를 거의 쓰지 않았다. 아니 처음에는 썼겠으나, 쓰지 말아야 할 분위기에 익숙해져서 질문은 하지 않았던 것 같다. 2005년 10월 2일에 나에겐 잊지 못할 변환기적 교육 사건이 일어났다.

나: 얘들아. 오늘은 레이업 슛을 연습할 거야. 왜냐면 3주 후에 수행평가 본다.

여학생: (손을 들면서) 선생님!

나: 어? 왜?

여학생: 근데 이거 왜 해요?

나: (당황한 표정으로) 어? (다그치는 목소리로) 그냥 해!

여학생: (불만 어린 표정) 네? 네.

(I200510, ○○중학교 운동장에서 여학생과 대화)

'왜(why)?'라는 단어는 십여 년간 들어보지도 써보지도 못한 단어였다. 그 순간 당황스러움을 느낀 것은 당연하였다. 당황스러움을 감추기 위해 다그쳐버렸던 내 모습은 '체육교육 철학의 부재, 체육수업 철학의 부재'를 고스란히 보여주는 꼴이었다. 기간제교사였지만 수업 현장에 서고 싶었고, 체육교사에 대한 부푼 꿈을 가지고 있던 난 이틀 만에 혼란 속에 빠지고 말았다.

질문했던 여학생은 치기 어린 행동을 한 것인지, 자신의 삶에서 레이업 슛이 어떤 의미가 있는지 정말 궁금해서 물어봤을지는 잘 모르겠다. 중요한 사실은 '왜(why)?'라는 단어가 날 자극했다는 것이다. 정신없이 수업을 마치고 근처 선배 교사들에게 물어보았다. '이럴 땐 어떻게 해야 하는지? 아이들을 어떻게 가르쳐야 하는지?' 등 교사의 삶에 대해 구체적으로 생각해보지 않았던 내가 평소에 궁금한 점들을 쏟아내기 시작했다.

나: 선생님, 이럴 때 도대체 어떻게 해야 해요?

선배 교사: 최 선생, 너무 고민하지 마. 걔들 하기 싫어서 쓸데없는 질문한 거야.

나: 그래도 제가 설명을 해서 설득해야 하지 않나요?

선배 교사: 한 번 설명하면, 끝도 없을걸. 다음 수행평가 때는 어떻게 할 건데?

나: 그런가요…? (말끝을 흐리며)

선배 교사: 그냥 무시해.

(I200510, 교무실에서 선배 교사와 대화)

아이들의 치기 어린 반항심으로 수업 분위기를 망쳐서는 안 된다는 선배 교사의 명쾌한 답이기도 했다. 하지만 교사로서 첫 발을 들여놓은 나로서는 치기 어린 반항심이라 할지라도 이런 문제로 학생들을 무시하고 싶지 않았다. 이 교육적 사건은 앞으로 교사로서 '어떠한 생각을 가지고 교육해야 할 것인가?'의 문제와 '수업을 어떠한 교육적 철학으로 디자인할 것인가?'라는 물음을 던진 중요한 변환기적 사건이었다. 그리고 한편으론 학문적 배움의 목마름을 느끼게 해주는 사건이었다.

'왜 해요?'라는 질문을 받은 이후로 수업의 한 시간, 한 시간이 긴장되었다. '수업을 어떻게 디자인해야 할 것인가? 체육을 하는 것이 불필요한 기능을 배우는 시간이 아니라고 느끼게 할 수 없을까?' 하는 고민으로 수업에 임했다. 첫 번째 시도는 줄 세우기였다. 저녁에 도서관에 앉아서 연습장 위에 그림을 그리기 시작했다. 보통 '4열 종대! 반 팔 간격 앞뒤로 나란히!'의 구호로 아이들이 줄을 선다. 뒤쪽에 선 아이들은 내가 잘 안 보일 것이고, 나도 그 아이들의 얼굴이 잘 안 보여 고개를 왔다 갔다 하는 경우가 허다했다. 연습장 위에 아이들을 횡대로 세우면 어떨까 하고 그려보고, 큰 원을 그려서 내가 가운데에서 이야기하면 어떨까 하고 그려보기도 했다. 고민의 핵심은 아이들의 얼굴을 모두 보고 싶다는 데 있었다. 그리고 수직관계라고 느끼게 하기보다 수평관계에 있는 조력자로 아이들에게 인식되고 싶었다. 하지만 지금의 4열 종대 줄서기는 고개를 들어 나를 올려다봐야 하는 시스템이었다.

마지막 연습장에 나를 중심으로 반원을 그려보았다. 학생 30여 명의 얼굴을 모두 볼 수 있었고, 아픈 아이들도 한눈에 볼 수 있을 것 같았다. 그리고 내가 굳이 구령대(조회대)나 계단 위에 올라가지 않아도 아이들의 얼굴을 한 사람 한 사람 볼 수 있겠다 싶었다. 다음 날, 떨리는 마음으로 아이들에게 줄서기의 방식이 바뀌었음을 조근 조근 설명해주었다. 아이들이 우왕좌왕하다가 금세 자리를 잡았다. 출석을 부를 때, 스테이션 수업을 하고 다시 모여 설명을 들을 때, 반원으로 줄을 선 아이들은 나를 보고 집중하다가, 내가 한 아이를 칭찬할 때는 그 아이에게 모두의 시선이 자연스럽게 갈 수 있었다. 나름 성공적이었다. 나는 질서 속 무질서를 택하기보다 무질서 속 질서를 택하였다. 즉, 질서정연하게 보이지만 아이들과 나와의 관계는 무질서했고, 무질서해 보이는 상황이지만 아이들과 나와의 관계는 질서정연했기 때문이다. 하지만 선배 교사들에게는 그렇게 좋아 보이지 않았던 것 같다.

1, 2주 이런 형태의 수업을 진행하고 있었다. 어느 날 운동장에서 다음 시간을 기다리는데 선배 교사는 날 구령대로 불렀다. "정규야. 너가 애들 너무 편하게 해주니깐 무질서해 보여서 다른 교사들한테 여러 얘기가 나와. 무슨 얘기인지 알겠지? 아, 그리고 내가 일이 있어서 잠깐 나갔다 와야 하니깐 2반 수업이랑 통합해서 공이나 좀 나눠줘." 또 하나의 벽에 부딪힌 느낌이었다. 넘을 수 없는 큰 벽. 선배 교사들은 4열 종대로 모여서 인원을 파악하고, 오늘 연습할 내용을 알려주며, 연습이 끝나면 다시 모여서 인사하는 것이 안정적 절차였는데 3개월만 있을 기간제교사가 물을 흐린다고 생각하는 듯했다. 선배 교사의 말 속에는 '나도 젊을 땐 다 해봤어. 괜히 뭔가 하려고 하지 마.'라는 의미가 담겨 있었다.

선배 교사: 최 선생. 수업시간이 좀 무질서해 보여.

나: 아, 그래요. 죄송합니다.

선배 교사: 애들 그렇게 느슨하게 풀어주면 나중에 힘들어져.

나: 네….

선배 교사: 내년에 최 선생이 가고, ○○ 선생 오면 걔들 어떻게 감

당하겠어.

(I200510, 운동장에서 선배 교사와 대화)

선배 교사의 말의 의미는 십분(十分) 이해를 했다. 언제까지 하고 갈 사람이 기존의 틀을 흔드는 것은 조직에 좋지 않다는 말. 나의 철학에 기초한 수업에서 아이들이 무질서해 보인다는 사실도 인정할 수밖에 없었다. 다만 기간제이지만 교직에 처음 발을 들여놓는 후배에게 따뜻한 조언이 아닌 지적만 하는 것이 이내 속상했다. 수업의 변화가 아이들의 교육적 변화에 초점이 아닌 나의 존재를 드러내기 위한 (나는 뭔가 다른 수업을 한다는) 시도를 했을 법한 나이기에 스스로 더욱 속상했다. 이렇게 나의 기간제 교직 생활은 고민과 아픔이 뒤섞인 경험으로 가득했다.

3) 학생에 대해 함께 고민하기

초등학교에서 기간제교사를 할 때 아이들은 교실에서 수업하는 시간에 체육 대신 합창을 했다(가랑비 맞으며 아이들과 축구한 후 교감 선생님의 지시로 2주간 체육수업을 교실에서 할 때). 합창은 짧고 시끄러웠으며 가사는 이러했다. "선생님, 나가고 싶어요!" 그래서 난 "얘들아, 체육은 운동장에서 몸만 쓰는 것이 아니야. 교실에서 아기자기하게 소근육을 움직이는 것도 체육이고, 체육 영상을 보는 것도 체육이야. 너희 집에서 축구경기 보잖아. 그것도 체육을 하는 행위에 속하는 거야."라며 미안한 마음을 최대한 교육적으로 가르치기 위해 노력했다. 아이들의 반응은 항상 "에이~"라고 했다. 난 지금도 그때 그 6학년 아이들의 간절한 눈빛을 잊을 수 없다. '슈렉' 애니메이션에 나오는 '푸스' 고양이의 눈망울로 꼭 나가서 체육을 하고 싶다고 말하는 듯한 표정이 아직도 생생하다. 2주 만에 운동장에 다시 나갈 수 있어서 다행이었다.

2주 만에 운동장에 나간 날 아이들은 고삐 풀린 망아지처럼 이리저리 뛰어다니기 바빴다. 미안했다. 그리고 아이들이 체육에 대한 열망이 크다는 사실에 고마웠다. 한편 이런 생각이 들었다. 짧지만 중고등학교 기간제교사 시절에 본 바로는 중고등학생 중에는 움직이기 싫어하는 친구가 생각보다 많았다. 초등학생 때에는 움직이고 싶어 하고, 나가서 뛰고 싶어 하는데 학년이 올라갈수록 왜 움직이지 않으려 할까? 체육을 가르치는 사람으로 책임감이 느껴졌다. 호르몬에 의한 신체적 변화, '국영수'라는 소위 주요 과목의 중요성으로 인한 문제라고만 치부하지 않고 체육교과 스스로 해결할 수 있는 방안을 찾을 수 있을 것 같았다. 이런 고민을 풀 수 있는 방안을 찾다가 초등체육과 관련된 전문적 학습 공동체 모임에 참가할 수 있는 기회가 있었다.

형님. 10년 전 모임 때 형님이 고민 이야기한 거 기억나세요? 저에겐 신선했어요. 왜냐면 초등 출신이 아니셨는데도, 초등 아이들에게 관심도 많으셨고, 그걸 넘어 중고등 아이들까지 이어서 고민하시는 걸 보면서 깜짝 놀랐어요. 형님이 그 고민 얘기하시고 모임 회장님이셨던 ○○ 선생님이 이런 말씀하신 게 기억나요. "나의 잘못이고, 우리의 잘못이다. 나와 우리는 중학교에 올라가기까지 체육을 책임져야 하는 사람들인데, 큰 관심이 없었다는 것이 가장 큰 잘못이다." 형님이 화두를 던지셔서 한참 그 얘기를 했던 게 기억나요.

(최○○ 무선전화 면담, 2019. 8. 11.)

누군가와 이야기하고 싶었고, 해답을 찾고 싶었다. 그리고 모임 회장님의 솔직한 대답이 감사했다. 다른 외부 것에서 요인을 찾지 않고, 우리가 할 수 있는 범위에서 요인을 찾았고 반성하는 모습이 새로웠다. 그리고 나의 고민을 순수하게 들어주는 공동체가 있었고, 함께 나눌 수 있는 공동체가 있다는 것이 다행스럽게 여겨졌다.

2. 대안학교 체육교사로서의 정체성 형성과정

　본 연구는 형상학적 인식론을 연구 논리의 토대로, 해석적 패러다임을 연구 배경으로 두고 있다. 흩어져 있던 개념들이 다자간의 수많은 변수에 의해 개념이 구성되고 해석되는 현상학적 인식론, 무질서한 세상이 사람들의 사고, 경험에 의해 재구성되는 해석주의 패러다임은 본 연구의 정체성 연구와 결을 같이 한다. '해체, 구성, 재해체'의 흩어지고, 구성되고, 다시 흩어지는 정체성 양상을 보인 연구 결과는 연구 패러다임과 논리에 기반을 두고 있다. 대안학교 체육교사로서의 정체성 형성과정은 해체, 구성, 재해체로 범주화되었다.

　대안학교 초년에서 3년 차까지 난 처음 맞는 '대안교육'으로 인해 혼돈에 빠지게 된다. 그 후 대안 환경, 삶, 수업, 아이들을 탐색함으로 물아일체의 경험을 통해 대안으로 수렴되는 경험을 했다. 이를 '해체'라고 명명했으며, 이 시기에 대안교육과 내가 하나 되는 물아일체(物我一體)의 경험과 수업 및 기숙사 생활 지도에서 학생 중심적 교육을 해야 하는 교육적 사건들을 경험하였다. 이를 통해 '구성'의 과정으로 넘어가게 되었다, 구성과정의 사건들은 도전정신을 가지고 다양한 체육수업을 구성한 경험과 체육수업을 열정적으로 준비하고, 진행한 경험, 주체성을 가지고 학교체육 문화를 형성했던 모습을 보였다. 구성 시기에서의 배움의 열정은 학문으로의 입문이라는 결과를 낳게 되었고, 동시에 체육수업에 대한 고민을 새롭게 시작함으로 '재해체'로 들어서게 되었다. 재해체를 구성하는 사건들은 '좋은 수업으로 아이들은 변하는 것인가? 경력은 수업의 질을 보장하는가?'에 대한 물음으로부터 시작되었다. 연구자인지, 현장전문가인지에 대한 고민과 지금의 수업을 돌아보며 반성적 사고를 하고 있다. 현재도 '재해체' 과정에 머무르고 있는 연구자는 '재구성'으로 나아가기 위해 교육철학, 체육 교육철학이 깊어지는 경험 속에 있다. 또한, 대안교육 전문가의 길을 향해 끊임없이 고민하고 도전하고 있기에 '재구성'의 과정으로 넘어가는 지점 어딘가에 오롯이 서 있다. 〈그림 15〉는 대안학교 체육교사로서의 정체성 형성 과정을 도해한 것이다.

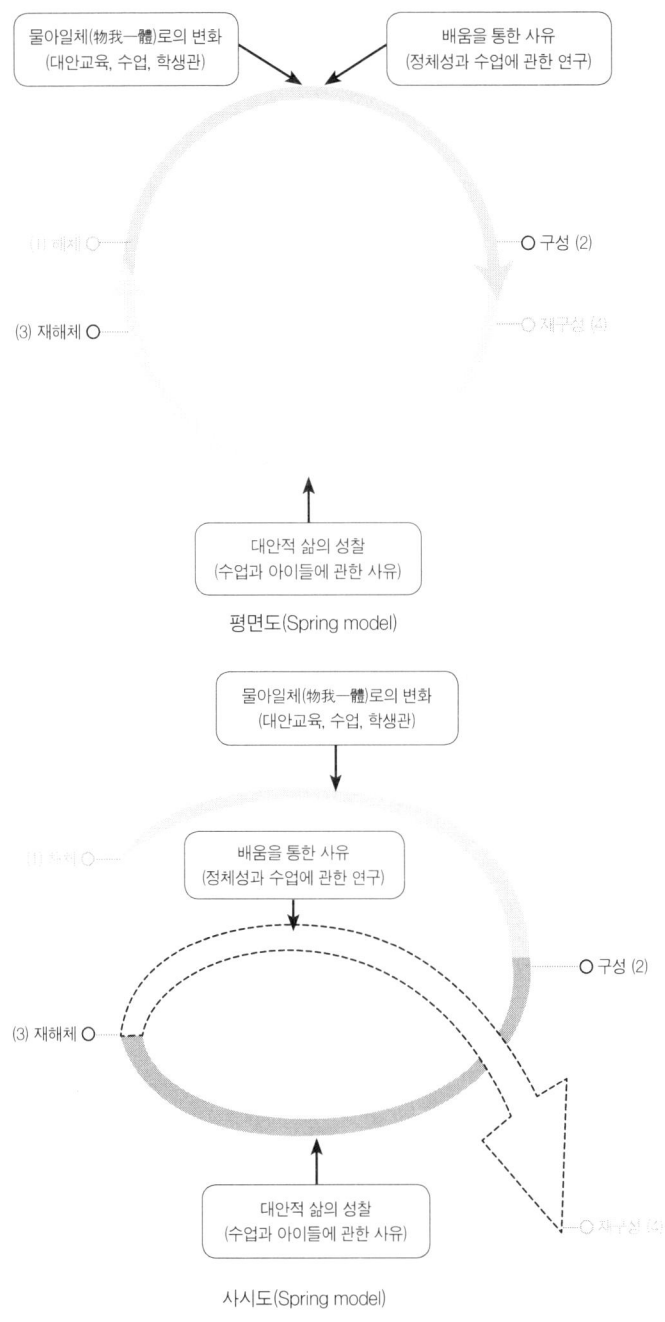

〈그림 15〉 대안학교 체육교사로서의 정체성 형성과정(연구 결과 2 정리)

가. 해체

대안학교 체육교사 정체성의 첫 과정인 해체(deconstruction)는 포스트모더니즘의 대표격인 주제어를 차용하였다. 포스트모더니즘(postmodernism)은 모더니즘(modernism)의 이후의 시대를 이야기하며, 모더니즘이 가지고 있는 '이성중심주의'에 대한 '회의'를 내포하고 있는 사상을 이야기한다. 즉 모더니즘의 이성은 권위, 규칙, 통제 등을 의미하는데, 포스트모더니즘은 이러한 것들을 '해체'하였다(최충환, 2001). 이 사상은 문화, 예술, 교육 등 다양한 영역에 영향을 미쳤고 특히 건축에 지대한 영향을 미쳤다. '해체주의 건축'의 외형적 특징은 비대칭적, 비리듬성, 불확실성이다(조원아, 2019). 예를 들어 모더니즘의 시대에는 정확한 비율에 따른 건물을 건축했다면, 포스트모더니즘 사상에 의해 건축된 건물은 부서지고 찢어진 형태를 사용하거나, 다층적이고 뒤틀린 형태를 건축하는 것이다(윤종건, 2000). 이와 같은 '해체'의 의미처럼 연구자의 정체성도 '해체'되었다. 대안학교 체육교사가 되기까지의 여러 경험의 과정을 거쳐 나만의 정체성을 가지고 살아가고, (기간제교사의 신분으로) 교육하고 있었는데 대안학교 체육교사로 임용된 순간부터 나의 정체성과 교육철학 등은 '대안'이라는 이름 앞에 무너지고, 뒤틀려버린 경험의 연속이었다. 그리고 앞으로 어떻게 될지 예상할 수 없는 불확실성이 강한 시기였다. 기간을 정량적으로 계산할 수는 없지만, 대략 첫 임용 시기부터 3년 차까지의 대안학교 교사 경력의 상태에서 일어난 정체성이다. 해체를 구성하는 사건으로는 부실한 체육수업 환경, 내 역할에 대한 혼란, 체육수업의 흔들림, 뒤죽박죽 아이들을 경험하며 대안이라는 이름 앞에 혼돈에 빠진 경험들과 수업 공간과 하루하루의 삶과 수업을 펼쳐보고 아이들을 자세히 오래 보며 대안을 탐색했던 때, 마지막으로 대안학교와 내가 물아일체 되어 나의 역할을 깨닫고 체육수업의 철학이 정리되며 아이들이 희미하게나마 무지개색으로 보임으로 대안으로 수렴되었던 경험들이다.

1) 대안 속의 혼돈
가) 부실한 체육수업 환경

2010년 3월, 대안학교 체육교사로 임용되었다. 32세의 적지 않은 나이였지만 아이들과 잘 지낼 자신감도 있었고, 기간제교사 생활 가운데 다양한 시행착오를 통해 만들어진 교육철학도 있었기에 수업도 자신 있었다. 하지만 예상치 못한 난관에 부딪혔다. 학교에는 운동장이 없었고 실내체육관도 없었다. 단, 우리 학교 운동장은 아니지만 학교와 이어져 있는 작은 산속에 공터가 있었고, 예배당으로 사용되고 있었던 작은 강당이 있었다. 중고등학교 기간제교사 시절에는 기존 스포츠 정식 종목만 가르쳐봤기에 이곳에 맞는 수업을 고민했어야 했다. 하지만 바로 수업을 해야 했고 혼란스러운 상황이었다.

교감: 정규 쌤. 다음 주부터 수업 잘 준비하셔서 하시면 됩니다.

나: 네. 교감 선생님, 알겠습니다. 전 체육 선생님께서는 보통 수업을 어디서 진행하셨나요?

교감: 지하에 있는 암벽 수업도 하셨고, 예배당에서 수업을 하시기도 했어요. 당구 수업도 하시는 것 같던데요. 너무 부담 갖지 말고 하세요.

(I201002. 교무실에서 교감 선생님과 대화)

부담 갖지 말고 하라는 말씀이 나에겐 부담으로 다가왔다. 아이들과 처음 만나는 첫인상을 대충 때우고 싶지 않았다. 준비된 선생님으로 보이고 싶었고, 대안학교 교사가 되었으니 새롭고 특별한 수업을 하고 싶었다. 그래서 교직에 있는 친구에게 수업 도구를 빌려 수업에 들어갔다.

아이들: 선생님. 신경 좀 쓰셨네요?

나: 내가 준비 좀 했지. (웃음)

아이들: 근데 다음 시간에 뭐해요?

나: 선물 내용 미리 공개하는 거 봤어? 체육은 선물같이 신비로운 거야. 안 알려줘.

아이들: 에이~ 알려주세요.

나: 인사하고 마무리하자.

(I201003, 예배당에서 아이들과 대화)

다음 시간엔 어떤 수업을 해야 할지 몰랐다. 친구에게 작은 공간에서 할 수 있는 도구를 빌려 하는 수업의 형태로 한두 주는 때울 수 있었지만 긴 차시의 수업은 불가능했다. 기간제교사 시절, 공간에 대한 고민을 한 번도 해보지 않았기에 더 혼란스러운 시간이었다. 난 긴 호흡을 하며 공간에 대한 혼란스러움을 잠시 내려놓았다. 이 혼란스러움 말고도 대안학교의 여러 혼란스러움이 날 기다리고 있었다.

나) 대안학교에서의 역할 혼란

대안학교에 임용 시 3년간 기숙사에서 아이들과 함께 지내야 한다는 이야기를 들었다. 아내의 임신이 걸리긴 했으나 아이들과 함께하는 것은 대안학교 교사로 입문하기 위한 성인식으로 여겨졌기에 스스로 당연시했다. 아내(같은 대안학교 교사) 역시 결혼 전까지 여자기숙사 사감 생활과 숙식을 학교에서 했기에 나 역시 당연히 해야 할 의무처럼 여겼다. 아이들과 함께 지낼 수 있는 것은 어쩌면 특권이다. 아이들이 교사를 싫어하면 어찌 한 공간에 머물 수 있겠는가. 함께함은 아이들과 친해질 수 있는 가장 좋은 방법이요, 아이들을 이해할 수 있는 유일한 방법이다. 그리고 함께한다는 것은 좋은 일과 나쁜 일을 함께 겪는 것이다.

우○○: 선생님. 저희 기수에 도난 사건 있었잖아요.
나: 응. 맞아, ○○이.

우○○: 전부터 계속 없어져서 어떻게 해야 하나 고민했는데, 선생님께서 찾아보자고 하셔서.

나: 나도 찾을 수 있을지 몰랐어. 그래도 너희가 ○○이랑 나중에 잘 지내고 해서 다행이었어.

우○○: 그 이후에는 도난 사건이 아예 안 일어났던 거 같아요.

나: 맞아. 나 그땐 형사 된 것 같았어. (웃음)

(우○○ 졸업생 면담, 2019. 7. 31.)

2학년 친구들 사이에서 기숙사 도난 사건이 지속적으로 일어나 서로를 의심하고 있었을 때였다. 기숙사에서 작은 물건이나 적은 돈이라도 도난 사건이 발생하면 모든 아이 동의하에 아이들을 로비에 모아놓고, 교사와 아이들이 추천하는 아이 한 명과 함께 사라진 돈을 찾는다. 그날도 도난 사건이 일어났고, 교육차원에서 찾는 시늉을 했다. 사실 사라진 돈이 나올 리 만무하기 때문이다. 그럼에도 이렇게 찾는 이유는 가지고 간 친구에게 경각심을 심어주고자 하는 교육적 의도가 강하다. 그런데 예상치 못한 일이 일어났다. 어느 아이가 안절부절 못하며 방으로 조용히 가는 것이었다. 그 모습을 조용히 지켜본 내가 그 아이를 따로 불렀다. 난 아무 말 하지 않았으나, 그 아이는 초조해 보였다. 그래서 난 "솔직하게 이야기하고 용서받은 후, 다시는 그러지만 않으면 된단다. 그렇지 않으면 네가 살아가는 날이 더 많을 텐데 그 행위가 습관이 되고, 너의 삶을 망가트린다면 얼마나 후회스

럽겠니?"라고 말했다. 아이는 눈물을 훔치며 내 이야기에 고개를 끄덕였다.

기숙사에서는 아이들의 사소한 문제가 저녁마다 일어난다. 사소한 일로 다투는 아이들, 몰래 나가서 편의점 가는 아이들, 갑자기 몸이 아파 응급실에 가는 아이들, 몰래 술을 마시거나 담배를 피우는 아이들. 기숙사에 있을 때 내가 체육교사인지, 사감교사인지, 혹은 부모인지를 구분할 수 없게 된다. 다투는 아이들을 말리고 상담하고, 술 마신 아이들을 일단 재우고, 상담하고, 아이들이 몰래 나갔는지 자기 전에 아이들 방에 들러 인원을 확인하고, 새벽에 몸이 아픈 친구가 있을 땐 자차를 이용해 응급실에 가서 아이가 치료받을 동안 대기실에서 쪽잠을 자곤 했다. 이러한 생활교육은 교과교육보다 더 많은 시간과 열정을 쏟게 한다. 나에겐 또 하나의 역할이 있었다. 종교부에서 행사가 있을 때 찬양인도자로 아이들과 함께 찬양을 준비하는 찬양인도자 역할도 했다. 대학교 선교단체 때 했던 일들이라 생경하지 않았다. 그리고 종교적 사명감을 가지고 있던 나에겐 기분 좋은 일이었고 방과후에 모여 연습하고 준비하는 과정 또한 행복했다. 아이들과 함께 같은 신념을 가지고 활동하는 것이 좋았다. 하지만 문득 이런 생각이 들었다.

'난 이곳에 왜 왔지? 체육교사? 사감교사? 찬양인도자?'

다) 체육수업의 흔들림

내가 이곳에 온 이유가 체육을 가르치기 위해 온 것이니 잘 가르치고 싶었다. 수업 후에는 인터넷 커뮤니티와 수업에 관련된 책, 먼저 교사가 된 친구의 조언 등을 통해 수업 계획을 하고 준비했다. 하지만 내 수업에 대한 같은 재단에서 근무하는 동 교과교사로부터 부정적인 소리가 들려왔다.

> 당신이 많이 힘들어했지. 그때 그만두고 싶다는 이야기 많이 했잖아요. 떡볶이 체인점 하고 싶다고도 하고 그랬는데. (웃음) (중략) 당신이 이런 얘기했던 게 생각나네요. "체육수업에 대해 조언해주고 싶으면 언제든 받아들일 준비가 되어 있는데, 뒤에서 수업이 어쩌고 어쩌고 하는 소리가 들리는 게 싫어." 아마 당신의 교육철학에 대해 묻지 않는, 알고 싶어 하지도 않은 것 같은 선배 교사들이 미웠을 거예요. 당신 마음고생이 심했죠.
>
> (이○○ 교사(아내) 면담. 2019. 9. 1.)

나의 이야기(교육철학)를 들어보지 않고 나를 판단하는 것이 싫었고 화가 났다. 그리고 혼란스러웠다. 지금까지 가지고 있던 체육수업에 대한, 체육교육에 대한, 교육철학에 대한 생각이 무너지는 것 같았기 때문이다.

동 교과교사의 나에 대한 평가는 다음과 같다. 수업이 레크리에이션 하는 것 같고, 춤을 추거나 시(詩)를 쓰는 등 체육 같지 않은 수업을 한다는 이유에서였다. 작은 강당에서 할 수 있는 프로그램과 움직임을 통해 느낀 것을 시(詩)로 풀어 쓰는 것이 체육처럼 보이지 않았던 것이다. 나에게 "넌 왜 그런 수업을 추구하니?"라고 물어보았다면, "저는 이러한 교육철학에서 이런 목표를 가지고 계획하고 진행하고 있습니다."라고 이야기할 자신이 있었다. 하지만 아이들에게 시간을 전적으로 써야 하는 대안학교 선생님들에겐 그러한 여유가 없었던 것일까? 에둘러 내 수업에 대해 불만을 표현하는 교사들의 이야기를 스쳐 들을 때마다 '내가 무언가 잘못하고 있나?' 하는 생각이 들고 내가 지금까지 경험한 것이 다 무너져버리는 느낌이었다.

> 김○○: 선생님의 수업 때문에 학교 온다는 친구도 있었어요.
> 나: 내가 좀 했지. (웃음)
> 김○○: 중학교에서 경험했던 수업과는 달랐어요. 뭔가 엄청 재밌었고, 활기찼던 기억이 나요.
> 나: 나도 너희와 수업하는 게 너무 즐거웠어.
>
> (김○○ 졸업생 면담, 2019. 7. 31.)

움직임을 좋아하는 학생과 좋아하지 않는 학생들이 한데 어울려 노는 듯한 준비운동으로 시작한다. 음악과 함께하는 준비운동은 정서적으로, 신체적으로 힘든 아이들이 위로받고 즐거운 마음으로 수업을 시작할 수 있다. 혼란스러워진 마음을 아이들로 인해 다시 다잡고, 다시 혼란스러워지면 아이들의 표정을 보며 다시 힘을 내 보았다.

라) 대안학생에 대한 혼란

"후배~!" 멀리서 들려오는 소리는 분명 덕기의 목소리이다. 고3 아이였던 덕기는 자기보다 내가 우리 학교에 늦게 왔다고 날 후배라고 불렀다. "네. 선배님." 하며 받아주고 장난치는 게 초임 교사 때 일상이었다. 기숙사에서 아이들에게는 "야, 형한테 얘기해봐. 뭔 걱정이 이리 많아."라며 친근하게 다가가기도 했다. 하지만 나도 이러한 상황들이 이상하지 않았겠는가. 어디서부터 어떻게 가르쳐야 할지 막막했다. 운동장에 한 번만 나가서 축구하고 싶다는 초롱초롱한 눈빛의 초등학생들, 4열 종대로 서라면 착착 서는 중학교 아이들을 대하다가 뭔가 뒤죽박죽해 보이는 아이들을 보니 막막했다.

> 2010년도 그때만 해도 아이들 톡톡 튀었지. 어느 날 수업에 들어갔는데 교실에 반이 없더라고. 교실을 탈출한 거지. 바닷가 근처 가서 바람 쐬고 온다는 메시지만 칠판에 적어놓고 다 나갔더라고.
>
> (허○○ 교사 면담, 2019. 9. 2.)

수업시간에 제대로 앉아 있으면 고마웠다. 체육 시간, 작은 강당에 와서 줄은커녕 뛰어다니고 노는 것만으로도 고마웠다.

에너지가 차고 넘치는 아이들이었다. 학교 그만두겠다고 기숙사에 가방을 가지러 가기 위해 유리를 깨고 들어가려다가 손에 큰 상처를 입은 아이, 아르바이트하기 위해 집 나간 아이, 자퇴하고 싶어서 학교에 안 오는 아이. 엉뚱하고 톡톡 튀는 아이들뿐이었다. 그땐 아이들 마음에 어떠한 상처가 있는지 보지 못했기에 그들의 겉모습은 뒤죽박죽이었다.

어느 날 수업시간에 한 아이가 없길래 다른 친구들에게 어디에 갔냐고 물어보았다. 아이들은 1교시부터 기분이 안 좋아 보였다는 이야기만 했다. 아이들에게 과제를 주고 찾아다녔다. 그 아이는 학교 근처에서 담배를 한 대 피우고 나오던 중 나를 만났다. 난 "어디에 갔었어? 한참 찾았잖아."라고 물었고, 아이는 "왜요? 뭐하러 찾아요."라고 답하며 퉁명스러운 표정을 지었다. 아이의 표정에 난 자괴감이 들었고 화가 났다. "그러니깐 어디에 있었냐고? 수업시간인데 담배 피우고 다니는 게 말이 돼?"라며 내가 아이를 다그치자 "뭔 상관이야."라며 뒤돌아갔다. 난 그 아이를 붙잡고, 정신 차릴 때까지 흠씬 패주고 싶었다.

사실 결혼 후에 아내가 연구학교에서 먼저 근무하고 있었다. 아내에게 들었던 아이들의 이야기는 흥미로웠고 때론 재미있었다. '선생님들께서 속은 좀 썩겠지만 다이나믹하고 좋겠네.'라며 웃었던 '나'이다. 막상 아이들의 반응을 직접 경험해보니 '성인군자도 도망치겠는걸.'이라는 생각이 들었다. '이 뒤죽박죽의 아이들을 어떻게 할까?'라는 고민은 계속되었다.

2) 대안을 탐색

가) 새로운 체육수업 환경의 모색

난 안정적으로 수업할 수 있는 공간을 확보하고 싶었다. 지금의 대안학교는 처음부터 학교를 계획하고 만든 건물이 아니었다. 처음엔 수련원, 기도실, 예배당이 있는 건물이었는데 나중에 학교로 용도를 변경한 건물이다. 그래서 교무실 위치도 1층이었다가 3층으로 바뀌고, 교실, 보건실, Wee 클래스의 위치가 조금씩 바뀔 수밖에 없었다. 내가 안정적으로 사용할 수 있는 체육 공간은 배드민턴 코트가 하나 나올 정도의 작은 예배당과 운동기구와 작은 실내 암벽물을 설치한 지하 공간 그리고 학교 옆 작은 산 안에 있는 공터뿐이었다. 더군다나 이 공터는 어느 문중의 땅이기에 함부로 사용할 수도 없었다.

지금 있는 시설들을 둘러보고, 체육 창고에 어떠한 용·기구가 있는지 확인하는 것이 우선 과제였다. 시설은 앞서 이야기한 대로 작은 예배당과 지하 공간, 외부 농구장(현재는 행정, 법 절차문제로 농구장을 없애고 녹지화함)이 있었다. 그리고 용·기구는 기본적인 구기종목 물품과 체육대회 물품(줄다리기, 이어달리기, 긴 줄 등)이 있었다. 시설과 용·기구를 종합해서 내가 다시 계획을 세워서 재정비해야 했다.

> 선배 교사: 초창기에 있던 체육 선생님도 처음엔 당황 많이 하셨어요.

나: 아, 네.

선배 교사: 우리 학교가 시설 쪽으로 체육과에 배려가 없네요.

나: 체육과만 그런가요. 다 똑같죠. 주변을 잘 활용해야죠.

(I201004. 교무실에서 선배 교사와 대화)

시설에 대한 아쉬움은 체육과만의 문제가 아니었다. 내가 할 수 있는 건 내 주변의 공간을 다시 살펴보는 것이었다. 그리고 내가 할 수 있는 역량과 내가 좋아하는 것이 무엇인지 고민하는 시기였다.

나) 대안학교의 삶 탐색

일과 시간에 체육교사와 담임교사로 묵묵히 살아내고 있었고, 방과 후 시간에는 방과 후 수업 교사로, 저녁에는 기숙사에서 아이들과 부대끼며 살아내고 있었다. 아내가 임신 중이었을 때라 주중에 기숙사에 있는 것이 마음에 걸렸지만 내가 지나가야 하는 터널임을 알고 있었다. 하루의 삶이 너무 버겁지 않고 감내할 만했을 때 다음 날 교과교사로, 담임교사로, 기숙사에서 상담교사로 살아낼 힘을 얻었다.

선배 교사: 기숙사에서 살 때 상담 많이 했지?

나: 그땐 밤, 낮이 없었어요. 대신에 아이들과 ○○ 친구 된 거 같았어요.

선배 교사: 맞아. 나도 초창기 때 기숙사에서 살 때 그랬었지.

나: 안 힘드셨어요? 전 좀 힘들었던 기억이 나네요.

선배 교사: 그랬지. 어떨 땐 정말 재미있게 지나다가, 어떨 땐 꾸역꾸역 억지로 살아가는 사람처럼 지칠 때도 있었지.

나: 꾸역꾸역 살아내는 삶?

선배 교사: 응.

(허○○ 교사 면담, 2019. 9. 3)

그러나 대안학교 교사로서 힘을 내는 일이 쉽지는 않았다. 선배 교사의 말처럼 여러 역할에 따른 '고단함'으로 하루하루 살아내고 있었다. 전체적인 수업계획이 있었으나, 세부적 계획은 하루하루 계획했어야 했고, 저녁에 상담해야 할 아이가 여럿일 경우 마음의 교육적 풍족함은 있었으나 피곤함을 떨쳐내기는 어려웠다. 이러한 경험을 통해 대안학교 교사의 지속적인 헌신은 에너지를 고갈하게 만든다는 것을 알게 되었다. 대안학교 교사로 당연시하며 했던 선배 교사들의 헌신을 동경했다. 하지만 지속적인 헌신에서 오는 피로감은 교사의 역량을 끌어내는 데 한계를 보여주었다.

선배 교사 1: 교육청이나 외부에서 지원금 받으려면 계획서에, 결과에… 이번에 패스할래.

선배 교사 2: 하긴. 아이들 생활지도에 진이 빠져버리네.

(I201004, 교무실에서 선배 교사끼리 대화)

외부 지원금을 받아서 아이들과 학교에 금전적으로 도움을 주는 것보다 교사의 에너지를 아껴 아이들을 더 만나는 데 에너지를 쓰자는 선배 교사들의 말이 뭘 의미하는지 알았다. "이번엔 패스할래."라는 말은 일하기 귀찮다는 뜻이 아니라 에너지를 아껴 아이들을 더 만나고 싶다는 의미가 담겨 있었다. 왜냐면 선배 교사들은 외형적으로 보이는 부분에서 나보다 훨씬 많은 일을 감당하고 있었고, 그들의 삶도 아이들에게 집중되어 있었기 때문이다. 가르치고 집에 가기 바빴던 패턴으로 살았던 나는 대안 교사의 패턴을 따라가기가 쉽지 않았다. 하루하루 묵묵히 살아내는 것 외에는 방법이 보이지 않았다.

다) 대안수업의 탐색

체육수업에 대한 불평이 주변에서 들려왔기에 선배 교사들의 수업을 유심히 보기 시작했다. 물론 지적받은 마음이 곧을 리는 없었다. '수업을 얼마나 잘하나 보자.'라는 생각에 유심히 보았다. 스스로 100% 만족하는 수업은 아니었으나 나쁜 점수를 받을 만큼의 수업이라고 생각하지 않았기에, 선배들의 조언 같은 지적에 마음이 좋지 않았다.

> 정규 쌤. 이사장님께서 뛰고 땀 흘리는 것을 좋아하셔. 그게 대안학교의 철학이니깐. 아마 외부로 잘 나가지 않고, 강단이나, 지하 강당에서만 진행하니깐 그런 이야기들을 하시는 것 같아.
>
> (I201008, 교직원 워크숍에서 선배 교사의 조언)

체육교사만이 대안학교의 철학을 온전히 감당해내야 하는 것처럼 말하는 선배 교사의 조언은 논리적으로 이해되지 않았다. 내 수업에 들어와 하나하나 바라보며 한 조언이 아니었기에, 아이들에게 교육적 배움이 일어났는지, 아니었는지를 확인 후 한 조언이 아니었기에 동의할 수 없던 것이다.

이해가 가지 않지만 난 겸허히 받아들이고자 노력하겠다. 분명 이유가 있겠지. 짧게는 몇 년, 길게는 십여 년간 체육에 대해 고민해왔던 내가, 오늘 참 초라함을 느낀다. 내일부터는 선배 교사들의 수업을 펼쳐봐야겠다. 내 수업과 어떤 부분에서 차이가 있는지 알아내고, 좋은 대안학교 교사로 살아가고 싶다.

(T201009, 교사성찰일기)

난 마음에 응어리를 가진 채 나쁜 의도로 타 교과 수업을 돌아보기 시작했다. 지나가며 보고, 물어보고, 아이들의 반응을 살펴보았다. 사실 기대 이하였다. 건방진 이야기일지 모르나 아이들 대부분은 책상 위에 엎드려 있었다. 물론 소위 주지 교과는 진도를 나가야 하고, 활동적이지 못하기 때문이라는 이유가 있지만 말이다. 실망했다. 외형적으로는 무엇이 공교육과 다른 모습인지 알 수 없었다. 선배 교사들은 아이들이 배우고 싶어 할 때 배워야 배움이 일어나기에 자는 것을 허락한다고 했다. 맞는 말이지만, 아이들이 스스로 배우고 싶어 하기를 기다린다면 몇 명이나 고등학교 졸업 전에 배움의 욕구를 깨우칠까? 배우고 싶게 하는 것 또한 교사의 몫이지 않은가?

물론 기대 이하의 수업만 있었던 것은 아니었다. 협동 학습의 모듈을 외부에서 배우고, 우리 학교 실정에 맞게 수정·보완하여 실천하는 선생님도 계셨다. 그리고 중학교 체육교사는 외부시설을 이용하여 수영을 가르치기도 했다. 고3 아이들에게 수능 이후의 무료한 삶에 생기를 불어넣어 주기 위해 '만원의 행복'이라는 프로젝트 수업을 진행하는 경우도 있었다. 이 프로젝트 수업은 1만 원의 자본금과 아이들의 노동력으로 프로젝트를 기획하고 구성원(친구)과 협력하는 내용으로 진행되었다.

'만원의 행복' 프로젝트는 나의 수업 관념을 넓혀주는 계기! 프로젝트 모든 것을 아이들이 하는 것 같지만, ○○ 쌤이 한 주 동안 설계하고 기안해서, 아이들과 토론하는 것을 보니, 준비가 상당하네. 체육 수업에서는 어떻게 접목할 수 있을까?

(T201012, 교사성찰일기)

이를 통해 경제관념과 창업가 정신 등을 배우는 교육적인 효과뿐 아니라 아이들의 반응도 매우 좋았다. 기존 수업의 틀을 깨고 프로젝트 형식으로 수업을 한다는 사실이 매우 흥미로웠다. 이 기간은 내가 생각하지 못한 수업의 형태와 철학을 천천히 살피는 좋은 기회였다.

라) 학생들과의 소통과 공감 노력

처음에 난 뒤죽박죽인 것 같은 아이들을 대할 때 성인군자처럼 '그들이 나에게 어찌해도 난 흔들리지 않아. 아무렇지 않아.'라며 마음의 짐을 억지로 내려놓으려고 했다. 하지만 1년간 학교에서 그리고 기숙사에서 살아내며 아이들을 일요일 저녁부터 토요일 점심까지 오래 보았다. 그리고 밤마다 아이들 방에 찾아가 함께 누워 삶의 이야기를 나누고, 고민을 나누다 보니 아이들을 자세히 볼 수 있었다. 아이들을 오래, 자세히 들여다보니 수업에 무단결석하고 바다를 보러 나간 이유, 수업과 상관없이 마냥 엎드려 있는 이유도 알 수 있었다. 그렇게 대안학교 1년 동안 중요한 깨달음을 얻었다. 선생님께서 학생의 잘못에 대해 '너! 왜 그랬어?'라고 물어보는 것이 교사 입장에서 아이가 진짜 왜 그랬는지가 궁금해서 물어본 게 아니고 '너! 왜 그따위로 해!'라는 뜻의 다른 언어체계였으며, 아이 입장에서도 선생님의 '너! 왜 그랬어?'라는 단어가 귀로 입력되기보다는 그 선생님의 표정, 억양, 태도 그리고 지금까지 그 선생님이 보여준 아이들을 향한 신뢰를 바탕으로 이해한다는 것을 알게 되었다. 즉, 화난 표정, 격앙된 억양, 몸이 앞으로 기운 태도, 평소 아이들에 대해 관심이 없는 선생님이라는 판단을 아이들은 0.1초 만에 끝내고, 똑같은 표정, 억양, 태도로 그 선생님을 대한 것이었다.

학생: 진짜 존○ 열 받았어요. 집에서 아무도 제 말을 안 믿어줘요.

나: 아이고, 현동이 엄청 서운했겠다.

학생: 뭐, 전에 거짓말하고 다니고 그래서 그러시는 건 어느 정도 이해하겠는데, 그래도 이건 아니죠.

나: 아, 너 그래서 이번 주 일요일에 늦게 온 거야?

학생: 엄마, 아빠랑 말도 안 통하고 해서 사실 안 들어오려고 했는데, 기석이가 같이 와줬어요.

나: 아, 그러면 얘기하지. 알았다면 너랑 기석이 벌 청소 안 시켰을 텐데.

학생: 그래도. 늦게 왔으니깐 할 건 해야죠. (웃음)

(I201103, 기숙사에서 학생과 대화)

현동이는 주말에 늦게 들어왔다. 우리 반이었던 현동이와 기석이는 월요일 아침에 나에게 "현동아, 기석아. 너네 고3이라고 기숙사 생활이 이렇게 나태해지면 안 돼."라며 혼도 나고, 벌 청소까지 했다. 그때 현동이 얼굴이 평소 같지 않아 화요일 저녁 당직 근무를 설 때 상담을 했다. 아이는 처음엔 흥분하며 이야기를 주도했지만, 교사가 공감해주고, 따뜻한 마음을 전해주니 아이의 마음은 풀어지고 감동하였다. 아이들을 자세히 보고, 오래 보니 체육수업이 행복한 시간으로 변했다. 기간제교사 때 수업 시간에만 만나는 아이들과 수업하는 것과, 삶을 함께 부대끼며 만난 아이들과 수업하는 것은 천지(天地) 차이었다.

3) 대안으로 수렴

가) 나와 대안의 물아일체(物我一體)

2010년도에 학교에 처음 왔을 땐 아무것도 없다고 생각해서 막막했었다. 1년간 공간에 대해 탐색함과 더불어 내가 잘하는 것, 내가 할 수 있는 수업 찾기를 함께 진행했다. 1년 후 되돌아보니 수업할 수 있는 공간이 눈에 들어왔다. 신기했다. '이렇게 열악한 환경에서 어떻게 가르치지?'라는 생각만 있었는데 달라 보였다. 나의 삶이 이곳과 일체가 되어가는 과정에서 눈과 시선이 달라졌음을 느꼈다. 더 깊이 이야기하면 물아일체(物我一體)로 표현할 수 있을까?

> 작년 임용 시기의 막막함을 떠올려본다. 그땐 보이지 않던 것이 비로소 보이는 이 느낌은 뭘까? 혜민 스님의 '멈추면 비로소 보이는 것들'이 아닌 '물아일체를 통해 비로소 보이는 것들'이다. 대안학교 환경과 하나 되고, 그 속에서 수업으로 하나 되고, 아이들과 부대끼며 하나 되니 수업 공간이 보이기 시작했다.
>
> (T201103, 교사성찰일기)

이렇게 보니 체육수업 공간의 문제는 큰 문제가 아닌 것 같았다. 기간제교사 시절 익숙한 수업 공간에서 대안학교로 넘어와 익숙지 않은 수업 공간을 보면서 느낀 혼돈이었다. 공간의 익숙지 않음을 공간적 탐색과 역량 탐색을 통해 의도치 않게 체육수업 콘텐츠와 수업 방식의 풍부함을 낳는 효과를 거두었다. 기존의 작은 예배당을 주 수업 공간으로 잡고, 큰 거울과 매트가 있는 지하 공간은 체조수업이나 표현활동을 하는 공간으로, 야외 수업은 본관 옆에 있는 작은 농구장에서 진행해도 큰 무리가 되지 않았다. 하지만 조금씩 욕심이 났다. 작은 예배당에 좋은 스피커를 달아 아이들이 본격적으로 수업하기 전에 밝은 느낌을 내고 싶었고, 딱딱한 벽면에 의해 다치지 않는 안전 펜스가 있었으면 좋겠고, 한 학기에 3, 4차시 정도는 외부 체육활동을 통해 넓은 공간이 주는 이점을 아이들에게 누리게 하고 싶었다.

> 아이들에게 좀 더 좋은 환경 속에서 체육을 경험하게 하고 싶다. 볼링, 수영? 춤? 좋은 스피커? 바라는 대로 이루어진다고 했으니 기다려봐야겠다.
>
> (T201103, 교사성찰일기)

환경이 바뀐 건 없었다. 공간을 찾기 위해 노력했고, 아이들과 열심히 1년을 보냈을 뿐이다. 나와 대안학교가 하나가 되었을 때 수업 공간에 대해 인정하게 되었다. 그리고 아이들에게 더 나은 환경을 주기 위해 노력하게 되었다.

나) 대안학교에서의 자발적 역할 수행

나만 체육교사, 담임교사, 당직교사, 예배부 인도자 등의 다양한 역할을 하는 것이 아니었다. 사실 1년 차 때는 나만 하는 것 같은 억울한 기분이 종종 온몸을 휘감고 있었다. 하지만 어느 교사는 부장교사를 하며 담임교사, 당직교사, 동아리 담당교사 등을 하였다. 초임교사이기에 일이 적었으면 적었지 많은 것이 아니었다. 그런데 나에겐 왜 그렇게 부대끼고, 하루하루 살아내는 것과 같은 느낌이었을까? 대안학교 삶의 생리를 몰랐기에 그랬던 걸까?

> 우리 학교 선생님들은 슈퍼맨? 멀티플레이어 같은 느낌이에요. 지리산 가면 산악인처럼 저희를 인도해주셨죠. 제주도에 가면 원주민처럼 여기저기 잘 인도해주셨죠. 평소엔 친근한 친구처럼 상담도 해주시죠. 집에도 데리고 가주시죠. 목욕탕도 같이 가서 때도 밀어주시는… 대체 몇 가지를 하시는 거예요? (웃음)
>
> (우○○ 졸업생 면담, 2019. 7. 31.)

한 졸업생 친구의 말이 맞았다. 우리 학교 선생님들은 멀티플레이어였다. 1학년, 2학년 때 가는 극기훈련 프로그램인 지리산 종주와 제주도 하이킹, 1학년 중국 이동수업, 2학년 일본 이동수업 모두 여행사의 프로그램과 계획된 대로 가는 것이 아닌, 평교사들의 치열한 토론과 정보 탐색으로 계획에 의해 진행되는 것이었다. 그러니 선배 교사들은 '일주일에 한 번씩 서는 당직쯤이야, 교과교사와 담임교사 겸임쯤이야, 동아리 교사와 전일제 담당교사쯤이야.'로 여길 수 있었던 것이었다.

나 또한 일 년여의 시간을 통해 대안학교 체육교사로, 대안학교 담임교사로, 대안학교의 당직교사로, 대안학교의 동아리 교사로의 역할을 모두 감당하는 멀티플레이어로 변모(變貌)하고 있었다.

선배 교사: 정규 쌤. 지리산 조끼 좀 챙겨주세요.
나: 네! 준비하시는 데 힘드시죠? 제가 도움이 좀 되어야 할 텐데.
선배 교사: 4번째라 힘든 건 없어요.
나: 수업도 하시고, 부장 업무도 많으실 텐데요?
선배 교사: 정규 쌤도 좀 지나면 다 할 수 있어요. 대단한 일이 아니에요. (웃음)

(I201208. 교무실에서 선배 교사와 대화)

시간이 지나면 다 할 수 있다는 말이 두렵기도 하고, 믿어지지도 않았다. 하지만 시간이 조금이 흐르니, 그 뜻이 무엇인지 알게 되었다. 나의 삶이 대안학교 교사로, 체육교사로 수렴되는 것 같다.

다) 대안체육수업으로의 변화

몇 년 되지 않는 기간제 체육교사의 경력이었지만 나름의 체육교육 철학이 있었던 나에게, 흔들림을 주었던 여러 교육적 사건에 의해 나를 돌아보고, 주변 수업들을 펼쳐보는 시기를 거쳤다. 제일 힘들었던 부분은 나의 부족한 부분을 객관적 시선으로 바라보는 일이었다.

> 과연 체육에 대해 알고 이야기하는 것인가? 체육은 아이들에게 체육을 사랑하게 만들고, 졸업 후 사회에 나가서도 체육을 즐겁게 하게 만드는 것이 목표인데, 왜 자꾸 무작정 뛰어야만 한다고 하는 것인가?
>
> (T201006, 교사성찰일기)

대안학교 체육교사 초임 시절의 성찰일기는 대부분 나의 잣대로 상대의 의견을 논리적으로 뭉개고 싶은 심정으로 가득 찼다. 물론 그때의 이야기가 개똥철학이었다고 치부하지 않는다. 맞는 이야기이나 나의 단점을 겸허히 받아들일 수 있는 넓은 마음이 부족했다. 너도 맞고, 나도 맞는 철학, 두 개의 철학을 융합하면 더 큰 에너지가 나올 것이라는 생각을 하지 못한 것이다.

> 작년의 성찰일기를 보았다. 억울함과 인정해주지 않는 것에 대한 섭섭한 마음이 가득 차 있었다. 지금 그 마음이 전혀 없다는 것은 아니나, 1년간 대안학교, 선배 교사, 아이들을 보며 그들의 생각도 맞고, 나의 생각도 맞다는 접점을 조금씩 찾는 느낌이다.
>
> (T201106, 교사성찰일기)

같은 재단의 동 교과교사가 뒤에서 하는 이야기가 꼴사나웠다. 뒤에서 이야기하는 무례함은 나에게 '더 잘 가르치겠다'는 의지를 불타게 해주었다. 그때 동 교과교사는 학교 밖에서 수영 수업을 하는 모습을 보았다. 사실 학교 밖 수업이 쉽지 않다. 지역 시설을 사용하기 위해서는 시장 조사를 하고 허락을 받아야 하는 행정 부분도 있었으며, 예산도 확보해야 하는 어려움도 있었기 때문이다. 하지만 난 조금씩 그 '동 교과 선생님의 생각도 맞고', '내 생각도 맞다'는 접점을 찾아가고 있었다. 합집합이 될 수 없지만, 교집합은 가능하다고 생각했다. 그 가능성은 대학생 때 볼링 전공의 특기를 살려 정규 수업시간에 아이들에게 볼링을 가르치는 것으로 실현됐다. 그에 따르는 행정적 어려움이 있었으나 조금씩 나의 체육수업의 철학이 정리되는 기쁨에 그 어려움은 아무것도 아닌 것이 되었다.

라) 학생과의 신뢰 형성

수업시간에 땡땡이를 치는 아이, 선생님께 반항의 목소리를 드높이는 아이, 학교규정의 반대로만 행동하는 아이를 자세히 보니, 어릴 적 어른에게 상처받은 아이, 어른에게 믿음이 깨진 아이, 하고 싶은 일이 있었으나 세상의 논리로 억눌려 있던 아이였다. 그들은 이러저러한 상처로 뚜렷했던 색이 바래서 자기의 색을 내지 못하고 있었다. 그들을 자세히 보니 내 눈엔 아직은 희미하지만 분명히 무지개색으로 보였다.

나: 요즘 ○○기 아이들이 너무 이뻐 보여.

아내(선배 교사): 내가 그랬지? 당신 작년에 힘들어할 때 분명 아이들은 알아갈수록 이뻐진다고 했잖아요.

나: 그랬나? 그때 감정에 휩싸여서. (웃음)

아내(선배 교사): 시간이 걸리는 거 같아. 우리 해민이 낳기 위해 열 달을 배 속에서 키웠듯이, 아이들도 열 달은 키운다고 생각해야 되는 것 같아.

나: 열 달의 법칙이네. (웃음)

(I201107, 집에서 아내(선배 교사)와 대화)

그랬다. 열 달 동안은 먹고 싶은 커피나 매운 김치 등도 참고, 아파도 약을 먹지 않고 끙끙거리며 이겨내야 이쁜 아이를 낳는 것처럼, 우리 아이들이 이쁘게 크기 위해선 교사들의 끙끙거림의 열 달이 필요했다.

어느 날, 귀여운 사고뭉치 현동이가 밤에 뜬금없는 메시지를 남겼다.

저 선생님이 너무 좋아요. 감사해요.

(I201111, 학생 문자)

현동이는 날 열 달 동안 끙끙거리게 만든 아이다. 부모님과 어려움이 많았던 현동이는 자신의 이야기를 진심으로 들어주고,

아파해주었던 내가 좋았던 것이다. 나 또한 현동이가 좋았다. 아니 좋아졌다. 이러한 현동이는 나의 체육수업을 제일 열심히 들어주었다. 우리 학교 교사들은 "아이들이 수업을 듣는 게 아니다. 들어주는 것이다."라고 말하곤 했다. 다시 말해서 아이들이 선생님과의 관계성 때문에 수업을 '의리'로 들어준다는 것이다. 내가 아이들의 색을 부정하지 않고, 희미하게나마 색을 바라봐 주었을 때 아이들은 진짜 내 체육수업을 잘 따라 해주고, 들어주는 것 같았다.

나. 구성

대안학교 체육교사 정체성의 두 번째 과정인 구성(構成)이란? 교육심리학의 구성주의에서 차용하였다. 구성주의란 '인간이 자신의 경험으로부터 지식과 의미를 구성해낸다.'라는 뜻(곽영순, 2001; 조규락, 2003)이며, 연구자가 대안학교에서 체육교사의 삶을 3년간 살아오면서 의미 있는 경험이 모여 정체성이 '구성'되었다는 의미로 구성의 용어를 사용하였다. 즉 해체의 과정에서 혼돈되고 흩어져 있던 경험과 대안학교와 그 구성원들을 탐색하며 생긴 경험이 체계적으로 구성되었다는 의미로의 구성이다. 기간이 명확히 분절되어 있지 않지만, 대략 4년에서 7년의 대안학교 교사 경력의 상태에서 형성된 정체성이다. 구성 시기를 이룬 주요 경험은 내가 잘하는 것의 탐색으로부터 새로운 수업과 색다른 수업에 도전했던 경험과 배움과 수업의 열정이 뜨거웠던 경험, 마지막으로 수동적으로 탐색했던 대안학교 체육교사가 아닌 주체적으로 대안학교에서 체육문화를 형성하기 위해 고군분투한 것이다.

1) 대안체육수업 도전
가) 도전 전 나의 탐색

어릴 적에는 운동을 좋아하는지, 잘하는지를 스스로 깨닫지 못했다. 경쟁 속에서 승리를 맛본 후 운동을 좋아하고, 잘한다는 사실을 알게 되었다. 그리고 운동을 전공할 수 있을 만큼의 재능이 있다는 사실도 스스로 판단하고 결단한 것이 아닌 동네에서 우연히 만난 무명의 체육 선생님 덕분이었다. '난 이걸 잘하는 사람이야. 난 이것만큼은 누구보다도 잘할 수 있어.'라는 생각을 한 적이 없다. '사랑하라. 배려하라.' 등의 가르침이 있는 기독교 문화에서 자라서일까? 아니면 형의 재능에 눌려 무엇이든 잘한다는 지지와 감정을 느껴보지 못해서일까? 내가 무엇을 잘하고 좋아하는지에 대해 깊이 생각해보지 않았고, 오히려 나는 잘하는 것이 없다고 단정하고 지낸 적이 많았다. 대안학교 체육교사의 삶을 2년여 간 살아온 그때도 마찬가지다. 마음속에 뭔가 아쉬움이 가득했다. 특히 수업 부분에서 내가 가지고 있는 역량을 발휘하고 있지 못하는 것 같았다.

이 공간, 두레에 적응하기 바빴다. 나를 바라보기보다 두레, 선생님, 아이들을 바라보기 바빴다. 나에게 기대하는 바를 쏟아내는 그들에게 맞춰 살기 바빴다. 학교에서 체육교사의 역할, 선생님들의 신규교사에 대한 기대, 아이들의 젊은 선생에 대한 기대. 내가 무얼 잘하는지? 나의 잘함을 통해 아이들의 성장을 어떻게든 이끌어낼 수 있지 않을까? (중략) 오늘은 14기 아이들을 보면서 잘 키우고 싶다는 생각을 했다. 3년의 노하우를 가지고 아이들을 잘 성장시키고 싶다.

(T201303, 교사성찰일기)

2013년, 신입생 담임이 되면서 각오가 남달랐다. 이 아이들을 3년간 데리고 가야 하는데 (보통 한 번 담임을 맡으면 3년을 데리고 가는 것이 우리 학교의 특징이기도 하다.) 두렵기도 했지만 설렜다. 그리고 이젠 수업도 담임교사의 역할도 안정적으로 잘하고 싶었다. 그래서 어릴 적 기억을 끄집어내어 내가 잘하는 것을 찾기 시작했다. 운동과 성향 측면으로 찾을 수 있었다. 운동에서는 구기종목 대부분을 좋아했고, 중고생을 가르칠 만큼 잘하기도 했다. 그리고 새로운 종목에 대해 거부감을 느끼지 않았다. 도전하고 싶었고, 배워서 잘해보고 싶은 마음이 컸다. 성향 측면에서는 아이들에게 친근하게 다가갈 수 있는 장점이 있었다. 아이들의 이야기를 잘 들어주며, 내 경험에 비추어 이야기해주기를 좋아했다. 권위 내세우는 것을 좋아하지 않았고, 아이들의 질문을 귀찮아하지 않았다. 그렇다면 내가 좋아하고, 잘하는 재료를 가지고 어떤 요리를 할 수 있을까를 고민하기 시작되었다.

나) 새로운 수업의 도전

나: 이렇게 던지면 다쳐. 그리고 앞으로 절대 다니면 안 돼!
아이들: 네.
나: 손 모양은 이렇게 하는 거고, 팔을 끝까지 펴야 해!
아이들: 선생님, 근데요, 이거 맞으면 죽어요? 죽은 사람 있어요?
나: 어, 죽어. 죽어. 그러니깐 절대 그리로 다니면 안 된다.

(I201404, 수업시간에 아이들과 대화)

수업에 대해 고민하던 중 아이들에게 새로운 종목을 경험하도록 해주고 싶었고, 실천해보았다. 첫 번째 종목은 '창 던지기' 수업이었다. 대학교 육상시간에 배운 기억을 더듬어 아이들에게 자세를 가르치고, 유의사항을 설명해주었다. 아이들은 흥미로운 물건 '창'에 대해 깊은 관심을 보였으나, 그 관심은 얼마 가지 않아 '창 맞으면 죽느냐? 창 맞고 죽은 사람이 있냐?'로 옮겨졌다. 새로운 수업 도전의 의도는 좋았으나, 왜 이 수업이 필요한지에 대한 깊은 고민이 없어서 생긴 실패였다. '새로운'이라는 수업에 방점을 찍고 준비한 탓에 교육적 의미는 부실하여 '실패'라는 단어를 만나게 되었다.

두 번째 도전은 뉴 스포츠였다. 말 그대로 새로운 스포츠에 도전하였다. 공간의 협소함을 극복할 수 있었고, 고등학생이지만 정식 스포츠로 가기에 기능적으로 부족한 아이들에겐 적합한 수업이었다. 처음 시도한 종목은 플라잉 디스크로 하는 '얼티미트' 종목과 '인디아카' 종목이었다. 축구, 농구의 변형게임 정도가 되는 '얼티미트', 배구의 리드 업 게임 '인디아카'는 아이들에게 상상 이상의 반응을 이끌었다.

나: 중호! 안녕!

중호: 선생님! 저 수요일만 기다려요. '얼티미트'는 절 위한 스포츠 같아요.

나: 맞아. 중호 진짜 잘하더라. 선생님이 한 수 배워야겠어.

종호: 제가 시간 좀 내볼게요. (웃음) 그리고 웬만하면 수요일은 땡땡이 안 치려구요.

(I201210, 쉬는 시간에 중호와 대화)

첫 실패를 뛰어넘기 위해 교육적 목표를 명확히 하고 시작하였다. 기존의 체육은 기능이 뛰어난 아이들의 시간이었다. 학창 시절엔 분명 그랬다. 난 체육에 대한 이미지가 좋다. 왜냐면 체육 선생님께서 공을 나누어주면 그 이후 시간은 나와 운동 잘하는 몇 명 친구만의 시간이었기 때문이다. 그리고 공부를 잘하는 소위 '범생이과' 아이들과 햇빛을 싫어하는 몇 명의 친구는 나무 그늘에서 수다 파티를 즐기는 시간이 체육시간이었다. 나에겐 즐거운 기억의 체육시간이 다른 이들에겐 의미 없는 시간이 된다는 사실을 깨달았고, 내가 주체하는 체육시간에 그런 이분법적이고, 모순적인 기억을 심어주고 싶지 않았다. 그래서 모두가 행복을 누리며 즐기는 체육시간을 만들고 싶었다. 그 생각을 이뤄줄 수 있는 종목은 뉴 스포츠였다. 뉴 스포츠는 남학생과 여학생을 하나로 묶어주며, 기능이 높은 아이와 기능이 낮은 아이가 어울려 한 목표를 가지고 열심히 할 수 있도록 만들 수 있는 종목이었다. 하지만 종목규칙을 있는 그대로 적용하게 되면 여전히 기능이 좋은 아이들의 전유물이 되었다. 중호의 경우 키가 컸다. 중호가 '길호야! 던져!'라고 길호에게 말해서 잘 던지는 길호가 중호에게 던져주면 1점 획득이라는 공식이 만들어지게 되었고, 나머지 같은 팀 6명은 허수아비가 되는 꼴이었다. 그래서 '여학생을 무조건 거치고 득점해야 인정' 또는 '모든 팀원을 한 번씩 거치고 득점해야 인정'이라는 조건을 부여하여 뉴 스포츠의 약점을 채워나갔다. '인디아카'도 마찬가지다. 여학생이 스파이크 시 2점 또는 3점을 부여하면 아이들이 서로 여학생에게 패스하는 양상을 보였으며, '한 번에 넘기면 1점, 두 번에 넘기면 2점, 세 번에 넘기면 3점'이라는 식으로 같은 팀원이 많이 참여할수록 점수를 높이는 규칙으로 수정하기도 했다.

이 외에도 '실패하지 않으면서 성공하는 게임은 없을까?', '스코어 차이가 없는 게임은 없을까?', '모두가 협동하는 게임은 없을까?', '운동 기능이 낮아도 함께 참여할 수 있는 경기는 없을까?', '보다 안전한 게임은 없을까?'라는 고민을 했다. 140년 전에 한 캐나다 체육교사 '퀘백'이 고안하여 만든 '킨볼'은 우리 아이들에게 적합한 뉴 스포츠였다. 그리고 음악 교과와 융합할 수 있는 '컵 난타'로 아이들의 정서를 긍정적으로 변화시킬 수 있는 가능성을 보았고, TV 프로그램 중 '런닝맨'과 럭비 변형게임 '플래그 풋볼'을 접목해 즐거운 체육수업을 경험하기도 했다. 목표를 명확히 하고 과감히 던질 수 있어야 하는 '디스크 골프' 수업, 뛰는 즐거움과 배려심을 배우기 위한 '배려 셔틀런' 등 새로운 수업에 도전하고, 실천했다.

다) 색다른 수업의 도전

나: 교감 선생님, 이번 교육청 지원금으로 체육과에 게임기 사주세요.

교감: 기숙사에서 아이들 복지로 놔두려고?

나: 아니요. 제가 체육 시간에 사용하려고 해요.

교감: 체육 시간에?

(I201402. 교무실에서 교감과 대화)

게임기(닌텐도 wii)가 사고 싶었다. 어릴 적 게임기를 가진 친구를 부러워했던 것에 대한 보상심리로 사려고 한 게 아니다. 나름 고민한 체육수업이었다. 현실적으로 경험하지 못하는 종목들(권투, 카누, 테니스, 양궁, 웨이크보드, 골프 등)을 가상현실에서나마 경험시키고 싶었던 마음에서였다. 가상현실의 경험이 즐거운 경험으로 바뀌고, 즐거운 경험이 졸업 후 그 종목을 스스로 찾아서 하고자 하는 마음으로 변화되길 바라는 간절한 마음이었다.

나: 상영 쌤! 권투 시합 한 번 하고 가세요.
학생부장: 웬? 권투 시합이요?
나: 이번에 wii 게임기를 구입했어요.
학생부장: 그래요? 한 번 해봐야겠네요. (웃음)

(l201404, 복도에서 학생부장과 대화)

학생부장 선생님은 흔쾌히 강당으로 와주셨고, 평소에 사고 많이 치는 아이들 중에 학생부장 선생님과 자주 만난 철기가 손을 번쩍 들었다. 그리고 "선생님, 제가 상영 쌤과 해보고 싶어요."라며 현실에서 받은 스트레스를 가상현실에서 풀고자 했던 것이다. 아이들은 흥미진진한 표정으로 경기를 보았고, 열띤 응원을 하며, 즐거운 시간을 보냈다. 학생부장 선생님도 넓은 아량을 소지하고 계셨기에 아이들의 치기 어린 행동도 즐겁게 받아들여 주셨다. 이후에도 수업 도입 부분에서 스포츠에 대한 흥미를 끌어내기 위해 10분 정도 진행했다. 하지만 여기까지였다. 실패한 수업이었다. 즉, 아이들의 환경과 상황을 정확히 파악하지 못한 것이다. 아이들은 초등학교 때부터 이런 스포츠게임을 많이 경험했었다. 나와 몇 명의 친구를 제외하고는 이미 wii 게임기를 가지고 있거나 친구와 게임을 한 경험이 있었다. 따라서 경험한 친구는 많이 해봐서 흥미가 떨어졌고, 처음 하는 친구는 잘하는 친구와 하니 흥미가 떨어졌다. 그리고 최대 4명만 참여하다 보니 다른 아이들의 실제 학습(체육) 시간이 적었다. 여러 이유로 한 학기 만에 wii 게임기는 기숙사 및 학생자치 행사용으로 전락하고 말았다.

하지만 포기할 수 없었다. 뭔가 대안학교 체육수업의 색다름을 나타내고 싶었다. 그때 문득 머릿속에 '북청사자놀음'이 떠올랐다. 그래도 고등학교 시절 전국탈춤경연대회 출전까지 했기에 자신 있었다. 하지만 혼자서 많은 역할을 가르칠 수 없기에 북청사자놀음 회관의 도움을 받아 강사 선생님이 우리 학교에 와주셨다.

> 아이들이 좋아할까? 대사 외우기, 반복되는 춤사위, 의미 없어 보이는 반복된 동선 외우기가 지금 아이들에게 도움이 될까? 내가 하고 싶어 했기에 그 인내의 시간을 버티게 해주었다면 아이들에게 어떠한 '동기부여'를 해주니? 교장 선생님께 말씀은 드려놨으나 자신이 없어지네….
>
> (T201303. 교사성찰일기)

처음엔 아이들이 나의 관계성 때문에 그런지 열심히 배웠다.

"선생님! 사자탈 속에 들어가니 신기해요."라며 탈에도 관심을 보였고, 함경도 말투 때문인지 아이들이 신기해하고 깔깔대며 대사를 연습했다. 그것도 잠시, 예상된 문제가 그대로 현실이 되었다. 아이돌의 안무처럼 멋있지 않기에 반복되는 춤사위에 지쳐서 앉아 있는 아이들, 함경도식 말투 때문에 쑥스럽고, 폼이 나지 않아서 하지 않는 아이들, 한두 번 해버리고 마는 동선 외우기 등 나도, 아이들도, 강사 선생님도 지쳐만 갔다. 그렇게 무엇이든 도전하고 싶은 나에게 색다른 수업의 도전은 좌절과 희망이라는 두 가지를 보게 하였다.

수업을 향한 새로운 도전에 대한 관리자의 인정이었을까? 일명 '패러다임 쉬프트 상'. 체육수업에 대한 새로운 도전을 처음엔 탐탁지 않게 여기셨던 교장 선생님께서 4년 차에 들어서는 시기에 주신 상이다. 상장에 쓰여 있는 "학생들에게 체육수업이 재미없고 하기 싫은 것이 아니라 신나고 즐거운 활동이라는 것으로 인식시켜 주었다."라는 문구는 내 안의 열정을 솟구치게 하였다.

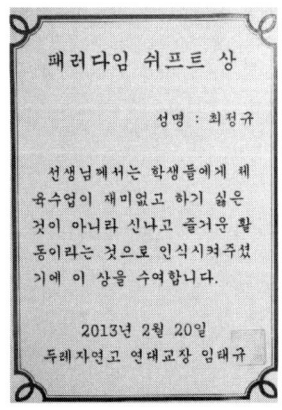

(Cet201302,
패러다임 쉬프트 상장)

2) 체육수업 전문성과 열정

가) 배움을 통한 열정

색다른 수업에 도전하며 본 두 가지, 좌절과 희망 중 난 희망에 눈을 돌렸다. '수없이 도전하다 보면 몇 개는 건지겠지.'라는 생각이었다. 온라인으로 배울 수 있는 수업 아이디어와 수업내용은 방과 후 시간에 짬을 내어 수강했고, 기존에 경험했던 종목은 우리 학교의 실정에 맞게 다듬어 사용하였다. 정말 하고 싶었던 영역이 있었다. 춤이었다. 전통 표현영역이 아닌 현대 표현영역의 장르를 배워보고 싶었다. 2013년 여름 '큰맘' 먹고 한국라인댄스협회에서 주관하는 연수에 일주일간 참여했다. 연수 첫 날 흑석동 모 초등학교 강당에 들어갔을 때 느낌이 싸했다. 왠지 잘못 들어온 느낌이었다. 주변에서 쳐다보는 눈빛이 이상했다. '30대 초반의 그것도 남자 선생님이라니!'라는 눈빛이었다. 순간 '아, 이래서 남교사들이 표현활동을 가르치는 데 한계가 있구나.'라는 억지 논리를 펴며 살며시 뒤돌아서는데 "선생님, 안녕하세요. 선택 잘하셨어요."라는 소리가 들려옴과 동시에 연세 지긋하신 두 여선생님께서 내 앞을 가로막으셨다. 젊은 남교사의 춤에 대한 의지에 놀라움을 한껏 담은 목소리로 밝게 맞아주셨다. 멋쩍은 웃음을 내어 보이며, "네…. 안녕하세요."라고 인사했고, 첫 날 맨 뒤에 서서 기초 스텝과 초보자용 안무를 배우는 둥 마는 둥 하며 8시간의 연습을 마쳤다.

나: 여보, 춤은 내 성향상 안 맞는 것 같아.

아내: 당신 노래 잘하니깐 박자에 맞춰서 잘할 것 같은데.

나: 어헛! 무슨 소리.

아내: (웃음) 그래도 이왕 연수비 낸 거 끝까지 하는 게 어때요?

(I201301, 집에서 아내와 대화)

연수비 8만 원을 냈지만, 30명 중 여선생님 29명 속에서 춤을 추고 싶지 않았다. 연수 둘째 날, 눈은 떠졌으나 가고 싶지 않았다. 수많은 수업내용 중에 댄스는 안 가르쳐도 된다는 생각이 들었다. 점심 즈음 카페에서 이런저런 일을 하고 있던 중 재학생에게 전화가 왔다.

원희: 선생님, 방학 잘 보내고 계시죠? (웃음)

나: 그럼. 원희도 잘 지내지? 더운데 감기 안 걸린 건 아니지? (웃음)

원희: 제가 유행에 민감하잖아요. 한 번 걸려 줘야줘. (웃음)

나: 방학 때 공부하기 바쁠 텐데, 어인 일로 전화를 하셨을까?

원희: 방학 때 쌤네 놀러 가도 돼요?

나: 그래. 언제든지.

원희: 알겠습니다. 사랑이랑 같이 갈게요. 근데요. 선생님 1학기 체육수업 때 뭐해요?

나: 음… 체육은 열정이잖아. 열심히 준비하고 있어.

원희: 그니깐 알려주세요.

나: 라인댄스라고 기막힌 춤이 있는데, 너희를 춤의 세계를 빠져들게 해줄게.

(I201301, 카페에서 학생(원희)과 무선통화)

무의식적으로 '라인댄스'라는 단어가 튀어 나왔다. 아마 원희에게 '난 방학 때, 놀지 않고 너희를 위해 뭔가 하고 있는 멋진 교사다.'라는 것을 보여주고 싶었던 것이다. 수업시간에 "수업은 열정이다. 나도 수업을 열정으로 준비해올 테니, 너희들은 수업에 열심히 임하고자 하는 열정을 준비해서 가지고 와야 해."라고 떠들어대던 생각이 나서 그랬을 것이다. 일단 말을 뱉어 놨으니 어떻게든 실행에 옮겨야 했다. 춤의 세계로 들어가긴 싫었으나 다음 날 일찍 일어나 참 교사가 되고 싶은 욕심에 발걸음을 옮겼다. 해보니 첫날만 쑥스럽고 남의 눈치를 봤지 2, 3일이 지나니 내 스텝 보기 바빴고, 안무 외우기 바빴다. 그렇게 난 조금씩 춤의 세계로 빠지게 되었다.

그렇게 일주일이 금방 지나갔고, 연수에서 만났던 어느 선생님의 추천으로 바로 그 다음 주에 대한라인댄스협회에서 진행하는 교원연수를 알게 되었다. 그 연수가 고등학생 대상으로 가르치기에 더 좋다는 이야기를 들었고 난 바로 등록하였다. 이곳도 마찬가지로 연수생 40명 중 39명이 여선생님이었다. 하지만 일주일 동안 춤의 세계에 입문한 나에겐 큰 문제가 되지 않았다. 40시간 동안 아이들에게 가르쳐줄 라인댄스를 기대하며 열심히 배웠고, 강사 자격증도 취득하게 되었다. 무엇이 부끄럼쟁이인 나를 춤까지 추게 했을까? 도전하고자 하는 마음과 열심도 있었지만, 아이들에게 부끄럽지 않은 교사가 되고 싶다는 생각이 가장 큰 동기부여가 된 것이다.

나) 체육수업에 대한 열정

그 후 난 아이들에게 라인댄스 수업을 하기 전에 꼭 들려주는 이야기가 있다. 1차원적인 동기부여지만 가식적이지 않은 나의 이야기를 들려주는 것이다. 특히 남학생들에게 하고 싶은 이야기였다. "선생님도 처음 연수장에 갔을 때 도망치고 싶었고, 하루를 빠지기도 했다. 하지만 하루, 이틀 해보니 음악을 들으며 나의 몸을 움직일 때 느끼는 에너지와 감정은 말로 표현할 수가 없었단다. 선생님이 느꼈던 감정을 정말 너희들도 함께 느끼길 바라. 3시간 이상 수업을 진행했는데도 너희들이 부끄럽고, 의미가 없다고 느끼면 나머지 시간은 모두 자유시간으로 줄게." 아이들은 '뭐길래 이렇게까지 이야기하시나?'라는 표정으로 쳐다보았고, 자기들이 손해 보는 장사가 아니라고 생각했는지 순순히 따라주었다. 그 이후의 반응은 기대 이상이었다. 그리고 즐거운 시간을 보내는 것 이상의 어마어마한 신체활동량을 주었다. 어느 날, 특전사에 가고 싶어 한 고3 아이가 여자친구와의 문제로 힘들어할 때였다. 난 그 상황을 인지하고 있었기에 "힘들면 쉬어라."라고 배려해주었지만, 하고 싶다는 예상 외의 답변이 돌아왔다.

> 운기: 선생님, 힐링의 시간이었습니다.
> 나: 응?
> 운기: 라인댄스가 마음의 힐링을 주는 시간이었어요.
> 나: 정말? 다행이다.
> 운기: 아무 생각 없이 음악 들으며 춤을 추면 기분이 좋아져요.
>
> (I201509, 강당 앞에서 학생(운기)과 대화)

턱걸이를 좋아하고, 헬스를 좋아하던 운기의 이야기는 충격이었다. 여러 가지 원인을 생각해보았다. 교사와의 관계성 때문에 이런 반응이 나왔을 수도 있고, 원래 춤을 좋아하는 아이일 수 있다. 하지만 난, 춤에 대한 '열정'이 아이들에게 전달되었다고 생각한다. 즉 내가 라인댄스 '안'으로 빠져들어서 그것의 '즐거움'을 느꼈던 그 감정이 아이들에게도 전달되었기 때문이라고 생각한다.

그리고 대학교 1학년 때 전공했던 볼링도 아이들에게 가르쳐주고 싶었다. 스트라이크가 들어갈 때의 시원한 느낌은 볼링만이 줄 수 있다. 그래서 같은 재단 중학교에서 정규 체육 시간에 외부 수영장을 빌려 진행하는 것에 착안하여 인근 볼링장 섭외를 시도했다. 하지만 외부시설을 섭외한다는 것은 쉽지 않은 일이었다. 아무리 볼링 수업에 대한 좋은 취지를 사장님께 말씀드려도 사장님께서는 수업으로 사용할 수는 없다고 하시며 두 가지 이유로 거절하셨다. 첫째, 우리는 야간에 장사하기에 오전에 문을 열지 않는다. 오후 2시에 여는데 학교 측에서 가능하겠는가? 둘째, 그 학교 아이들이 오면 볼링비로 버는 것보다 레인이 망가져서 손해가 크다. 어쩔 수 없이 학교로 돌아왔다. 다음 날 저녁에 볼링장을 방문하였다. 어제 만난 사장님의 아들분이셨다. 다시 그분께 볼링 수업을 꼭 하고 싶다는 강렬한 의지를 보여드렸다. 부모님과 상의를 해보겠노라는 답까지 받고 다시 학교로 돌아왔다.

선생님. 수업에 대한 열의에 저희 가족이 감동했습니다. 수업하실 수 있도록 열어드리겠습니다. 하지만 너무 이른 아침은 피해주세요. 날짜가 잡히면 연락주세요.

(I201311, 볼링 사장님과 문자 내용)

나중에 사장님과 친해져서 말씀해주신 내용은 이러했다. '굳이 수업하러 여기까지 왜 오려고 하지? 수당 받나?'라는 생각에 곱지 않은 시선으로 보셨다고 한다. 그래서 가족회의를 하신다고 했던 그날 사실 친척 중 교장 선생님이 계셔서 전화를 해보셨다고 한다. 그 교장 선생님께서 '열심히 하는 체육 선생인 것 같다. 도와줄 수 있으면 도와주라.'는 말씀을 하셔서 결심하게 되었다는 후일담을 들려주셨다. "하늘은 스스로 돕는 자를 돕는다."

라고 했던가. 기분 좋은 교육적 사건이었다.

난 아이들에게 체육 시간에 체육복 입으라는 이야기를 하지 않는다. 매번 열정을 가지고 오라고 이야기한다. 열정이 있다면 체육복을 준비해서 올 것이고, 수업에 대한 기대감을 가지고 올 것이기 때문이다. 그래서 그런지 우리 아이들에게 '열정'이라는 단어는 인이 박혀 있다. 체육수업에 대한 열정은 나로부터 아이들에게 흘러갔다.

체육은! 열정이다! 정~규!

(I201603, 2학년 두레반 인사 구호)

아이들에게는 내가 '체육'이고, 내가 '체육수업'이며, 내가 '체육수업의 열정'이었다. 내 열정이 식지 않는다면 계속해서 아이들에게 체육의 열정을 심어줄 수 있지 않을까?

3) 주체성으로 대안체육문화 조성
가) 입시체육반 만들기

진수: 선생님, 저 체육하고 싶어요.
나: 응? 하고 있잖아?
진수: 아니요. 선생님처럼 체육교사요.
나: 왜?

진수: 아무리 해도 이 길이 저의 길이에요. (웃음)

나: 다시 생각해보고, 부모님이랑 이야기도 나눠봐.

진수: 이야기했어요. 딴 시간보다 체육 시간에 제가 펄펄 날아요. 체육이 적성에 맞는 거 같아요.

(I201311, 교무실에서 학생(진수)과 대화)

열정적인 수업은 아이들에게 체육에 관한 관심을 갖도록 도왔다. 대안학교에 발을 들였을 때 혼돈의 시기였지만 그 속에서 고민하고, 진지한 탐색의 시기를 거쳐 수업 환경과 수업내용과 방법, 아이들을 있는 그대로를 인정하고 수렴하는 시기를 거쳤다. 이러한 시기들이 토대가 되어 도전과 열정으로 체육수업에 임하다 보니 체육으로 전공하고자 하는 아이들이 늘어갔다. 원희가 자기 말고도 자기 학년 아이들 4, 5명이 있으니 운동을 알려달라고 하였다. 체육수업의 양을 늘리고, 질을 높이는 데만 관심이 있었던 나에겐 큰 고민거리가 생겼다.

행복한 체육수업을 통해서 아이들이 체육을 사랑하게 만들고 싶었다. 체육을 사랑하는 아이들이 생기니, 전공하고 싶어 하는 아이들이 늘어난다. 그 아이들에게 내가 무엇을 해줄 수 있을까? 입시 체육 운동을 체계적으로 해보지 않은 내가 아이들을 잘 가르칠 수 있을까? 못하겠다고 하고 사설 학원에 보내는 게 맞는가?

(T201311, 교사성찰일기)

소위 말하는 입시학원에 다니지 않고, 혼자 운동했던 나에게 입시체육반을 만든다는 건 두려운 일이었다. 나는 스스로 스케줄을 짜고 운동했기 때문이다. 그리고 또 하나의 두려움은 아이들에게 체육 전공을 하도록 지지해주는 것이 맞는지 의문이 들었다. 주변에 체육을 전공했지만 젊을 때 강사의 삶을 살다가 다른 직업을 찾는 경우가 많고, 체육을 가르치는 사람들에 대한 처우가 그리 좋다고 판단하지 않았기 때문이다. 계속 고민만 할 순 없었다. 그래도 결자해지(結者解之)한다는 마음이 커져 소소하게 아이들과 입시 운동을 시작했다. 그리고 입시체육반을 성공적으로 운영하셨던 선생님의 책을 사서 공부하기도 하고, 입시체육학원 선후배들에게 연락하여 묻기도 하였다.

어느 정도 내 머릿속에 입시체육에 대한 정리가 된 후 아이들을 어떻게 지도해야겠다는 계획을 세웠다. 그리고 주체적으로 지도하기 시작했다. 6개월간은 기초체력을 만들어주고, 6개월간은 많은 대학에서 공통적으로 시험에 나오는 입시 종목을 몇 가지 뽑아 기술 및 종목에 맞는 기초체력을 다지게 하였다. 문제는 아이들과 만나는 시간이 적었다. 나도 학교에서 멀티플레이어를 감당해야 하고, 아이들도 방과 후 시간에는 동아리 활동과 학업을 이어가야 했기 때문이다. 특단의 조치를 하지 않으면 입시체육반이 친목 단체로 변질될 가능성이 커졌다.

나: 얘들아, 오늘 선생님이 중대한 발표 하나 할게.

아이들: 네?

나: 아니. 너희들이 뭘 원하는지 알았고, 얼마나 체육을 하고 싶어 하는지 알았으니 방법을 알려주려고 해. 어떻게 하면 체육교사가 될 수 있는지?

아이들: 진짜요? 우와!

나: 잘 들어봐. 우리가 이렇게 만나서 운동하는 시간은 일주일에 한 번이야. 한 번으로 운동이 는다는 건 거짓말이지? 그래서 아침 일찍 강당에 나와서 계획에 따라 자기주도적 운동을 했으면 해.

아이들: 아침에요?

나: 강요할 수 없고, 선택이지만 아침 운동을 한 친구에게는 분명 다른 결과가 있을 거야. 내가 경험자야.

아이들: 네.

(I201404, 강당에서 아이들(입시체육반)과 대화)

8명의 입시체육반 아이들 중 아침 운동에 나오는 학생은 3명이었다. 하지만 나오지 않는 학생들도 나름 점심시간, 방과 후 시간에 자신만의 계획을 세워 운동을 진행했다. 중간중간 운동을 알려주고, 운동계획을 점검하며 입시체육반을 진행해 나갔다. 아이들의 요청으로 입시체육에 대한 고민을 시작하게 되었고, 아이들이 체육을 사랑하여 생긴 일이므로 행복한 결자해지(結者解之)의 마음으로 입시체육반을 만들게 되었다. 이는 대안교육에서 나의 영역을 확장한 첫 사건이었다.

나) 체육수업 축제화

수업을 진행하면서 공허함이 있었다. 수업만으로 채워지지 않는 부분을 채워가고 싶었다. 대회를 경험하며 체육의 세계로 깊이 들어갔던 나이기에 더욱 그러했다. 하지만 대회를 만들어야 한다는 당위성과 필요성도 알았지만 뭔가 영역을 확장하는 것이 부담으로 느껴졌다. 뭔가 지금의 것(체육수업과 대안학교에서의 생활 등)을 단단하게 만들고 싶었고, 확장을 통해 허물어지지 않을까 하는 두려움이 내 몸을 휘감았기 때문이다.

> 남자 아이들: 선생님. 기숙사 풋살대회 만들어주세요.
> 나: 응? 갑자기?
> 남자 아이들: 지금 기숙사에서 난리예요. 선배님들, 후배들 모두
> 　　　　　　편 먹고, 리그전 같이 진행하는데 너무 재밌어요.
> 나: 바닥이 시멘트라 위험하지 않을까?
> 남자 아이들: 까지기밖에 더하겠어요. (웃음)
>
> (I201408, 학교 복도에서 남자 아이들과 대화)

아이들은 기숙사 앞마당에 농구대가 있는 시멘트 바닥에서, 점호를 마친 후 자기들끼리 선후배가 뒤섞여 풋살을 곧잘 했다. 내가 최근 고민했던 대회와는 결(수업과 방과 후)이 달랐지만, 아

이들의 요구에 왠지 모를 기대감을 갖게 되었다. 교육은 아이들이 원할 때, 공부도 아이들이 원할 때 교육환경이 적절하게 제공된다면 그 효과는 평소보다 극대화된다는 사실을 알고 있었기에 기대감이 들었을 것이다. 풋살대회위원으로 몇 명을 선출하고 나와 대회 개최를 위한 회의를 진행하였다. '홍보 영상을 만들고 싶어요.', '서포터즈, 응원 등도 고민했으면 좋겠어요.' 등 내가 구상했던 대회와는 사뭇 다른 의견이 나왔다. 내 역할은 아이들의 아이디어를 현실화해주는 것과 예산을 확보해주는 것이었다.

1개월에 걸친 회의 끝에 준비가 되었다. 그리고 모둠 내 이질화, 모둠 간 동질화 작업을 아이들이 가장 민주적이라고 생각하는 절차대로 진행하였다. 그 절차는 아이들이 가장 잘한다고 생각하는 대표를 뽑아, 가위바위보로 선수를 선출하는 방식이었다. 가장 뒷말이 안 나오는 방식이나 가장 나중에 뽑히는 아이가 상처를 받을 수 있다는 생각에 대표들만 따로 모아놓고 선수를 선발하는 방식으로 진행하였다. 그리고 자신의 팀 깃발을 만들고, 응원가도 만들었다. 방송반 아이들은 기숙사 풋살대회 홍보 영상을 만들어 참여하지 않는 학생들의 흥미를 돋웠다. 그리고 목공을 배운 아이 중 손재주가 뛰어난 아이 두 명이 트로피를 나무로 제작하기도 했다.

나의 체육수업만으로 채울 수 없는 공허함과 다른 영역(체육수업을 통한 시합, 경쟁 상황)으로의 확장에 대해 고민은 아이들의 자발성과 번뜩이는 아이디어로 해결이 되었다. 여기서 얻은 자신감으로 체육수업의 확장된 영역으로 한 발 더 내딛기 시작했다. 내가 하는 수업의 마지막을 시합으로 진행하되, 아이들이 행복해할 수 있는 '축제화'로 진행하는 것을 목표로 했다. 첫 시도는 '라인댄스 대회'였다. 2년간 배운 라인댄스를 전교생, 전 교직원과 함께하는 것이었다. 아이들과 수시로 회의하고, 어떻게 진행할 것인지 고민하는 시간을 함께 가졌다. 아이들은 내가 생각한 것 이상의 풍부한 아이디어를 가지고 있었다.

> 아이들: 선생님, 이번 대회는 선생님들만 채점하지 않고, 요즘 경연 프로그램처럼 ARS 방식 같은 거로 하면 어때요?
> 나: 와! 역시!!! 대단해. ARS는 어려우니깐 문자 투표할까?
> 아이들: (일요일 저녁에 핸드폰을 걷고, 집에 가는 금요일 오후에 핸드폰을 나눠주는 시스템) 핸드폰 나눠주면 대회에 집중 못할 것 같아요. 현장에서 스티커를 붙이는 건 어때요?
> 나: 굿! 굿!!! 너무 좋은 아이디어다! (웃음)
>
> (I201609. 강당에서 아이들과 대화)

매 대회를 계획할 때 아이들과 계획을 공유했고, 아이들의 아이디어를 적극적으로 반영하였다. 아니, 반영을 넘어 아이들의 계획과 아이디어가 실현되도록 도와주는 역할을 했다. 이렇게 매해 이듬해의 단점을 보완했고, 라인댄스 대회 5년 차에는 선생님들의 의견을 수렴하여 해당 학년 부모님을 모셔 함께 즐기는 축제 겸 대회를 진행하였다.

> 선배 교사: 어제, 대회 때 사고뭉치 진수가 그렇게 밝게 춤을 추는 모습을 보니, 진수 부모님도 같이 보면 너무 좋겠더라. '진수가 이렇게 컸어요.'라고 상담하는 것보다 눈으로 보여드리는 거지.
>
> 나: 너무 좋은데요? 교감 선생님께 말씀드려서 다음엔 학사일정에 반영하고, 미리 부모님께 공지해야겠어요.
>
> (I201707, 라인댄스 대회 다음 날 교무실에서 선배 교사와 대화)

내가 보지 못하는 부분을 아이들과 선배 교사들의 눈으로 함께 보니, 수업이 풍부해졌다. 함께한다는 느낌, 뭔가 체육수업의 온점을 찍은 듯한 느낌이었다.

다) 모든 구성원을 위한 쿼터스포츠클럽 만들기

선생님들의 적극적이고, 따뜻한 지지로 우리 학교에서는 전교생, 전 교직원 100% 스포츠클럽에 참여한다. 인문계 교육과정을 진행하는 고등학교에서는 전국에서 유일무이(唯一無二)할 것이다. 하지만 52주 매주 스포츠클럽을 진행하기엔 무리가 있었다. 교육과정 운영상 창의적 체험활동, 시험 기간, 학교 행사, 학년 행사 등으로 빠지기 일쑤였고, 스포츠클럽을 한 달에 한 번 진행하기 어려운 경우도 종종 있었다. 난 학교 내 학생뿐 아닌, 구성원 모두의 건강을 책임지고 싶은 마음이 컸다. 운동의 즐거움을 모두에게 느끼게 하고픈데, 지속성이 보장되지 않으면 어렵다고 판단했고, 고민 중이던 어느 날 회의시간이었다.

> 부장교사: 선생님들, 아이들에게 점심에 쉼의 개념으로 점심시간을 늘리는 건 어떤가요?
> 평교사: 좋아요. 아이들이 편히 쉬면서 도서관에 가서 책도 보고, 잔디에 앉아 쉬기도 하고요.
> 나: 혹시, 제가 제안 하나 해도 될까요? 계속 고민해왔던 건데요, 스포츠클럽을 매일 하는 건 어떨까요? 15분씩이요.
> 교사들: (웅성웅성)
> 나: 반 아이들끼리 줄넘기, 저항밴드 운동을 하루에 15분만 해도 운동 효과가 나타거든요.
>
> (I201801, 교사 회의실에서 교사들과 대화)

반응은 반반이었다. 기존의 시스템인 일주일에 한 번씩 하면 축구든 수영이든 하고 싶은 운동을 아이들과 할 수 있다는 장점이 있기 때문이다. 하지만 이런 시스템으로는 아이들의 체력 향상, 운동 습관화 등을 이루기 어렵다고 말씀드렸다. 공동체 구성원들은 감사하게도 체육교사의 이야기를 수용해주었다. 일단 하기로 저지르고 나니 책임감과 부담감이 몰려왔다. 기존 시스템을 깨고 나의 철학을 펼치고자 할 때 그에 따른 어려움을 감수해야 했다. 운동기구인 줄넘기, 저항밴드 등을 150여 개를 준비하고, 아이들에게 바뀐 시스템에 대해 설득하고 교육해야 했다. 왜 하루 15분 운동인지? 왜 줄넘기와 저항밴드인지를 교사와 학생 두 부류 모두를 설득하고 교육해야 했다.

학생: 축구하고 싶어요. 줄넘기 재미없어요.
나: 아, 미안. 근데, 선생님 믿고, 1년만 해보자. 좋으니 선생님이 하자고 하는 거니 선생님 한 번 믿어줘.
학생: 네….
나: 이해해줘서 고마워.

(I201803, 복도에서 학생과 대화)

아이들은 지루한 줄넘기와 저항밴드보다 자신이 좋아하는 운동을 하고 싶어 했다. 그래도 1년은 버티고 싶었다. 고맙게도 아이들은 잘 따라주었고, 나 또한 즐겁게 운동하는 방법에 대해 고민했다. 각 학년에 스피커를 지원해서 음악을 들으며 운동하도록 하기도 하고, 줄넘기 목표량을 채운 아이들은 교실에 들어가 쉴 수 있도록 했다. 문화를 바꾼다는 건 참으로 어려운 일이었다. 1년간의 긴 사투 끝에 다시 아이들과 선생님들의 의견을 듣고 다음 해에 쿼터스포츠클럽을 수정·보완하였다. 선생님들이 15분간 아이들과 함께 즐길 수 있는 종목을 선정하고, 그에 따라 아이들이 신청하는 방식으로 말이다. 앞으로도 우리 학교만의 체육문화 정착은 체육교사의 주체적 노력과 아이들과 교사들의 피드백을 통해 이루어질 것이다.

다. 재해체

　대안학교 체육교사 정체성의 마지막 과정인 '해체'는 앞서(해체) 밝힌 바와 같이 포스트모더니즘의 대표격인 주제어 deconstruction(해체)을 사용하였다(조원아, 2019; 최충환, 2001). 대안학교에서 구성된 경험으로 만들어진 연구자의 '구성'이 수업의 탐구와 아이들에 대한 고민으로부터 정체성의 혼란과 무너지는 경험을 통해 '다시' 해체를 맞이했다는 의미로 '재해체' 용어를 사용하였다. 즉 대안학교 체육교사로 임용된 순간부터 학교 공간 내의 삶과 내 개인적 삶과 내적 심리 등이 '대안'이라는 이름 앞에 부서지고 뒤틀려버린 경험의 연속이었던 해체의 과정을 지나, 혼돈되어 있고 흩어져 있던 경험과 대안학교와 그 구성원들을 탐색하며 생긴 경험이 체계적으로 쌓인 구성의 과정을 지난 이후의 시기를 말한다. 대안학교 체육교사인 나는 해체를 지나 구성으로, 구성에서 다시 재해체과정을 지나고 있다. 이 기간을 정량적으로 계산할 수는 없지만, 8년 차부터 10년 차의 대안학교 교사 경력의 상태에서 일어난 정체성이다. 재해체를 구성하는 주요 사건은 '좋은 수업으로 아이들이 변할까? 경력이 쌓일수록 수업의 질이 높아질까?'라는 질문으로부터 시작한 혼란스러움은 수업의 고민, 연구자와 현장전문가 사이에서의 고민들로 이어져 재혼동에 빠진 것이다. 지금의 나는 재해체과정 어딘가에 서 있다. 하지만 발전적 수업 고민과 대안교육에 대한 고민은 재구성의 과정으로 향하는 길목에 있음을 알려주는 지표이다.

1) 수업에 대한 자기성찰
가) 좋은 수업 = 학생 변화?

교육은 아이들을 이상적 인간상으로 변화시키는 데 목적이 있다(교육부, 2015a). 그 목적을 달성하기 위해서는 반드시 '아이들은 교육을 통해 변한다.'는 전제가 성립되어야 한다. 그렇다면 수업만으로 아이들은 변할까? 변한다면 어디까지 변할까? 그리고 지속적일까? 이러한 고민은 사랑하는 아이들을 사회로 보낸 후 시작되었다.

오늘 아이들이 졸업했다. 1학년 때는 사고뭉치였는데, 3년 시간이 금세 지나갔다. 이들과 함께 웃으며 볼링 치던 때, 아이들이 벚꽃이 이뻐 사진 찍고 싶다고 조른 기억, 지리산에서 못 가겠다고 난리 치던 모습 등이 주마등처럼 지나간다. 누군가를 보낸다는 건 참 힘든 일이다. 내일도 학교에 오면 아이들이 '정규 쌤' 하며 교무실에 놀러올 것 같은

데…. (중략) 문득 이런 생각이 든다. 사고뭉치였던 아이들이 사람답게(?) 변했는데, 그 원인이 좋은 수업이었까? (중략) 아이들을 잘 가르친다는 말은 무엇일까? 수업연구 대회에서 1등급 받은 수업을 받으면 아이들이 좋은 사람이 될까? 아닌데….

(T201702. 교사성찰일기)

내 석사 연구물과 다른 연구자들의 여러 논문에서도 좋은 체육수업을 통해 아이들이 좋은 아이들(인성이 좋아지고, 태도가 좋아지는)로 성장한다는 것을 알고 있었다. 하지만 수업만으로 아이들이 변했던 걸까? 경험적으로, 직관적으로 그렇지 않다는 것을 알고 있었다. 그렇다면 왜 난 좋은 수업을 추구할까? 괜찮은 수업을 하기 위해 왜 열심을 내었을까?

답변
사랑합니다.
진짜 너무너무 많아서 다 적기 힘듭니다!!!! ㅋㅋㅋㅋㅋㅋㅋ 늘 학생들의 이야기를 들어주시려고 애쓰시고 모두가 즐겁게 즐길 수 있는 수업을 준비하셔서 행복합니다...!! ㅠㅠ 늘 다정하고 친절하게 대해주셔서 좋아요!
수업이 재미 있고 우리 반 아이들을 이해해준다.
배드민턴을 치시는 모습을 보니 너무 존경스럽다.
쩡규짱
너무 재밌고 학생이랑 잘 어울려주십니다.
승마 꿀잼이에요~~~~
2학년 때 승마 동아리 만들고 싶어요.... ㅠㅠ 안 되겠죠??
힘들 일 있을 때 먼저 괜찮냐고 물어보셔서 감사합니다.
체육활동이 학생들이 바라는 점으로 하여 좋다.
특별한 체육활동으로 모든 아이들이 체육을 좋아할 수 있게 만들어주신다.
앞으로 쭉쭉
지금처럼 재밌는 체육 계속해요. 정규쌤 ♡
말타는 수업시간을 좀 더 늘려주세요. 제발 부탁드립니다. 3학년
진짜 친근하게 다가와주셔서 감사해요.

(Cet201710, 교원평가-학생서술형)

교원평가 중 교과 담당용, 학생만족도 서술형 조사지에 수업에 대한 평가보다도 "사랑합니다.", "학생들의 이야기를 들어주시려고 애쓰시고… 늘 다정하고 친절하게 대해주셔서 좋아요!", "우리 반 아이들을 이해해준다.", "학생이랑 잘 어울려주십니다.", "힘든 일 있을 때 먼저 괜찮냐고 물어보셔서 감사합니다.", "진짜 친근하게 다가와 줘서 감사해요." 등의 이야기가 대부분이었다. 내가 좋아 체육을 좋아하는 걸까? 체육이 좋아 날 좋아하는 걸까? 내가 좋은 사람이기에 좋은 수업을 하는 걸까? 좋은 수업을 하다 보니 좋은 사람처럼 보인 걸까? 아이들은 좋은 수업을 통해 좋은 아이들이 되는 걸까? 좋은 사람에게 교육을 받은 아이들이 좋은 아이들이 되는 걸까? 좋은 교사에게 좋은 교육을 받아야 좋은 아이들이 되는 걸까? 기간제교사 시절부터 대안학교 교사 8년 동안 막연히 달려왔던 '좋은 수업'에 대한 열망을 되돌아보게 된다.

나) 고경력 = 좋은 수업?

철은아? 오늘 나랑 모의 면접 보는 날이지? 저녁 8시에 진로카페에서 보자. 예상 질문 연습하고 있어! (중략) 우 선생님, 오늘 대학에서 설명회 온다고 하니 교실 준비 좀 부탁드립니다. (중략) 찬우야, 전문대 좀 찾아봤니? 지금 대입상담 프로그램으로 한 번 돌려보자. (중략) (공문처리 중) 아! 수업 늦었다. 다녀올게요.

(I201909, 교무실에서 교사, 아이들과 대화)

나의 대안학교 교사 10년 차의 일상이다. 수시 철에 고3 부장 교사로, 담임교사로의 일들은 감당하기 버겁다. 수업과 행정, 아이들의 진학이 한꺼번에 넘어오는 시기이기 때문이다. 초임 때 고민하지 않아도 되었던 일들이었으며, 이렇게 살아갈 것이라는 상상도 하지 못했다. 나아가 10년 정도의 경력이 쌓였을 때는 수업도 능수능란하게 잘하게 되어서 여유로운 삶을 살 것이라는 막연한 기대감도 있었다. 하지만 대안학교 교직 '밥'을 먹어보니 이곳의 교사들은 경력이 쌓일수록 활동 영역이 넓어졌다. 왜냐하면, 경력이 쌓일수록 학교를 보는 시야가 넓어져 보이지 않던 일도 보이게 되었고, 보직교사를 맡아야 할 확률이 높아져 행정적 일에 더 넓은 영역, 더 많은 에너지를 쏟을 수밖에 없는 구조이기 때문이다. 이로 인해 수업은 거센 파도에 휩쓸려가는 것 같았다.

초임교사 시절에 선배 교사로부터 "3년 차의 수업에 대한 열정과 노하우로 30년을 먹고 산다."라는 이야기를 들었다. 그땐 '왜 저런 이야기를 하실까? 부끄럽지 않은가?'라는 생각을 했다. '참 교사'가 되고 싶었던 신참의 호기 어린 마음이었음을 지금은 느끼고 있다. 지금의 난 아이들의 진학이 먼저라고 스스로 위안하며, 고3 부장으로 바쁘다는 마음으로 수업을 등한시하는 교사가 되었다.

아이들: (쉬는 시간) 선생님, 오늘 뭐해요?

나: 야. 너네 수학 시간 전에 오늘 뭐 배울지 물어보냐?

아이들: (풀죽은 듯) 뭐할지 기대돼서요.

나: 내려가 있어.

(I201910, 교무실에서 아이들과 대화)

　나의 반응이 날카로웠다. 아이들은 분명 '일주일에 한 번뿐인 체육 시간에 어떤 걸 할까?'가 궁금해서 물어보는 것이었다. 전 시간에 차시예고를 안 했으니 아이들 입장에서는 당연한 질문이었고, 응당 체육교사인 난 친절히 대답해주는 것이 맞는 상황이었다. 하지만 마음 깊이 자격지심(自激之心)이 있었다. 준비된 게 없으니 '뭐하러 물어보냐?'라는 까칠한 반응이 나온 것이다. 집에 갈 때까지 내 마음속에는 '난 아이들 자기소개서도 봐줘야 하고, 대학도 상담해줘야 하고, 고3 일정도 정리해야 하니… 난 잘하고 있어.'라고 스스로 위안하는 마음이 크게 자리 잡고 있었다.

　부끄러웠다. 내가 그토록 싫어했던 '타성에 젖은 수업'을 하던 선배들의 모습이 우리 집 거울 속에 떡하니 서 있는 것이다. 대안학교 교사로서 자부심을 가지고 수업을 준비하던 나, 하나의 공연을 올리듯 하나하나 동선을 준비하고, 멘트를 준비한 나였다. 무엇이 날 변하게 했을까? 그리고 다시 처음처럼 그 마음으로 돌아갈 수 있을까? 그렇지 못할까 봐 두려웠다.

2) 탐구와 탐색

가) 학문(스포츠 교육학)의 탐구

임용 준비 공부를 하던 때에 알게 된 모스턴의 '체육 교수스 타일', 메츨러의 '체육수업모형'은 내 머릿속에 깊은 인상으로 남아 있었다. 그리고 수업에 대해 나름 자신감이 찼을 때, 내 수업도 모형으로 만들고 싶었다. 이론화하고 싶었다. 아이들과 재미있고, 행복한 체육수업을 이론화하여 다른 체육교사들에게 보여주고 싶었다. 지금은 부끄러운 이야기나 2014년 당시에는 진지했다. 더 잘 가르치고 싶었다. 그러려면 공부를 해야 할 것 같았다.

박사과정에서 공부하는 것이 아이들을 잘 가르치는 데 도움이 되리라고 생각한다. 그리고 나아가 나의 수업과 대안적 수업을 하시는 선생님의 수업을 이론화하고 싶다. 그래서 국공립학교에서 적용될 수 있도록 말이다(교수님 말씀대로 참 어려운 일이겠지만). (중략) 내 제자들이 중고등학교 때 내 수업을 듣고 체육을 좋아하게 되어 평생 체육이 친구가 되었다는 소리를 듣고 싶다. 내 제자들의 제자들이 중고등학교 때 내 수업을 듣고 체육을 좋아하게 되어 평생 체육이 친구가 되었다는 소리를 듣고 싶다.

(Cet201407, 박사학위 시작 즈음 지도교수에게 보낸 '로드맵' 풀어쓰기 중)

'스포츠 교육학 연구법', '스포츠 교육학', '체육교육과정', '질적 연구 방법론', '체육장학', '체육교수이론' 등의 6학기 동안 진행된 스포츠 교육학 전공 수업은 내 속의 무지(無知)를 깨닫게 하기에 넉넉하였다. 그리고 처음에 로드맵을 그리며 들어온 나 자신이 부끄럽게 느껴졌다. 교육대학원 석사 때의 느낌과는 차원이 달랐다. '박사'라는 타이틀을 건 학문의 길은 멀고도 험했다. 수백 번 그만둘까를 생각했다. 내가 추구했던 길과는 달라 보였다. 수업시간에 아이들과의 접촉면에서 달라지는 것이 없다고도 생각했다.

나: 여보, 학위과정 그만둘까?

아내: 왜요?

나: 내가 깜이 안 되는 것 같아.

아내: 처음부터 되는 사람이 어딨어요.

나: 싹은 보여야지. 싹이 안 보여.

아내: 힘들구나. (측은하게 바라보며)

(I201608, 집에서 아내와 대화)

내가 원했던 부분이 지도교수님께서 말씀하셨던 '연수'로 해결할 수 있었던 것일지 모른다는 생각이 들었다. 주중에는 아이들과 투닥거리고, 주중 저녁과 주말에는 학업을 병행한다는 것에 대한 삶의 부대낌을 느꼈다. 그래도 '스포츠 교육학'에 몸을 실어 어디까지 갈 수 있을지 알아보고 싶었고, 이왕 맡긴 몸, 스스로 헤엄쳐가고 싶었다. 어떤 내용인지 정확히 알지 못할 때도 있지만 스포츠 교육학에 차츰차츰 눈이 뜨이고 밝아지기도 했다. 그 후 스포츠 교육학 역사부터, 교육과정, 수업 등을 체계적으로 바라볼 수 있는 눈이 생기기 시작했다.

나) 수업의 탐색

스포츠 교육학이라는 학문을 시작하면서 느꼈던 삶의 부대낌을 견디고 견디다 보니 수업에 대해 깊이 보기 시작했다. 구글 스칼라 사이트에 들어가면 가장 먼저 보이는 문구가 있다. "거인의 어깨에 올라서서 더 넓은 세상을 바라보라 _ 아이작 뉴턴"이라는 문장이다. 이 문구가 삶으로 이해되는 시간은 길지 않았다. 지도교수에게 받는 전공 수업과 교육부 프로젝트 등은 하나의 산을 등반하는 과정이었다. 올라가는 길이 힘들고, 어렵지만 정상에 올라가서 세상을 바라보니 다른 세상(체육수업, 삶 등)이 보였다.

교수학습자료를 개발하는 것이 이리 어려울 줄이야. 난 지금까지 어떤 근거에 의해 수업을 진행했던 것인가? 아이들이 배워야 하는 역량, 능력을 고려하며 수업을 작성했던가? 이 프로젝트에 참여했던 일이 나에겐 큰 행운이었고, 한편으로 판도라의 상자를 열었나 싶다.

(T201610, 교사성찰일기)

재앙의 판도라 상자라고 하기엔 비유가 과하긴 하나, 여하튼 그 상자를 모르고 열지 않았더라면 수업면에서 편하게 할 수 있었을 것이다. 몇 개월에 걸친 '2015 개정 교육과정 체육과 교육학습자료 개발' 프로젝트는 내 수업을 다시 바라보게 하는 계기가 되었다. 수업을 설계하기 위해 각 영역을 꼼꼼히 분석하고, 단원을 설계해야 한다는 사실을 전혀 몰랐다. 특히 2015 교육과정에서 나오는 핵심개념, 일반화된 지식, 기능은 무슨 이야기인지 대략 이해만 할 정도였지, 그 단어가 무얼 말하는지 알지 못했고, 알고 싶지도 않았다. 차시별 교수학습 과정안과 교수학습의 개요, 실제 교수학습 과정안을 꼼꼼히 계획 세우고 작성하는 일은 교직 7년 차지만 지금까지 어설픈 철학 아래 수업해 온 교사에겐 큰 부담으로 다가왔다. 정말 없는 역량을 꾸역꾸역 끄집어내는 작업이었다.

나: 형님, 지금까지 너무 수업을 대충 했나 봐요.

선배 교사: 원래 수업이란 프로젝트랑 좀 달라. 다 그래.

나: 우울해요. 기본적인 절차도 모르고 가르쳤으니.

선배 교사: 알아도 이렇게는 못 가르쳐. (웃음)

나: 그래도 초짜 된 느낌이에요.

(I201607, 프로젝트 선배 교사와 무선통화)

스스로 수업을 잘한다고 생각해서, 학위과정까지 들어왔다. 와서 수업을 자세히 들여다보게 되었고, 내 수업은 수업이 아닌 것 같다는 자괴감에 빠져들었다. 프로젝트를 함께했던 선배 교사의 "다 그래."라는 말은 위로가 될 수 없었다. 나는 다 그런 사람이 되고 싶지 않았기 때문이다. 처음부터 다시 하는 '초짜'의 느낌이었다.

3) 대안 속의 재혼돈
가) 연구자? 현장전문가?

학문의 세계에 들어온 후 시간이 지남에 따라 나에겐 혼란스러움이 있었다. 군대로 비유하자면 소대장으로 살고 있었는데, 작전 장교의 역할을 하다가, 다시 소대장으로, 다시 작전 장교의 역할을 하는 듯한 느낌이었다. 대안학교 현장전문가로 살고 있는데, 어느 순간 연구자 코스프레를 하는 것 같았고, 연구자의 삶을 사는 것 같았는데, 어느 순간 현장전문가 코스프레를 하는 것 같은 혼란스러움이 찾아왔다. 두 곳 모두에 발을 걸친 삶이랄까?

예전엔 아이들의 눈망울을 보며 이 아이가 어떤 생각을 하는지 알았다. 아니 알고 싶었고, 알기 위해 노력했다. 친구들에게 물어보고, 다른 선생님들께 여쭤보았다. 지금의 난? 지금의 분주한 마음은 어디서부터 오는 것일까? 뭔지 모를 불편함은 어디서 오는 것일까?

(T201904, 교사성찰일기)

아이들을 자식처럼 사랑했다. 이 아이들이 잘 성장하기 위해 내가 어떤 일을 해야 하는지 잘 알고 있었다. 아이들을 만나 상담하고, 우리 집에 데려와 재우며 이런저런 이야기를 했고, 목욕탕에서 아이들과 이런저런 시시콜콜한 이야기를 하며 서로의 마음을 열기도 했다. 그리고 내가 제일 중요하게 생각하는 부모님과 소통을 위해서도 노력했다. 카페를 만들고 아이들이 좋은 어른으로 성장하도록 부모님과 서로 노력하였다.

152	14기는 복이 많습니다. [9]	박성은(신진맘)	13.05.06	127
150	유진이 카메라로 찍은 에버랜드 사진 [2]	하영숙(이유진맘)	13.04.29	104
149	안정적이고 행복한 한주를 보내며... [12]	최정규	13.04.27	165
151	Re: 벚꽃나무 아래서 [3]	하영숙(이유진맘)	13.04.29	82
148	4월 기도모임 보고 [10]	박성은(신진맘)	13.04.22	129
147	안녕하세요. 체육대회 도시락... [6]	김지혁(김석父)	13.04.18	137
146	감사하고 죄송합니다. [6]	최정규	13.04.11	110
145	한달여간의 치열한 생활을이 조금씩 조금씩 제자리에...3탄 [12]	최정규	13.04.10	159
144	한달여간의 치열한 생활을이 조금씩 조금씩 제자리에...2탄 [5]	최정규	13.04.10	107
143	한달여간의 치열한 생활을이 조금씩 조금씩 제자리에...1탄 [11]	최정규	13.04.10	127
142	쭈꾸미 드시러 오세요~~ [5]	무수리(석찬맘)	13.04.08	84
141	별일이 다~~~~ [6]	박성은(신진맘)	13.04.02	101

(Cin201304, 14기 학부모와의 카페 글)

부모님들은 나의 어설픈 노력에 따뜻한 지지를 보내주셨고, 3년간 담임을 하며 보낸 아이들과는 잊을 수 없는 시간을 만들었다.

선생님은 ○○의 진정한 스승이 되어 아이들에게 가슴으로 사랑을 가르치시고 친구같이, 삼촌같이, 부모같이 품어 빛나는 보석이 되게 하셨습니다. 그 사랑을 기리며 고마운 마음을 이 패에 담아드립니다. 예수 안에서 사랑하고 축복합니다.

2015. 2. 13.

○○○○고등학교 제14기 학부모 일동

(Cet201502, 14기 학부모께서 주신 감사패 내용)

나도, 아이들도, 부모님들도 아셨다. 내가 아이들을 얼마나 사랑했는지. 졸업식 날 부모님들께서 깜짝 선물로 주신 감사패는 내가 받은 교육감 표창장보다 몇 백배, 몇 만배 더 소중하고 감사했다. "아이들을 친구같이, 삼촌같이, 부모같이 품어 빛나는 보석이 되게 하셨습니다."라는 문구는 3년간의 노고를 씻어주기에 충분했다. 그리고 이러한 노력은 담임교사로 끝나지 않았다. 체육수업에서도 누구보다 열심을 다해 가르쳤고, 다양하고 의미 있는 수업을 구성하기 위해 노력했다.

하지만 10년이 지난 지금, 학문의 길과 교사의 길을 함께 걷고 있는 지금은 두 역할에 다 만족하며 소화하고 있는가에 대해 자문(自問)하였다. 아직도 예전의 열정을 지금도 가지고 있다고 착각하며 살고 있지는 않은가? 지금은 학문을 공부하는 시기라고 이야기하며, 체육수업에 대해, 아이들에 대해 덜 소중히 생각하고 있는 건 아닌가? 열정이 있었던 ('있는'이 아닌) 나, 다시금 돌아본다.

나) 대안교육 전문가로서의 고민

10년이라는 숫자는 그 분야의 전문가를 의미한다. 한 분야에서 10년간 일을 했다는 것은 대외적으로 신뢰를 준다. 나 또한 대안학교 교사로서 10년간 쉼 없이 달려왔다. 하지만 나를 대안교육의 전문가라고 할 수 있는가? 또는 대안학교 체육교육의 전문가라고 할 수 있는가?

나: 선생님은 전문가라고 생각하세요?

선배 교사: 네? 전문가요?

나: 네. 전문가요. 15년이면 전문가잖아요?

선배 교사: 교육 전문가? 아이들 가르치는 데 전문가가 있을까요?

(웃음)

나: 아, 그렇네요. 살아있는 아이들이니….

(I201910, 교무실에서 선배 교사의 대화)

내 질문에 숨겨져 있는 의미, 곧 '난 10년 차여도 전문가가 아닌 것 같은데, 선배들은 어떨까?'라는 의도를 파악이라도 한 듯, 선배 교사는 아이들이라는 그럴듯한 이유를 대며 전문가에 대한 질문을 분해했다. 나 또한 수긍했다. 아이들은 작년 다르고 올해 다르다. 그리고 교사들도 나이가 들어간다. 점점 벌어지는 세대 간의 격차, 작년과 같은 내용의 수업으로 아이들을 가르쳐도 아이들의 반응은 확연히 다르다. 작년에 아이들에겐 통한 유머 코드가 올해는 통하지 않는다. 하지만 이것이 이유가 될 수 있을까?

대안교육에 대해 알 듯했지만, 시간이 지날수록 더 모르는 것이 많았다. 그리고 내가 옳다고 생각했던 대안교육 철학이 바뀌기도 했다. 부끄러운 과거지만 체벌 문제도 그러했다.

> 선생님께서는 부끄러운 과거라고 말씀하시지만, 전 회초리에서 선생님의 사랑과 아픈 마음을 느꼈어요. 진짜요. (중략) 중학교 때 체육 선생님께 맞은 적이 있는데, 그건 기분 나빠서 때리신 거였어요. 그런데 선생님은 회초리 들으시고, 항상 안아주셨잖아요. 전 그 마음을 느꼈고, 저희 동기 다 그렇게 생각해요.
>
> (우○○ 졸업생 면담, 2019. 7. 31.)

어른으로서, 자녀를 체벌하듯 따끔한 훈계와 체벌 그리고 따뜻한 말과 행동으로 아이들에게 감동을 주는 교육을 한다고 자부했다. 아이들을 사랑하는, 열심히 가르치는 언어로 회초리를 들기도 했다. 아이들 그리고 부모님들의 적극적 지지를 받기도 했다. 하지만 지금은 부끄러운 자화상일 뿐이다. 물론 그땐 교육철학도 명확했고, 아이들도 그렇게 변하는 것처럼 보였다. 그땐 맞고 지금은 틀린 방법이 되었지만… 체벌이 아이들에게 잠재적으로 폭력을 행사해도 된다는 이미지를 심어주었다는 사실도 몰랐다. 용감했던 나였다. 체육수업을 10년간 수행했지만 내 마음 깊숙한 곳에는 '내가 과연 대안교육의, 체육교육의 전문가인가?'

라는 의문은 여전하다.

다) 10년 체육수업에 대한 재반성

학문의 세계에 들어서고, 뭔가 알아갈 듯할 때 수업의 고민은 시작되었다. '2015 개정 교육과정 체육과 교수학습자료 개발' 프로젝트부터 본격적인 고민이 시작되었다. '수업을 잘하고 있다.'는 생각조차 하지 않고 살았다. 수업의 흐름과 여세가 좋았고, 아이들의 반응도 좋았기 때문에 최고의 수업이라고 스스로 자부했기 때문이다.

> 수업은 아이들과 함께 호흡하는 것이다. 얼마나 호흡이 잘 맞느냐가 수업의 승패를 가른다. 수업내용 구성은 중요하지 않다. 어떠한 관계성을 구축해서 교육적 의미를 아이들에게 전달하느냐가 핵심이다. (중략) 오늘은 '뛰는 것의 즐거움'이란 수업의 주제로 아이들과 수업을 진행했다. 난 뛰는 게 싫었다. 교복 안 입고 온 날 뛰거나, 군에서 군장 메고 뛴 기억이 강하기 때문이다. 아이들에게 어떻게 하면 뛰는 것의 즐거움을 줄 수 있을까 고민한 흔적으로 아이들과 오늘 호흡했다. 아이들의 표정을 보며 스스로 뿌듯했다.
>
> (T201511, 교사성찰일기)

나의 성찰일기에 수업에 대한 자신감이 넘쳤고, 철학에 대한 확고함이 거침없었다. 책 한 권만 읽은 사람을 아무도 이길 수 없다는 말이 있듯이 한 가지의 철학을 가지고 거침없이 교육했고 나아갔다. 볼링 수업, 라인댄스 수업, 승마수업, Wii 게임 수업, 뉴 스포츠를 활용한 수업 등 내가 하고 싶은 수업이 있으면 고민하고 과감히 진행했다. 하지만 이 또한 수업을 깊이 보기 전의 이야기이다.

> 아이들에게 행복과 배려를 함양·체득시키기 위해 어떻게 해야 하지? 내가 지금 가르치고 있는 종목에서 행복과 배려를 가르칠 수 있을까? (중략) 라인댄스에서 내가 배운 즐겁고, 행복한 라인댄스를 다른 사람들에게 전달할 수 있는 방법이 있을까? 방법은 어떤 걸 사용하지? 협동학습, 프로젝트? 평가는 어떻게 해야 할까?
>
> (T201702, 교사성찰일기)

'라인댄스 행복 프로젝트'라는 수업을 디자인하고, 계획하기까지 수많은 고민이 있었다. 그 고민은 예전에 하지 않았던 것들이었다. 이를 통해 수업의 깊이가 채워져 가는 것 같았다. 수업의 깊이를 채우려다 보니 조심스러워졌고, 역동감과 실천적 부분이 약해지는 듯한 느낌이었다. 내가 지금 문서를 만들기 위해서 체육수업을 하는 것인지, 체육수업을 잘하기 위해 문서를 만드는 것인지 헷갈릴 정도였다. 수업에 대한 긍정적 과감성이 떨어진 것에 대한 불만족스러움이 내 온몸을 휘감았다. 미래의 난 스스로에게, 아이들에게 부끄럽지 않은 선생님이 되고 싶다. 수업면에서, 인간적인 면에서 교사다운 교사가 되고 싶다. 그래서 난 다시 재구성의 시기를 꿈꾼다.

3. 대안학교 체육교사의 정체성과 체육수업의 변화

　연구 결과 1, 2에서 대안학교 체육교사가 되기까지의 경험과 대안학교 체육교사 10년간의 정체성 형성과정을 시간 흐름 순으로 살펴보았다. 마지막으로 대안학교 체육교사의 정체성과 체육수업의 변화에 대해 살펴보고자 한다. 체육수업의 변화양상을 분절적으로 살펴보는 것은 무리가 있으나, 해체·구성·재해체과정의 수업 자료를 수집, 분석하여 정체성이 체육수업의 변곡점을 만들어내는 지점을 중심으로 살펴보았다. 결과적으로 해체과정의 체육수업은 이상적 철학과 목표를 가지고 있었지만 현실의 교육 상황과 부딪혀 종목 중심의 질 낮은 수업이 되었고, 아이들과 수업을 향한 사랑은 보였으나 수업 방식은 일제식으로 진행했다. 특히 평가에서는 목표와 전혀 다른 수량적(개수) 평가를 실시하고 있었다. 구성과정의 체육수업은 내용 측면에서 '다양성'을 보여주었으며, 도전과 열정, 주체적 철학에 영향을 미쳤다. 재해체과정의 체육수업은 수업에 대한 탐구와 고민의 시기를 통해 체계적 수업의 지향을 보여주었다. 이는 각 정체성의 양상에 따라 큰 틀에서 변화된 것은 사실이나 대안학교 체육교사로서 정체성을 형성하기까지의 체육적 경험, 교육적 경험의 영향 또한 컸음을 알 수 있었다. 다음 〈그림 16〉은 대안학교 체육교사의 정체성과 체육수업의 변화를 도해한 것이다.

	해체	구성	재해체	재구성
철학 및 목적	학생 중심 철학, 이상적 목표 지향	열정, 도전, 주체적 철학, 구체적 목표 지향	체계적 교육 철학, 체계적 목표 지향	
내용	조제남조(粗製濫造) 수업	다양한 수업 (열정, 도전)	기존 내용 체계적 수업 배치 (학교 환경)	
방법	일제식 방법 (사랑)	다양한 방법 (열정, 도전)	체계적 방법 (학교 환경)	
평가	목표와 상이(相異)한 평가 (수량화 평가)	목표와 일체화 평가 노력	체계적 평가 노력	

평면도(P.E paper model)

	해체	구성	재해체	재구성
철학 및 목적	학생 중심 철학, 이상적 목표 지향	열정, 도전, 주체적 철학, 구체적 목표 지향	체계적 교육 철학, 체계적 목표 지향	
내용	조제남조 (粗製濫造) 수업	다양한 수업 (열정, 도전)	기존 내용 체계적 수업 배치 (학교 환경)	
방법	일제식 방법 (사랑)	다양한 방법 (열정, 도전)	체계적 방법 (학교 환경)	
평가	목표와 상이 (相異)한 평가 (수량화 평가)	목표와 일체화 평가 노력	체계적 평가 노력	

입체도(P.E paper model)

〈그림 16〉 대안학교 체육교사의 정체성과 체육수업의 변화(연구 결과 3 정리)

가. 해제의 과정과 체육수업의 변화

1) 대안교육에서의 체육수업 형성

현재 근무하는 대안학교 임용 2차 면접시험 날, 이 학교의 사제관계를 처음으로 목격하였다. 그 풍경은 낯설고 이상했다. 학교 앞 잔디밭에서 선생님과 학생이 이야기를 나누고 있는 모습 중 내가 낯섦과 이상함을 느낀 대목은 교사와 학생 간의 대화 내용과 학생의 태도였다. "이런 행동을 하면 안 될 것 같구나."라고 조곤조곤 이야기하는 선생님의 모습과 그 이야기를 듣는 학생은 긴 벤치에 팔을 걸쳐 자신의 이야기를 건방지게(?) 하는 모습이었다. 내가 앞으로 체육수업을 함께 해나갈 아이들의 미래의 모습이었고, 교직 생활의 순탄치 않음을 예고하는 장면이었다.

학교를 벗어난 곳에서 선배 교사들과 대화 중에서도 내가 경험했던 30년간의 삶의 경험들이 대안학교에서는 기존의 방법대로, 예상 가능한 시나리오대로 실현되지 않을 것을 짐작할 수 있었다. 승진 얘기도 없었고, 교사의 개인적 삶에 관한 이야기도 없었다. 초짜 교사인 나에 대한 궁금증도 없었다. 오직 '학생 아무개가 요즘 왜 그런 행동을 하게 됐는지?', '그 부모님의 어떤 어려움이 아이를 힘들게 하는지?' 등의 대화가 주였다. '이곳은 뭐지?' 나의 대안학교 초반의 삶은 가지고 있는 모든 것이 흐트러지는 느낌, 해체되는 느낌이었다. 선배 교사들의 '수업'에 대한 인식도 달랐다. 아이들과 삶을 부대끼며 살아가기에 수업과 생활의 경계가 희미했다. 교사의 삶을 통해 교육해야 한다는 '대안적 교육관'이 이곳 대안학교의 철학적 기조를 이루고 있었다. 난 이곳에서의 해체 시기에는 3년간 기간제교사를 하며 체육수업에 대해 고민했던 순간이 기계적·직업적 교사로 판단되어 부끄러웠다. '교사는 수업으로만 승부를 보는 건 아니구나.'라는 생각이 내 머릿속을 지배했다. 1년간 매일 밤 12시, 1시까지 아이들과 사는 이야기, 고민을 들어주는 삶을 사는 데 집중했다. 그때의 제자들은 내 체육수업의 내용이 아닌 나와 삶을 나눈 경험을 기억한다.

김○○: 선생님. 지금 생각하면 별거 아닌데, 그땐 왜 그리 힘들어했는지 부끄러워요.

나: 그때 힘들어해야 크는 거야. 정상이야. 정상. (웃음)

김○○: 그때 밤마다 제 얘기 들어주시느라 힘드셨죠?

나: 매일 밤마다 11기 아이들 이야기 듣는 게 내 삶이었는데 뭘…. (웃음)

(우○○ 졸업생 면담. 2019. 7. 31.)

아이들과 함께 삶을 살아냈고, 살아갔다. 토요일 당직이 있는 날엔 일요일에 집에서 점심만 먹고, 옷을 챙겨 다시 기숙사로 들어왔다. 그래서 대안학교에서의 해체과정을 경험하고 있던 나에게 수업에 대해 미리 준비하거나, 새롭게 시도하는 것은 사치스러운 일이었다. 그것도 운동장도, 실내체육관도 없는 곳에서 뭔가를 해내야 한다는 부담감과 체육교사는 '이래야' 한다는 선배 교사들의 고정관념이 마음을 더욱 어렵게 만들었다. 교육적 삶은 삶이고, 수업에서 무언가를 만들어내야 했다. 환경적 어려움과 다양한 역할을 요구하는 학교, 기숙사에서 아이들과 보내는 시간에 따른 수업 준비시간의 압박감을 등에 지고, 내가 할 수 있는 무언가를 준비하기 시작했다. 비체계적이고, 무계획적인 주먹구구식 수업의 시작이었다.

나: 애들아, 오늘은 플라잉 디스크한다.

아이들: 네? 그게 뭐예요?

나: 접시 날리기인데, 재밌을 거야.

아이들: 와! 재밌겠다.

(중략)

아이들: 차렷! 인사! 감사합니다. 선생님 근데 다음 시간에 뭐해요? 플라잉 디스크 또 해요.

나: (당황한 표정) 다음 시간을 기대하시라. 개봉박두!

아이들: (웃음)

(I201003, 수업시간에 아이들과의 대화)

내가 알고 있었던 수업내용으로, 조제남조(粗製濫造)하듯 학교 상황에 맞추어 하루하루 수업에 임했었다. 아이들이 다음 시간의 내용을 알고 싶어 할 때도, 뭔가 특별한 것을 준비하는 것처럼 연기하기 바빴다. 주먹구구식의 수업이었기 때문이다. 대안학교의 시계가 흘러 1년간 뒤죽박죽 아이들과 부대끼며 살아냈고, 교육철학의 흔들림 속에서 체육수업도 꾸역꾸역 해내었다. 대안학교에서 아이들과 공간 그리고 수업을 자세히, 오래 보며 탐색의 시기를 거쳐 대안교육·대안학교로 나의 정체성이 수렴되는 시기가 찾아왔다. 그땐 30년간 누적되고, 축적되었던 나의 정체성 요인과 흐트러져 있던 요소들이 한 곳으로 모여지는 느낌이었다. 공간과 아이들을 인정하고 받아들임으로 물아일체를 통해 내가 대안교육이고, 대안학교라고 느꼈다. 그때 비로소 체육수업의 철학이 한 곳으로 모이기 시작했고, 색색(色色)의 아이들이 무지개색으로 보이기 시작했다. 즉, 2011년도 교사성찰일기에 쓴 "대안학교 환경에 하나 되고, 그 속에서 수업으로 하나 되고, 아이들과 부대끼며 하나 되니, 수업 공간이 보이기 시작했다."라는 고백적 이야기가 나오는 시점이었다. 수업 공간에 대한 불평을 넘어 그 공간의 장점을 살리기 시작했다.

> 나: 오늘은 얼티미트라는 경기를 할 거예요. 여러분이 기존에 알고 있는 방식을 조금 변형해보았어요. 벽에 맞아 튕겨 나와도 가능하도록 할 거예요.
>
> (중략)
>
> 나: 다음 시간에는 저글링 수업을 할 거예요. 기숙사에서, 교실에서 시간 날 때마다 연습하면 됩니다!
>
> (I201105, 수업시간에 아이들에게 전달사항)

플라잉 디스크 수업에서 활동적인 얼티미트 수업을 진행하였다. 야외에서 수업을 진행하니 바람이 불면 공이 찾을 수 없는 곳으로 날아가기도 했다. 실내 조그마한 예배당에서 우레탄폼 재질로 된 플라잉 디스크를 가지고 얼티미트를 하는데 조그만

세게 날려도 벽에 닿아 게임 흐름이 자꾸 끊겨 규칙을 변형하여 벽에 맞고 튕겨도 가능하도록 다시 게임 설계를 했다. 한 가지만 변형했을 뿐인데 아이들의 반응은 가히 대단했다. 그 에너지를 이어받아 장소의 구애를 덜 받을 수 있는 종목을 고민하였다. 그 결과로 찾아낸 것이 저글링과 스포츠 스태킹 수업이었다. 이 수업의 목표는 명확했다. '성실함'이다. 운동 능력이 뛰어나더라도, 성실히 연습하지 않으며 목표에 도달할 수 없는 종목이기 때문이다. 쉬는 시간, 점심시간, 기숙사 자유시간에 시간을 내어 성실하게 연습한 사람만이 저글링의 10회 개수를 만족할 수 있었고, 스태킹의 초를 줄일 수 있었다. 스포츠 스태킹 교내대회를 개최했을 때 3등 한 친구의 소감은 잊을 수가 없다.

"태어나서 지금까지 체육과 관련해서 대표로 뽑히거나, 상을 받은 적이 없었는데 상장을 받다니 믿을 수 없어요."

(I201109, 진호의 스포츠 스태킹 대회 수상소감)

(Cet201304, 교실에서 저글링 체육수업 내용)

고등학교 입시 면접 때 제일 기쁜 날은 언제냐고 물어보았을 때 '친구들이 괴롭히지 않은 날'이라고 답해 면접 선생님들의 마음을 저리게 만든 진호였다. 진호는 중학교 때 키가 작고, 동작이 느리다는 이유로 친구들에게 괴롭힘을 당했고, 체육 시간에 구기종목을 하면 친구들과 어울리지 못했다. 이런 삶을 살던 진호는 스포츠 스태킹으로 체육에 대한 흥미를 갖게 되었고, 관심도와 자신감이 높아졌다. 체육이 운동 잘하는 친구, 싸움 잘하는 친구들의 전유물이 아니고, 성실하게 열심히 하면 뭔가 이룰 수 있는 과목이라는 것을 알게 되어 자신감이 붙었다고 진호는 이야기한다.

이렇듯 해체 시기의 체육수업은 기존에 가지고 있던 수업 철학, 지식, 학생관 등이 흩어져 뒤죽박죽의 상황으로 전개되었고, '대안학교 시간'이라는 물살에 떠내려가며 나의 삶과 수업, 학생을 자세히 오래 보는 탐색의 시기를 거치자 흩어져 있던 수업 철학과 수업 지식, 학생관 등이 재정립되어 교사인 나의 마음과 학생들의 교육적 반응이 체육수업으로 조금씩 수렴되어 갔다.

2) 해체의 과정과 체육수업과의 연관성 탐색
가) 철학과 목표 - 학생 중심 관점의 철학 / 추상적이고 이상적 목표 지향

해체 시기의 나는 교육철학이 심하게 흔들린 시기였다. 특히 학생관에서의 철학은 중학교 기간제교사 시절 이후 두 번째로 겪는 변곡점이었다. 첫 번째 변곡점은 한 여학생의 "이거 왜 해요?"라는 말의 'why'를 'because' 곧 '왜냐하면'으로 바꾼 사건이다.

　나: 얘들아. 오늘은 레이업 슛을 연습할 거야. 왜냐하면 3주 후에 수행평가 본다.
　여학생: (손을 들면서) 선생님!
　나: 어? 왜?
　여학생: 근데 이거 왜 해요?
　나: (당황한 표정으로) 어? (다그치는 목소리로) 그냥 해!
　여학생: (불만 어린 표정) 네? 네.

(I200510, ○○중학교 운동장에서 여학생과 대화)

　이는 중고등학교, 체육대학, 군대 기간인 13년 3개월을 보낸 후 첫 교직에 발을 들여놓았을 때 일어난 교육적 사건이다. 남자의 세계에서 소위 '까라면 까!'라는 생각이 내 교육관을 지배하고 있을 때, 한 여학생이 던진 'why?'라는 단어는 나에게 '왜 아이들에게 레이업 슛을 가르쳐야 하지?'라는 철학적 질문으로 다가왔다. 이 단어는 한 아이의 치기 어린 반항심으로 받아들이라는 선배 교사의 조언보다도 무겁고, 진중하게 다가왔다. 이는 '수업을 어떠한 교육적 철학으로 디자인할 것인가?'라는 고민으로 수업을 바라보게 된 첫 번째 교육철학의 변환기 사건이다.

두 번째 교육철학의 변환기 사건은 연구학교 아이들을 만나고 나서부터이다. 수업시간에 제대로 앉아 있으면 다행인 아이들, 담배 태우고 문신한 친구를 찾는 일은 안 한 친구 찾는 것보다 쉬운 환경에서 난 아이들이 이뻐 보이지 않았다. 교육철학, 체육수업을 고민하는 건 이 아이들과 함께 있을 땐 사치스러운 생각일 뿐이었다. 아이들의 삐뚤어짐이, 아이들의 상처가 그냥 생기지 않는 듯했다. 밤마다 이야기하고, 또 이야기해보니 아이들 스스로 받은 상처 몇 건, 부모님으로부터 받은 상처 몇 건, 어른으로부터 받은 상처 몇 건, 친구들로부터 받은 상처 몇 건이 그 속에 자리 잡고 있었다. 장석주(2012)가 말했듯, 아이들은 스스로 붉어질 리 없는 것이다. 그 상처를 본 순간 아이들을 이해하지 않을 수 없었고, 아이들을 사랑하지 않을 수 없었다. 그리고 아이들만의 여러 빛이 보이기 시작했다. 그 아이들만이 낼 수 있는 고유한 빛, 이 빛이 모여 다양한 빛깔을 만들어냈다.

연합학력평가 때 혼자 열심히 수학문제를 푸는 기특한 ○○이, 자꾸 자기 닮은 딸을 낳으라고 망언을 종종하지만(^^) 피아노를 잘 치는 ○○이, 두레반 반장으로서 나와 함께하는 공부방장의 역할을 잘 감당하는 ○○, 교실수업 때 얼굴을 안 보여주지만 춤을 기막히게 잘 추는 ○○이, 내년에도 볼링수업이 하고 싶다며 아이들에게 소감문을 받아 교장 선생님께 드린 용감한 ○○이, 내가 "안 놀아." 그러면 "왜요~"라고 그러던 아이가 "놀지 마요~"로 바뀐 순수걸? ○○, 특송도

하기 싫어하던 아이가 "제가 사회 보면 안 돼요?"라며 선생님들을 놀래킨 ○○, 재즈면 재즈, 댄스면 댄스~ 뭐든 잘하는 ○○, 작곡해준다며 날 몇 개월 기다리게 했지만^^ 현란한 손동작(피아노와 문어왕자 액션)으로 날 놀라게 한 ○○, 공부방 무단결석과 단어시험을 무수히 틀려줌으로써 우리 공부방을 풍성하게 해준 고맙고 귀여운 ○○진, "형!"이라고 부르며 잘 따르는 든든한 ○○이, 소식지 글 늦게 낸다고 날 구박하지만 잘 챙겨주는 ○○이, 그리고 1학년 체육수업 때 내가 많이 웃는다며 날 가만두지 않겠다고 협박하는 ○○이(사랑의 문자로 해석하고 소송은 걸지 않음^^), 나의 마니또인 걸 나에게 딱 걸렸지만 아닌 척 연기를 잘하는 연기파 ○○, 까불다가 발바닥을 다쳐 수곡제 때 고생을 했지만 붕대투혼으로 날 감동시킨 ○○, 수곡제를 풍성하게 한 영상, 이 영상을 잘 꾸며준 ○○, 기타를 멋있게 치며, "형, 있잖아요~"로 나에게 말을 거는 동생 같은 ○○이, 모델의 꿈을 이루고픈 아이, 그리고 어느 땐 정신이 없지만 어느 땐 진지한 ○○이, 날 사랑한다며 내 목덜미에 자꾸 뽀뽀를 하는 귀여운 ○○이.

(Cet201211, 학교 소식지에 실린 나의 글 발췌)

뒤죽박죽이었던 색들이, 아이들을 깊이 바라보니 무지개색으로 보이게 된 것이다. 사랑스러워졌다. 아이들의 장점이 보이기 시작하고 단점은 사라져 갔다.

학생: 저 오늘 안 할래요.

나: (인상 쓰며) 또 아퍼?

학생: (인상 쓰며) 아프면 안 돼요?

(I20106, 수업시간에 학생과 대화)

학생: 저 오늘 수업 안 들어갈래요.

나: 왜? 무슨 일 있구나? 그러면 잠깐 앉아 있어. 쉬는 시간에 얘기 좀 하자.

학생: (귀찮은 듯) 알겠어요.

(I201204, 수업시간에 학생과 대화)

2년 사이에 아이들이 변한 것이 아니다. 아이들은 나에게 똑같은 이야기를 하고 있었다. 자신의 아픔을 '수업 거부'라는 형태로 보여주는 것이었다. 거기서 내가 아이들이 '왜' 아파하는지를 고민하느냐, 고민하지 않고 수업에 '참여하지 않는 것'으로 짜증을 내느냐의 결정이 수업의 첫 흐름을 결정하는 방점이 되었다. 2010년도의 나와 2012년도의 나의 변화는 '내가 아이들을 바라보는 관점'이 바뀌었을 뿐이다. 즉, 학생관이 변한 것이다. 이는 수업의 시작부터 끝까지 분위기가 바뀌게 하고, 내 수업의 모든 것을 좌지우지하는 교육철학이 변한 교육적 사건이다.

'난 참 교육자, 체육의 전문가'라는 주문을 외우며 학기 초 첫 시간에 들어가 수업의 목표를 이야기했다.

나: 우리 학교 체육수업의 목표가 뭔지 아는 사람?

학생들: (두리번거리며) 예?

나: 행복이야. 일단 무조건 수업을 받고 나면 행복해야 해. 그래야 체육을 사랑하지 않겠어? 너희가 체육을 사랑하게 되면 체육을 죽을 때까지 즐기겠지? 그게 선생님의 목표야.

(I201204, 수업시간에 학생과 대화)

'행복'이다. 소외되는 아이 하나 없이 행복한 수업을 꿈꿨다. 나의 블로그의 제목도 '행복한 체육수업을 꿈꾸며'이고, '행복한 체육수업'이라는 타이틀로 체육 보조 일지를 만들기도 했다. '행복'이라는 단어가 좋았다. 내가 준비한 수업으로 아이들이 느끼는 행복감, 아이들이 뛸 때 느끼는 행복감, 친구들과 복작거리며 느끼는 행복감 등이 내 수업의 목표였다. 그래서 라인댄스를 가르칠 때도 자기 스스로 행복해하며 춰야 하고, 보는 사람도 행복해야 한다고 했다. 평가 기준도 '행복'이라는 항목을 넣기까지 했다.

○○○ 학교장배 라인댄스 경연대회

심사위원:_____

채점내용	세부적 관찰종목	채점포인트	배점	아우구스티누스 (초성적, 조빈석, 이동철, 홍수임)	Blood type (이승혜, 김명선, 성은희)	오렌지팀 (강연, 고송주, 조현숙, 유이경이)	피에로 함께 사귀자디 (대유진, 엄혜인, 우시진, 류슬아)	오빠들 (이민선, 체지원, 박승환, 손혜용, 정혜진)
행복	행복	행복하게 춤을 추고 있는가? 관객들도 행복하게 춤을 보고 있는가?	40	40, 34, 28, 22, 16	40, 34, 28, 22, 16	40, 34, 28, 22, 16	40, 34, 28, 22, 16	40, 34, 28, 22, 16
구성	창의성	독특한 창의성이 발휘되었는가?	10	10, 8, 6, 4, 2	10, 8, 6, 4, 2	10, 8, 6, 4, 2	10, 8, 6, 4, 2	10, 8, 6, 4, 2
구성	표현	작품의 성격과 동작을 잘 표현하는가?	10	10, 8, 6, 4, 2	10, 8, 6, 4, 2	10, 8, 6, 4, 2	10, 8, 6, 4, 2	10, 8, 6, 4, 2
구성	의상	동작에 맞게 의상이 매치가 되는가?	15	15, 12, 9, 6, 3	15, 12, 9, 6, 3	15, 12, 9, 6, 3	15, 12, 9, 6, 3	15, 12, 9, 6, 3
실기	숙련성	능숙하게 자신들의 작품을 잘 소화해서 실시하는가?	15	15, 12, 9, 6, 3	20, 16, 12, 8, 4	20, 16, 12, 8, 4	20, 16, 12, 8, 4	20, 16, 12, 8, 4
실기	일치성	팀 구성원들간에 동작이 정확하게 일치하는가?	10	10, 8, 6, 4, 2	10, 8, 6, 4, 2	10, 8, 6, 4, 2	10, 8, 6, 4, 2	10, 8, 6, 4, 2
총점			100					

(Csp201212, 라인댄스 대회 채점표)

'행복한 체육수업 되기'를 통해 '행복한 학생이 되기'가 수업의 첫 번째 목표였다. 앞서 본 교육철학이 변화됨으로 '행복한 체육수업'은 자연스러운 목표로 이어졌다. 체육교사 위주의 수업이 아닌 아이들의 행복을 위해 준비하고, 아이들이 수업시간에 행복하게끔 이끌어주는 역할을 감당했다. 이를 통해 학교생활이, 가정생활이 행복할 수 있기를 바라며 준비했다. 하지만 모두의 행복을 추구한다고 해도 모두가 행복해질 수 없듯이, 경쟁 없는 즐거움의 깊이는 얕았고, 특히 운동을 잘하는 친구들에게는 자신이 돋보일 수 있는 시간, 자존감이 드러날 기회가 없었다. 2011년도 교원평가에서 '농구 좀 해요.', '축구하고 싶어요.'라는 문장과 지나가는 아이들의 이야기에는 뼈가 있었다. 기능적인 부분의 향상을 목표로, 경쟁에서 승리를 목표로 하고 싶은 학생들의 요구를 적절히 체육교육과정에 녹이지 못하고 있었다. 그 이유는 '행복'과 '승리'라는 두 마리 토끼를 다 잡고 싶지 않았다. '승리'라는 단어에는 완벽한 나의 교육철학에서는 '오염된' 단어로 인식되어 함께 섞고 싶지 않았기 때문이다.

나) 내용 - 조제남조(粗製濫造)식 수업내용

장소에 대한 핑곗거리가 있지만, 나의 해체 시기의 수업은 앞에서도 언급했듯이 '조제남조(粗製濫造)'였다. 다른 말로 하면 시장에서 물건 팔 듯 다양한 수업을 통해 아이들의 관심과 흥미를 샀지만, 품질이 낮은 물건이기에 지금까지 지속된 수업내용은 많지 않았다. 긍정적 측면에서 보자면 운동장과 실내체육관이 없는 공간에 맞닥뜨려 좌절하기도 했지만, 수업 공간을 찾고 공간에 대한 스스로의 인정을 통해, 할 수 있는 수업내용을 끌어모은 결과이기도 했다. 작은 공간에서 할 수 있는 '스포츠 스태킹', '저글링', 학교 옆 산속 작은 공터에서 하는 '함께 달리는 발야구', '함께하는 미니 축구'와 스태킹으로 하는 '컵 난타', 작은 예배당에서 하는 '플라잉 디스크 목표물에 던지기', 규칙을 변경한 '얼티미트' 경기 등이다. 뭔가 남들이 하지 않는 종목을 대안학교 교사답게 내용을 구성하고 싶었다. 내용 구성 후 행복하게 즐기면 '그뿐'이었다. 그리고 아이들의 반응은 가히 폭발적이었다.

> 체육이라는 교과가 재미있어서인지는 몰라도 수업이 재미있다. 고정된 체육에서 벗어나 함께할 수 있는 놀이 위주의 수업을 하셔서 재밌어요. 다른 학교들에 비해 특별하고 많은 것을 가르쳐준다. 아무튼 재밌는 놀이 많이 해주는 샘, 샘 수업이 재밌어요. 다른 체육 선생님과 다르다. 남녀 모두가 할 수 있도록 재밌는 놀이, 운동을 가르쳐주신다.
>
> (Csp201209. 교원평가 학생만족도 서술형평가 중)

(Cpi201111, 함께 달리는 발야구, 협동 놀이 체육수업 내용)

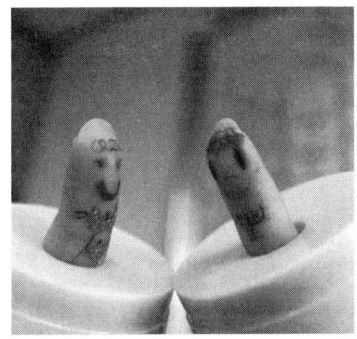 

(Cpi201208, 컵 난타 체육수업 내용)

　3분의 2는 내 수업에 관한 사항이 아닌 '나'라는 사람, '체육교사'라는 사람이 이래서 좋아요라는 것이었고, 3분의 1은 수업이 재밌다는 답변이었다. 그리고 수업에 관해 나온 단어 중 인상 깊은 단어는 '놀이'라는 단어였다. 아이들은 체육수업을 놀이로 받아들이고 있었다. '뭐 공부도 놀이로 생각하면 공부도 잘 되고 좋은 거니깐, 체육도 놀이로 생각하면 체육도 잘 되고 좋은 거겠지.'라고 방만한 생각을 했었다.

중호: 선생님! 저 수요일만 기다려요. '얼티미트'는 절 위한 스포츠 같아요.

나: 맞아. 중호 진짜 잘하더라. 선생님이 한 수 배워야겠어.

종호: 제가 시간 좀 내볼게요. (웃음) 그리고 웬만하면 수요일은 땡땡이 안 치려구요.

나: 근데 어떤 점이 좋아?

종호: 진짜 재밌어요! 여학생들과 해도 좋아요.

(I201210, 쉬는 시간에 중호와 대화)

(Cpi20125, 플라잉 디스크 체육수업 내용)

(Cpi201205, 스포츠 스태킹 체육수업 내용)

중호와의 대화에서도 재밌어서 수업이 기다려진다는 답을 받았다. 아이들을 재미있게 하고, 행복하게 하는 멋진 체육교사라고 스스로 자부한 때이다. 하지만 아이들에게 무엇을 채워주어야 할지 고민하기보다 재미있는, 흥미로운 내용을 가지고 하는 것이 '모든 것'이라고 생각했다. 이것이 교육적 이상이라고 생각했고, 30대 교사로서 열의를 가지고 이상(理想)을 향해 달려간 것이다.

다) 방법 - 사랑 담긴 일제식 수업

20명의 적은 인원으로 체육수업을 한다는 것은 모두가 부러워할 만한 일이다. 축구를 빼곤 모든 종목을 시도할 수 있고, 아이들이 수업에 참여하는 실질적인 시간이 매우 높기 때문이다. 따라서 재미 위주의, 흥미 위주의 내용을 선정하여 수업했던 난 동료교수모형, 협동학습모형을 굳이 사용하지 않아도 모든 것을 할 수 있었다. 그날 수업의 내용과 목표를 주고, 강의식 시범 후 흩어져서 개별 연습을 진행하고, 시간이 되면 게임을 진행하는 형식으로 했다. 그래도 시간이 남으면 모둠을 재편성하여 게임을 진행하고, 마무리 시간을 가지고 끝내는 정도였다. 수업 방법에 대해 특별히 생각해보지 않았고, 생각할 필요가 없었다. 단지, 설명 후 연습, 연습 후 실행(게임)의 순으로 돌아갔다.

나: 오늘은 스포츠 스태킹을 할 거예요. 스포츠 스태킹이란? (중략) 3-6-3, 6-6, 1-10-1의 순서로 최단 시간에 진행할 수 있도록 도전하는 거예요. 자, 선생님이 하는 모습을 보세요. (시범)

아이들: 오! 선생님, 진짜 빨라요!

나: 너희들이 한 시간만 연습하면 선생님보다 훨씬 더 잘할 수 있어. 지금부터 음악이 끝날 때까지 각자 연습해보는 거야. 시작!

아이들: 네~

(중략)

나: 나미야. 머리색이 달라졌네?

남: (쑥스러운 표정) 네.

나: 이쁘다. 아, 그리고 6-6 할 때 왼손이 먼저 가면 더 빠를 것 같아. 한 번 해볼래?

나미: 네. (수정 후 실행) 어, 정말 왼손이 더 편하네요?

(중략)

서웅: 선생님, 저 잘하죠?

나: 오! 정말 빠른데? 이따 선생님이랑 한 번 붙자! (웃음)

(I201112, 수업시간에 아이들과 대화)

종목에 따라 다르지만, 해체 시기에는 건강, 도전, 표현 종목의 경우 아이들에게 오늘 배울 수업내용을 알려주고, 시범을 보인 후 아이들 각자 연습하는 시간을 부여했다. 작은 강당에 음악을 틀어놓거나, 외부에 스피커를 가지고 나가서 음악을 틀어놓고 개인 연습시간을 부여했다. 이때 아이들을 개인적으로 만나며 긍정적이고 구체적인 피드백을 주었다. 20명에게 일일이 피드백을 주는 건 그리 어려운 일이 아니었으며, 피드백은 수업시간의 꽃이었다. 작은 학교이기에 아이들의 성향을 미리 파악할 수 있었고, 성향에 따라 피드백의 종류를 다르게 할 수 있었다. 즉, 내성적이고 평소에 질문하기를 어려워하는 친구에게 다가가기 전에는 아이가 수정해야 할 사항을 먼발치에서 미리 파악했다. 그리고 다가가 친근한 말투와 행동으로 아이의 마음을 안정화한 후 구체적으로 피드백을 줄 때 아이는 체육 기능을 잘 숙지하는 모습을 보였다. 외향적이고 평소 질문을 잘하는 친구들은 내가 다른 곳에 있어도 먼저 날 부른 경우가 많다. 잘할 때는 자신의 잘하는 모습을 봐달라고, 못할 때는 왜 자신의 수행이 잘 안 되는지를 물어보는 경우다.

경쟁 종목은 혼자 연습할 수 있는 경우가 드물기에 둘 또는 다수의 친구와 함께 연습한 후 시합으로 진행하는 경우가 대부분이었다. 동료교수모형, 협동학습모형은 아니다. 교사의 시범을 보고, 개인의 연습이 둘 또는 다수의 학생으로만 늘어났을 뿐이다. 그래서 친구가 잘 안 될 때 교사가 직접 개입하여 언어 또는 핸드폰으로 촬영하여 잘 되지 않는 기능을 보여주고, 시범을 다시 보여주는 식의 교수학습을 진행하였다. 빨리 시합을 진행해야 했기에 아이들의 학습 열의는 높았고, 기능을 빨리 습득하기 위해 자신이 잘 되지 않는 부분을 적극적으로 교사에게 알리고 피드백을 받았다. 나 또한 아이들의 질문에 적극적으로 대답하고, 시범을 보이며, 피드백을 해줌으로 수업은 유연하게 진행되었다.

하지만 긴 차시를 두고 연습하지 않았고, 체계적인 연습방법을 도입하지 않은 한계가 드러났다. 연습 후 게임 또는 시합에 들어간 후 연습했던 대로가 아닌 자신이 하고 싶은 폼을 가지고 시합에 임하는 것이었다. 아이들의 행복지수는 높아졌지만, 시합의 질은 낮았다. 연습량을 늘려 제대로 그 종목에 맞는 기능을 어느 정도 갖추어서 진행했어야 한다는 반성이 들었다. 물론 '아이들이 긴 차시에 연습만 한다면 체육에 대한 흥미가 떨어졌을 것이다.'라는 자위적 생각이 내 머리를 지배하고 있었기에 이 교수학습 방법은 한동안 그대로 유지되었다.

라) 평가 - 목표와 상이(相異)한 개수 평가

'행복'이라는 목표 아래, 다양한 수업내용, 설명(시범) - 연습 - 시합이라는 단순한 구도를 보자면 자연스러운 구조가 아님을 알 수 있다. 특히, 평가에서의 그 느낌은 더욱 강하게 나타난다. 평가는 수업 구조의 삐걱거림의 절정이었다.

	2학기 배점기준		
	플라잉 디스크 (중급)		플라잉 디스크 자세 (중급)
	남 (8M)	여 (6M)	남, 여
A	10번 중 10번의 플라잉 디스크를 골대에 넣은 경우		실기동작이 정확하고 능숙한 경우
B	10번 중 8, 9번의 플라잉 디스크를 골대에 넣은 경우		실기동작은 약간 부정확하지만 능숙한 경우
C	10번 중 6, 7번의 플라잉 디스크를 골대에 넣은 경우		실기동작이 약간 부정확하고 약간 부자연스러운 경우
D	10번 중 4, 5번의 플라잉 디스크를 골대에 넣은 경우		실기동작이 약간 부정확하고 부자연스러운 경우
E	10번 중 3, 4번의 플라잉 디스크를 골대에 넣은 경우		실기동작이 부정확하고 미숙한 경우
F	10번 중 1, 2번의 플라잉 디스크를 골대에 넣은 경우		실기동작이 정도에서 완전히 벗어난 경우

(Csp201102, 1학년 평가기준안)

계획적이기보다 그때그때 상황에 맞게 준비한 수업이었기에, '체육수업은 행복'이라며 아이들에게 행복한 수업을 이야기했고, 이를 통해 아이들이 행복해져야 한다는 큰 목표 아래 플라잉 디스크가 골대 안에 몇 개 들어가는지, 즉 개수로 평가하고 있었다. 플라잉 디스크의 자세를 평가하는 것도 '정확과 능숙'이라는 단어를 가지고 평가하였다. 아이들에게 시범을 보여주고, 각자 연습을 해서 시합을 통해 아이들에게 협동과 즐거움을 주려고 노력했던 나의 계획과는 다른 평가기준안이었다. 내가 왜 이러한 평가계획을 세웠을까? 그 이유를 알 수 있는 대목을 교사성찰일기에서 찾았다.

내 안에 보상심리가 있는 것 같다. 학기 중에 내가 아이들과 학교나 기숙사에서 부대끼며 살고 있다가 주말이며, 방학이면 나에게, 우리 가족에게 평안한 쉼을 주어야 한다는 생각 말이다. 방학이 거의 지난 지금 새로운 학기에 대한 마음은 51%가 두려움, 49%가 설렘이다. 1%의 차이는 어디서 오는 걸까? (중략) 1월에 수업을 준비하는 교사를 1등급 교사, 2월에 준비하는 교사를 2등급 교사, 3월 학기가 시작되면서 작년에 했던 수업을 뒤적거리는 교사를 3등급 교사라고 하는데… 작년 수업을 뒤적거리지도 않는 난 몇 등급인가? 난 핑계 속에서 삶에 쫓기며 사는, 파도에 떠밀려 사는 삶을 사는 것 같다.

(T201202, 교사성찰일기)

나에게 '개수'는 가장 편한 방법이었을 것이다. 나에게 정확과 능숙이라는 단어로 평가하는 방법은 나에게 가장 편한 방법이었을 것이다. 시간에 쫓기어 평가기준안을 작성하다 보니 목표 - 내용 - 방법 - 평가를 맞출 수 없었다. 아니, 맞추지 않은 것이다. 즉, 나에게 '아이들을 어떻게 교육할까?'라는 고민은 대안학교에서 생활 전반에 대한 고민만 있었을 뿐 수업 구조에 대한 고민은 하지 않았던 것이다.

나. 구성의 과정과 체육수업의 변화

1) 대안교육에서의 체육수업 확장

　구성 시기는 수업 '자신감'에 영향을 주었다. 나는 이 시기가 있기 전, 해체 시기에 나의 모든 철학과 교육관이 흩어지고 무너진 채로 하루하루 살아내며 대안학교 공간과 하나 되고 아이들과 하나 되었다. 이 시기를 지나 구성 시기는 아이들과 함께 있는 시간에도, 수업에 임하는 시간에도 아이들과 함께라면 이들을 교육할 수 있다는 자신감을 주었다. 아마, 아이들과 함께 지내며 아이들의 이해를 넘어 아이들 자체를 삶으로 받아들이기 시작할 때부터였다. '뭐 이런 애들이 있나?'에서 '이래서 아이들이 아파한 거구나?'로 마음이 움직이기 시작하니, 수업은 구체적이고, 체계적이지는 못했으나 체육활동 그 자체는 행복했고, 어떤 활동도 아이들은 잘 따랐고, 교육적 반응도 좋았다.

　내 안에 꿈틀거리고 있던 자발적 열심이 일어났다. '어떻게' 하면 아이들을 잘 가르칠 수 있을까를 스스로 고민한 시기였다. 수업시간에 아이들과의 즐거운 시간을 넘어 다른 무언가를 하고 싶었다. 그리고 '대안'학교 교사다운 무언가를 만들어내고 싶었다. 대안학교 체육수업과 수업을 넘은 대안학교 체육문화를 만들고 싶었다. 하지만 내가 무얼 해야 할지에 대한 구체적 방향은 잡지 못하고 있었다. 내가 먼저 해야 할 일은 '내가 뭘 좋아하는지? 뭘 잘하지?'를 파악하는 일이었다.

지금 생각해보면 재미없었을 것 같은데, 그때는 뭐가 그리 재밌었는지. (중략) 아마 모래가 밑에 깔려 있어서 우리가 막 다이빙해서 공받고 그랬잖아. 다이빙하면 점수 1점 더 주고, 기억나? (웃음) 달리기는 네가 빨랐어도, 내가 배구는 좀 더 잘하지 않았냐? (웃음)

(이○○ 면담, 2019. 7. 28.)

그 사장님 진짜 친절했는데, 가리(외상)도 무조건 해주셨잖아. 물론 장사하시기 위해 우리한테 당구도 가르쳐주셨겠지만… (중략) 그래서 사장님 덕분에 회사 생활에 큰 도움 됐지. 우리 직원들과 간간이 당구 치는데, 요즘 애들도 당구 좋아하더라고. (웃음)

(김○○ 면담, 2019. 8. 10.)

어린 시절 어떤 운동은 물론이고 뭐든 도전하는 것을 좋아했고, 경쟁을 좋아했다. 단거리 달리기에서 체육의 DNA를 발견하게 된 이후 탁구, 배구, 축구, 농구, 당구, 북청사자놀음까지 새로운 종목에 대해 거부감을 느끼기보다 희열을 느꼈고 도전하고자 하는 마음이 불타올랐다. 여기에 예비교사 시절 볼링, 수영, 육상, 체조 등 다양한 종목을 접할 수 있었다. 내가 경험한 것을 되돌아보니 나에게 생각보다 많은 총알이 있었다. 녹이 슬긴 했으나 조금 정비하면 실전에 사용할 수 있는 것들이었다. 종목 안에 내가 즐겁게 했던 경험이 묻어져 있고, 기능 향상을 위해 노력했던 땀도 스며들어 있었기에 도전할 수 있는 수업내용은 다양했다. 이는 구성 시절을 만들어준 도전과 열정의 시기가 토대가 되었다. 춤이라면 손가락 하나 움직이는 것을 부끄럽고, 창피하게 여겼던 내가 연수생 40명 중 39명이 여선생님으로 구성된 라인댄스 반에 가서 40시간의 연수를 받고, 그것도 모자라 추가 연수를 받고, 강사 자격증까지 취득하게 되었던 이유는 바로 몸의 움직임에 대한 열망과 아이들에게 부끄럽지 않은 교사가 되기 위한 열정이었다. 북청사자놀음의 '꼽추'춤과는 다르게 가면을 쓰지 않고 춰야 해서 뭔가 어색하고, 부끄러웠지만 내가 부끄러워하면 아이들도 이 춤을 배울 수 없다는 생각이 들었다.

(라인댄스 수업 중)

남학생: 선생님. 부끄러워요. (웃음)

나: 선생님은 오죽했겠니? 40명 중에 39분이 여자 선생님이었는데, 선생님도 꿋꿋이 버텼는데, 하루만 부끄러우면 다른 세계가 열릴 거야. 선생님 믿고 해보자.

(I2014010, 수업시간에 남학생과 대화)

내가 경험했던 춤의 세계를 아이들도 경험하기 바라는 마음이었다. 그리고 구기종목만을 경험한 아이들에게 표현의 기쁨을 알려주고 싶었다. 여학생들에게는 체육이 승리 쟁취를 위해 과격함만 있는 곳이 아님을 알려주고 싶었다. 대부분이 춤의 세계로 들어가 자신의 감정을 표현하고, 함께 어울려 투닥거리며 성장했다. 이러한 결과에 힘을 받아 '북청사자놀음'을 가르쳐보았다. 시작은 대안학교 체육수업의 색다름을 나타내고 싶어서였다. 아이들은 사자탈이라는 것에 호기심을 나타냈고, 연극 요소가 있어 흥미를 느꼈다. 하지만 의미 없어 보이는 반복된 동선 외우기, 대사 외우기는 움직임을 기대하고 온 학생들에게 지루함을 안겨주어 흥미를 떨어트렸다.

(북청사자놀음 수업 중)

남학생: 탈이 무거워요.

여학생: 대사가 너무 많아요.

(중략)

나: 얘들아. 앉아 있으면 어떻게? 동선 연습해야지.

아이들: 한 열 번은 더 했어요. 지겨워요.

(I201306, 수업시간에 아이들과 대화)

(Cpi201306, 북청사자놀음 체육수업 내용)

열심히 준비하고, 강사 선생님도 모셔서 수업을 진행했으나 쉽지 않았다. 동기부여를 제대로 하지 못했던 시기였다. 의욕이 앞서서 열심히 준비한 수업은 북청사자놀음뿐 아닌 '창 던지기', 'Wii' 수업 등이 있었다. 흥미로운 물건이었던 '창'에 처음엔 기대를 가졌으나, 안전의 문제와 실제 학습시간이 적다는 문제로 현재 창 던지기 수업은 진행하지 않고 있다. Wii 게임기를 통한 가상현실에서의 다양한 종목을 경험하게 하는 것은 나의 욕심이었다. 어릴 적 접해보지 못한 가상현실이 신기했고, 아이들이 이 가상현실에서 새로운 종목을 통해 도전심을 기르길 원했으나, 많은 아이가 이미 Wii 게임기를 접했고, 흥미가 상당히 떨어진 상태였다. 흥미 유발 정도의 수업 형태로 전락했던 것이다. 이처럼 가시적으로는 '실패'로 볼 수 있으나, 교육적으로 나와 아이들에게는 의미 있는 시기였다. 무언가를 열심히 하는 교사의 모습에 아이들은 때때로 감동하기도 한다. 무엇 때문에 새로운 종목을 도전하고, 이를 통해 무엇을 알려주고 싶은지를 아이들에게 정확히 전달만 된다면 의미 있는 도전이었다고 생각한다. 이 시기를 난 '도전의 시기'라고 부른다. 내 교육철학엔 "도전은 늘 옳다."라는 문장이 정 가운데 자리 잡고 있다. 아이들은 수업을 통해서만이 아니라 교사의 삶을 통해서도 배움이 일어나기 때문이다.

중학교 시절을 이야기할 때 '일기'라는 단어를 빼놓을 수 없다. 인문적 감수성을 키워준 계기가 되었다. 또한 일기 쓰기의 습관을 통해 '일상의 깨달음'의 중요성을 알게 되었다. 이는 교사 성찰일기로 이어졌고, 생각하는 힘을 길러주었으며, 나아가 인문적 체육을 시도하는 기틀을 마련해주었다.

몇 년 전의 교사성찰일기를 다시 꺼내어 보니 새롭다. 왜 내가 이렇게 생각했지? 지금이라면 다르게 생각하고 판단했을 텐데. 예전의 글을 보며 지금 내가 성장한다는 걸 느낀다. (중략) 이렇게 중학교 시절 변○○ 선생님의 강요(?)에 의해 접하게 된 일기 습관이 이렇게 나이 30 중반이 될 때 빛을 발하다니…. 교사의 교육철학이 참 중요하구나!

(T201506, 교사성찰일기)

인문적 체육은 체육에 소질 없는 아이들도 체육수업에 적극적으로 끌어들이기 위해 고안한 것이다. 앉아서 꼼지락거리는 것을 좋아하는 아이들에게 체육을 느끼게 해주고 싶었다. 그리고 체육은 '뛰는 것만이 진리'라고 생각하는 아이들에게 자신이 했던 체육을 '정리'하고, '느낄' 수 있는 시간을 주고 싶었다.

(Cst201512, 인문적 체육수업 중 학생의 시화(詩畫))

　'잉어 춤'이라는 제목으로 시를 쓴 학생은 1학년 라인댄스를 처음 배웠을 때 댄스에 대한 강한 '거부감'을 드러냈던 친구였다. '남자답지' 못한 종목이라는 이유에서다. 하지만 2년간 라인댄스의 세계에 빠져 라인댄스를 사랑하게 되었고, 12월 '학교장배 라인댄스 경연대회'에서 전시되었던 시화에 이렇게 남겼다. "나는 체육수업을 통해 라인댄스를 배웠다. 라인댄스를 2년 가까이 배웠다. 1학년 때의 나의 라인댄스는 지렁이 한 마리가 꾸물거리는 것과 비슷했다. 하지만 지금의 나의 라인댄스는 내 팔에 있는 한 마리 잉어처럼 힘차게 팔딱거린다." 마지막 문장을 읽는 순간 소름이 돌았다. 처음 라인댄스를 시작할 때 아이들에게 이야기했던 목표가 이루어진 것 같아 퍼즐이 완성되는 성취감과 뿌듯함을 느꼈다. 팔뚝에 잉어 한 마리가 그려져 있는 아이, 상남자가 진짜 남자라고 생각하는 아이가, 어찌 보면 반대 성향을 위한 종목이었을지 모를 라인댄스를 경험하고, 경험을 넘어 그 세계에 젖어들었다는 사실만으로 감동적이었다. 만약 인문적 체육을 실시하지 않았더라면 아이들이 체육활동을 통해 어떤 것을 느끼고 배웠는지 학생도, 교사인 나도 몰랐을 것이다.

　나의 체육에 대한 주체적 열정은 수업을 넘고 있었다. 대안학교에 한 명뿐인 체육교사로서 체육문화를 통해 모든 이가 체육을 삶으로 받아들이게 하고 싶었다. 3가지 영역으로 확장하였다. 첫째는 수업에서의 확장, 둘째로는 전문체육(입시)으로 확장, 마지막으로는 생활체육으로의 확장이었다. 첫째, 수업에서의 확장은 수업에서 축제로 연결 지점을 만드는 것이었다. 체육수업만으로 채울 수 없는 어떠한 공허함으로 시작된 고민은 '축제화'로 진행하였다. 첫 마중물의 역할은 체육교사였으나 펌프질하는 이는 학생과 주변 선생님들이었다. 대회 진행의 업그레이드를 위해 아이들은 끊임없이 이야기를 해주었으며, 대회를 마치고 난 소감을 이야기해주며 계속된 피드백을 주는 교사들이 있었기에 가능했다.

아이들: 선생님. 이번 대회는 선생님들만 채점하지 않고, 요즘 경연 프로그램처럼 ARS 방식 같은 거로 하면 어때요?

(I201609. 강당에서 아이들과 대화)

선배 교사: 어제, 대회 때 사고뭉치 진수가 저렇게 밝게 춤을 추는 모습을 보니, 진수 부모님도 같이 보면 너무 좋겠더라. '진수가 이렇게 컸어요.'라고 상담하는 것보다 눈으로 보여드리는 거지.

(I201707, 라인댄스 대회 다음 날 교무실에서 선배 교사와 대화)

둘째는 전문체육으로의 확장이다. 즉, 입시체육반을 활성화하는 것이었다. 자신은 없었다. 기숙사 학교이기에 사설 학원을 다닐 수 없어 아이들이 입시 운동을 알려달라고 요청했으나 나 또한 학원에서 입시 운동을 해본 적이 없었기에 자신이 없었다. 하지만 아이들이 대안학교에 와서 체육을 사랑하여 생긴 일이었기에 모른 척할 순 없었다. 나름 입시에 대한 정보를 수집하고 어떻게 체력과 기능을 만들어주어야 할지 공부한 후, 적극적으로 아이들과 함께 만들기 시작했다. 특히, 중요시했던 아침 운동으로 아이들의 체력과 운동 의지를 높이기 위해 고군분투했다.

나: 잘 들어봐. 우리가 이렇게 만나서 운동하는 시간은 일주일에 한 번이야. 한 번으로 운동이 는다는 건 거짓말이지? 그래서 아침 일찍 강당에 나와서 계획에 따라 자기주도적 운동을 했으

면 해.

아이들: 아침에요?

(I201404, 강당에서 아이들(입시체육반)과 대화)

(Cpi201402, 입시체육반 운동)

이러한 과정을 통해 아이들은 '특수체육교육', '체육교육', '생활체육' 등을 전공하게 되어 나름의 가시적 성과를 보였다. 입시체육반의 목표는 체육대학 진학, 내용은 체력단련과 입시 종목 연습, 방법은 일주일에 한 번씩 체육교사에게 배우는 입시 기술 훈련과 아침 운동을 통한 자기주도학습, 평가는 매월 기록을 평가하여 정량적 방식으로 진행되었다.

마지막으로 생활체육으로의 확장이다. 이 학교는 매주 1회의 스포츠클럽을 진행하고 있었다. 만약 학사 일정이 겹치는 날에는 매주 실시되는 스포츠클럽이 우선적으로 밀리는 상황을 맞게 되었다. 좋아하는 운동을 선택하여 매주 한 시간씩 진행되는 스포츠클럽인데, 일 년에 17시간을 채우기도 급급했다. 매일의 운동으로 운동 습관이 들고, 운동의 효과를 보게 되며, 그 효과를 느껴 지속적인 운동(평생 스포츠)으로 가야 한다는 생각을 가지고 있던 난, 전체 교사회의 시간에 15분 운동이라는 주제를 던졌고, 평소에 대안교육에서 몸 움직임의 중요성을 알고 계시던 선생님들의 지지를 통해 점심시간에 15분을 확보할 수 있었다. 처음엔 줄넘기와 저항밴드로 시작하여 평가회를 통해 교사와 아이들이 즐겨 하는 종목을 선택하여 매일 15분간 운동하는 방식으로 변경하였다. 아이들 생활기록부 스포츠클럽 누적시간은 17시간에 27시간으로 10시간 정도가 늘어났고, 아이들에게 매일 운동하는 습관을 길러주기 위해 현재도 쿼터스포츠클럽은 진행 중이다. 이렇듯 구성 시기는 체육수업을 넘어 학교 체육문화 영역 확장에도 영향을 미쳤다.

2) 구성의 과정과 체육수업과의 연관성 탐색
가) 철학과 목표 - 열정, 도전, 주체적 철학 / 서툰 구체적 목표 지향

체육수업을 어떠한 가치관으로 바라보느냐는 체육수업의 승패와 직결된다. 아이들과 함께 무언가를 열정적으로 한다면, 아이들을 위해 도전정신을 가지고 수업을 준비한다면 체육수업은 지극히 높은 경지에 이르게 될 것이다. 이는 교사에 의해서 수업이 주도되기 때문이다. 수업을 준비할 때, 마치 한 공연을 준비하는 것처럼 준비해야만 관객(아이들)과 소통할 수 있게 된다. 공연은 무대 설치, 시나리오, 대본 연습, 무대에서의 동선 연습, 분장, 소품 준비 등 보이지 않는 곳에서 끊임없이 열정을 가지고 준비해야 한다. 그때야 비로소 공연이 무대에서 펼쳐지게 되는 것이다. 이처럼 수업을 한편의 공연처럼 준비하는 '도전정신과 열정의 철학'이 나의 수업을 (누군가에 의한 변화가 아닌 나에 의한 변화로) 조금씩 변화시켰다.

구성과정은 수업의 목표를 '행복'이라는 추상적 개념에서 심동, 인지, 정의적 영역에서 배움을 실천하기 위해 구체적으로 계획하는 데 영향을 주었다. 물론 해체 시기에도 문서상의 심동, 인지, 정의적 영역의 목표가 있었으나, '행복'하면 나머지는 저절로 이루어진다는 '행복 만능주의론'을 주장하였다. 물론 행복 만능주의가 허무맹랑한 주장은 아니다. 체육을 통해 행복을 느껴야만 건강해지고, 인지와 정의가 발달한다는 사실은 과학적 차원에서도 근거 있는 이야기이다. 하지만 내가 목표해서 가르치고, 그것이 평가되어 아이들에게 어떻게 배움이 일어났는지에 대해서는 알지 못했다. 한 학기 평가기준안을 계획할 때 심동적 측면에서 '다양한 운동에 적극적으로 참여해 운동 기능과 체력 및 심신의 건강을 증진한다.'로, 인지적 측면에서 '운동과 건강에 관한 다양한 지식을 이해하고 활용하는 방법을 익힌다.'로, 정의적 측면에서 '운동을 통해 사회적으로 바람직한 태도 및 문화적으로 가치 있는 규범을 익힌다.'로 정의하였다. 큰 틀에서 다양한 운동을 통해 기능과 체력을 증진하고, 그에 따른 지식을 이해하며, 운동을 통해 사회적으로 바람직한 태도를 기르는 것을 목표로 내용·방법·평가를 계획하고자 하였다. 하지만 계획 단계에서부터 어려움이 느껴졌다. '목표는 목표일 뿐 아이들만 행복하면 된다.'라는 생각이 꿈틀거렸다.

> **2014학년도 1학년 1학기
> (운동과 건강생활) 평가기준**
>
> 담당교사: 최정규 (인)
>
> 1. 목적
>
> 다양한 신체 활동을 통하여 학생 개개인의 움직임 욕구를 실현하고, 운동을 수행하는 데에 필요한 기능과 체력을 증진하며, 운동과 건강에 관한 지식을 이해하고, 사회적으로 바람직한 태도를 함양한다.
>
> 1) 다양한 운동에 적극적으로 참여해 운동 기능과 체력 및 심신의 건강을 증진한다.
> 2) 운동과 건강에 관한 다양한 지식을 이해하고 활용하는 방법을 익힌다.
> 3) 운동을 통해 사회적으로 바람직한 태도 및 문화적으로 가치 있는 규범을 익힌다.

(Csp201402, 1학년 평가기준안)

수업 목표를 매 시간 아이들에게 공지하고 수업을 진행하기도 하고, 목표부장을 뽑아 강당 작은 칠판에 적어 읽혀보기도 했다. 이것을 반드시 가르치겠다는 각오를 다지며 수업에 입장했으나 아이들의 반응은 싸늘하기만 했다.

나: 자, 목표부장이 나와서 오늘 수업 목표를 읽어줄 거예요.

목표부장: 오늘의 수업 목표입니다.

(중략)

아이들: (웅성웅성)

나: 여러분이 이번 수업시간 목표를 이야기해볼까?

아이들: (두리번두리번) 음… 잘해야 해요.

(I201409, 강당에서 아이들과 대화)

수업 마지막에 'OX 퀴즈'로 아이들에게 수업 목표를 다시 상기시키기도 하고, 칠판에 적어놓고 틈틈이 읽어주기도 했다. 하지만 아이들 입장에서는 수업 목표를 읽고, 듣는 행위를 재미있는 체육 시간을 뺏어 먹는 좀 벌레같이 취급했다. 나 또한 처음 가졌던 열정은 불편함이라는 가랑비에 옷 젖듯이 식어만 갔고, 어느새 수업 목표를 읽지 않거나 세우지 않은 상태에서 들어가곤 했다. 불편하지 않았다. 아니, 오히려 수업의 흐름이 더 잘 흘러가는 것 같았다. 그 시간에 아이들에게 추첨을 통해 음료수를 나눠주거나 주말에 진행되었던 해외 스포츠 이야기를 해주면 아이들의 반응은 더 뜨거웠기 때문이다. 탐구를 통한 열정이 아닌 탐구가 없는 열정과 도전의 시기였다.

나) 내용 - 열정, 도전, 주체적이고 다양한 수업내용

구성과정은 체육수업에 '도전과 열정 그리고 주체성'에 영향을 주었다. 흩어져 있던 나의 정체성은 하루하루 살아냄과 동시에 공간과 학생을 탐색하여 수렴되었고, 이러한 경험으로부터 내가 구성되었다. 이 시기 체육수업의 내용은 크게 다섯 영역으로 나눌 수 있다. 첫째로 작은 대안학교에서의 공간을 최대 활용할 수 있는 뉴 스포츠를 활용한 체육수업, 둘째로 기존 스포츠 종목이지만 체육수업 시간에 직접 가르치기 어려운 종목에 대해 도전한 수업내용, 셋째로 체육수업을 통해 아이들이 배운 종목을 축제의 장으로 변환한 수업내용, 넷째로 학교 운동장과 실내체육관이 없는 대안학교에서의 풍부한 수업을 위해 지역사회와 연계한 볼링, 승마 체육수업, 다섯째로 아이들에게 필요한 덕목·인성을 키워주기 위해 시도한 목적 있는 프로젝트 체육수업 내용이었다. 구성 시기는 과감하고 열정적으로 도전할 수 있게 해주었다.

① 공간 활용에 따른 뉴 스포츠 체육수업

운동장이 없었고, 실내체육관도 없었다. 그렇다고 체육수업을 안 할 수는 없었고, 교실에서만 할 수 있는 상황이 아니었다. 예배당이라는 기존 공간을 최대한 활용하기 위해 수업내용을 고민했다. 공간 활용의 수업 아이디어는 '뉴 스포츠' 종목에서 찾을 수 있었다. 한정된 공간 안에서 모든 아이가 함께 즐길 수 있기 때문이다. 즉, 기존 종목보다 장소의 제약을 덜 받고 안전하며, 종목의 특성을 살려 변형하였기에 우리 학교 체육수업 도입에 적절하였다. 수업내용은 '뉴 스포츠' 이름으로 나온 거의 대부분의 종목을 수업과 접목했는데, 수업의 목적과 의도에 맞지 않다고 생각하는 종목은 단회성으로 진행하였다. 그 중 wii 게임기를 통한 가상 스포츠가 여기에 속한다.

(Cpi201403, Wii 가상스포츠)　　　(Cpi201410, 협동 뉴 스포츠)

　도전적으로 아이들에게 많은 것을 경험시켜 주고 싶던 마음이 컸던 만큼 '공간이 제한적'이라는 생각이 강했기에, 가상공간에서라도 자유롭게 운동하도록 해주고 싶었다. wii 게임기에서 올림픽 종목, 수상 스포츠 종목은 나에게 매력적이었고, 신선했다. 구성 시기의 가장 핵심적인 키워드인 '도전'은 아이들에게 새로운 경험과 체육의 새로운 패러다임을 선물해주기도 했지만, 때론 '무모한 도전'이 되기도 했다. 앞서 이야기한 대로 아이들 중 wii 게임을 어릴 적부터 경험한 친구가 꽤 많았으며, 종목에 참여하는 아이들은 20명 중 2명 또는 4명으로 한정되어 있었기에 실제 학습시간이 매우 적었다.

　지금은 사라진 학교 본관 옆에 작은 농구장이 하나 있다. 바람도 많이 불고, 주차된 차량으로 인해 온전한 공간 확보가 어려웠으며, 농구장 아웃라인을 지나면 경사진 공간이 있었다. 공놀이를 하다가 공이 경사진 공간으로 떨어지면 나무를 헤쳐 공을 주위와야 했고, 주차된 차량에 공이 맞을까 불안한 마음으로 운동을 진행했다. 특히 '협동'이라는 인성요소를 체득시키기 위해 '킨볼'이라는 뉴 스포츠를 선호했다. 하지만 킨볼은 주변 나뭇가지에 찔려 킨볼 내피가 터지는 경우가 2, 3시간마다 있었다. 내피 하나에 몇 만원씩 했기에 특별한 날(?)에만 수업을 진행할 수밖에 없었다. 그리고 아이들에게 '과감히' 운동을 진행하라고 요구하기보다 내피가 터지지 않도록 '조심히' 운동하라고 요구하는 모습에 체육교사로서 자괴감이 들기도 했다. 그래서 발견한 종목이 '플래그 풋볼'이다. 미식축구의 변형게임으로 공을 가진 학생이 허리에 매달려 있는 끈을 뺏기지 않으면서 상대 진영으로 공을 들고 가는 스포츠이다. 바람의 영향을 덜 받으면서 아이들의 운동 욕구를 해결해줄 수 있는 종목이었다. 특히, 게임을 진행하면서 같은 편끼리의 회의를 통해 전략을 스스로 세우는 모습은 인상적이었다. 과격하지 않으면서, 아이들에게 '경쟁'과 '협동'을 체득시킬 수 있는 수업으로 점차 발전하게 되었다. 난 '킨볼'이나 '플래그 풋볼' 종목 정보를 방과 후 시간에 책과 인터넷을 통해 습득하며 수업내용과 규칙을 숙지하게 되었고, 수업 전에 친한 선생님들과 미리 수업 상황을 연습하며 아이들에게 부족한 부분을 미리 파악하여 수업에 임했다.

(Cpi201506, 킨볼 체육수업 내용)

(Cpi201609, 플래그 풋볼 체육수업 내용)

농구 종목은 드리블 배우는 시간에 많은 차시를 할애해야 한다. 그리고 기존에 농구를 배운 친구와 배우지 못한 친구의 편차가 크기에 시합으로 가기까지 긴 시간이 필요했다. 특히 남/여학생의 차이를 무시하며 수업에 임하기가 부담스러웠다. 그리고 앞서 이야기했던 농구장의 외부상황을 고려하면 더욱 그러했다. 실내에서 할 수 있고, 농구의 형태를 갖춘 '넷볼'을 도입해보았다. 넷볼의 역사는 100년이 훌쩍 넘어 뉴 스포츠라고 명명하기도 민망하지만, 넷볼은 코트를 3등분하여 각각의 선수가 움직일 수 있는 범위가 있고, 기능 수준이 가장 많이 나는 드리블을 하지 못해도 패스와 슛만으로 가능한 경기다. 그리고 슛을 하는 담당선수를 여학생으로(1, 3코트), 2, 4코트에는 남학생으로 규칙을 변형하여 남/여학생이 모두 참여할 수 있도록 하였다.

여학생들: 선생님, 남학생들이 슛을 다 쏘면 어떻게 해요?

나: 그래서 선생님이 규칙을 변형했어. 1, 3코트에는 GS(골슈터)를 무조건 여학생으로, 2, 4코트에는 남학생으로 바꿀 거예요.

남학생들: 좋아요. 나중에는 그런 거 없이 하는 것도 좋을 것 같아요.

나: 좋아. 너희들 수준이 비슷해지면, 남/여학생 구분 없이 진행해 보자.

아이들: 네. (웃음)

(I201705, 강당에서 아이들과 대화)

(Cpi201705, 넷볼 체육수업 내용)

학교에서 식당으로 가는 공간에 잔디밭이 있다. 식사하러 갈 때 항상 난 '이곳에서 아이들이 뛰면 참 좋겠다.'라는 생각을 하곤 했다. 그 공간에 적합한 수업을 고민하던 중 '플로어 볼'이라는 수업내용을 찾게 되었고, 정사각형 공간은 아니지만, 골대의 크기만 맞추어 게임을 진행해보았다. 잔디 위에서 하는 수업은 아이들에게 색다른 정서적 경험을 하게 해주었다. 넘어져도 다치지 않고 따스한 햇살 아래 진행하는 수업은 내용을 풍성하게 만들었고, 아이들의 마음도 풍성하게 만들었다.

(Cpi2015012, 플로어 볼 체육수업 내용)

이렇듯, 공간의 제약 속에서 여러 종목을 과감히 도전할 수 있었던 이유의 기저에는 학창 시절의 경험이 깔려 있다. 그 이유는 구성의 시기로 내 체육수업을 다 이야기할 수 없기 때문이다. 나는 학창 시절에 다양한 체육 종목을 경험했고, 어릴 적에는 아이들과 '경쟁'을 통해 '협동'을 배웠기에, 기존 전통 스포츠만 고집하지 않을 수 있었다. 하지만 '뉴 스포츠'만으로 수업의 목표를 달성하기란 쉽지 않았다.

② 기존 스포츠 종목에 새로운 시도를 한 체육수업

학교 옆에 있는 작은 산의 공터에서 '창 던지기' 수업을 진행했다. 아이들에게 '창'이라는 신선한 종목을 경험케 하고 싶었다.

아이들은 '창'에 큰 관심을 가지고 흥미롭게 수업에 임했으나, '창 수업'으로의 관심은 '창으로 사람이 죽느냐, 사느냐?'로 관심이 옮겨졌고, 누가 바른 동작으로 더 멀리 던지는가 하는 수업 목표는 저만큼 멀리 가 있었다. 앞서 이야기한 바와 같이 '새로운'이라는 수업에 방점을 찍고 준비한 탓에 '교육적 의미 부족'으로 실패의 쓴맛을 경험한 수업내용이었다.

나: 손 모양은 이렇게 하는 거고, 팔을 끝까지 펴야 해!
아이들: 선생님, 근데요, 이거 맞으면 죽어요? 죽은 사람 있어요?
나: 어, 죽어. 죽어. 그러니깐 절대 그리로 다니면 안 된다.

(I201404, 수업시간에 아이들과 대화)

(Cpi201404, 창 던지기 체육수업 내용)

'진종오'라는 사격 선수는 우리나라를 대표하는 공기권총 국가대표 선수이다. 그는 2008년 베이징 올림픽부터 2016년 리우 올림픽까지 4개의 금메달을 획득하였다. 하지만 아이들은 별 관심이 없었다. 아니, 정확히 이야기하면 올림픽 기간에만 관심이 있을 뿐 그 외의 기간에는 사격에 별 관심이 없었다. 나 또한 학창 시절에 권총과 사격에 대한 이론 수업은 들어보지 못했을 뿐 아니라 관심조차 없었다. 기존의 것을 잘 가르치고, 새로운 것에 도전하고 싶었던 나의 정체성은 사격이라는 종목에 묘한 매력을 느끼게 되었고, 올림픽에만 관심을 갖는 종목에 미안한 마음을 담아 사격 수업을 준비했다. 장난감 권총을 구입하고, 표적지를 만들고, 못 쓰는 플래카드와 걸레를 받쳐 BB탄이 날아가지 않도록 준비했다. 아이들은 교사의 열정에 화답하듯, 사격에 대한 열정을 보여주었고, 진종오 선수 외 사격 선수를 조사하고, 어떤 시합이 있는지 알아보는 데 열의를 다하였다. 난 교사가 어떤 방향성을 가지고 교육하는가가 아이들의 교육적 성장 방향을 정하는 데 가장 중요한 요인임을 알게 되었다. 그리고 교사가 방향성을 제시할 때 어느 정도의 열의로 준비했는지에 따라 아이들의 반응 정도는 달랐다. 상인이 물건을 만들 때 정성이 들어간 만큼 상품을 소개할 때도 열의가 드러나는 것처럼, 내가 준비한 수업을 준비할 때 쏟은 열의는 수업을 진행할 때도 드러나기에 아이들의 교육적 반응은 달랐다.

(Cpi201507, 사격 체육수업 내용)

건강을 위해 운동을 선택할 때 내가 달리기를 선택하지 않는 이유에 대해 '어릴 적 달리기의 부정적 이미지' 때문이라고 단호하게 이야기할 수 있다. 국민학교 시절부터 군복무 시절까지 달리는 벌을 받았다. 달리기 할 때는 늘 내가 무언가를 잘못해서 달린다는 생각이 들었고 그런 부정적 경험이 쌓인 것이다. 아이들의 학창 시절 '달리기'라는 이미지를 긍정적으로 행복하게 만들어주고 싶었다. 처음에는 '마을 수다 떨며 걷기'라는 이름으로 아이들과 30분 정도의 마을의 거리를 걸었다. 아이들에게 친구들과 함께 마을길을 걷는 것은 즐거운 일이 되었다. 그렇게 한 달을 한 후에는 빠르게 걷기, 천천히 뛰기, 행복하게 뛰기 등등의 주제를 내걸어 수업을 진행해보았다. 그리고 아이들에게 왜 이러한 수업을 하는지에 대해 설명해주었다.

나: 뛰니깐 기분이 어땠니?

아이들: 땀 나서 찝찝할 줄 알았는데, 생각보다 상쾌해요.

나: 우리 몸은 움직여야 건강하게 만들어졌기에 그래.

(중략)

나: 너희들이 달리기를 좋아하게 됐으면 좋겠다. 그래서 평생 건강한 삶을 살았으면 좋겠어.

아이들: 좋아졌어요. 그리고 몸이 좀 가벼워진 것 같아요. (웃음)

(I201611, 수업시간에 아이들과 대화)

(Cpi201610, 마을 달리기 체육수업 내용)

③ 체육수업과 축제화의 만남

'라인댄스'는 구성 시기의 대표적인 체육수업 내용이다. 2013년 '큰맘' 먹고 참여한 라인댄스 연수를, 춤과는 연이 없는 나였기에 그리고 여선생님들 속에서 댄스를 하고 싶지 않았기에 포기하려고도 했었다. 그러나 '원희' 학생과 통화와, 수업시간에 '열정'이라는 단어로 "나도 수업을 열정으로 준비해올 테니, 너희들도 수업에 열심히 임하고자 하는 열정을 준비해 와야 해."라고 떠들었던 생각에 라인댄스 연수장으로 다시 발길을 돌렸다. 우여곡절 끝에 라인댄스는 체육수업의 한 축을 담당하고 있다. 라인댄스 수업은 초·중·고급으로 나뉘어 1, 2, 3학년 연계 수업을 진행한다. 아이들은 열정적으로 잘 따라와 주었다. 내가 열심히 배웠고 아이들에게 열정적으로 가르쳤기 때문이다. '열정'이라는 단어 안에는 내가 라인댄스 '안'으로 빠져 그것의 '즐거움'을 느꼈다는 의미가 들어 있었고, 그 감정이 아이들에게 고스란히 전달되었다.

하지만 우리만의 즐거운 시간으로 끝내기엔 아쉬움이 가득했다. 아이들이 춤을 추며 느꼈던 행복한 감정을 친구들, 선후배, 학교의 모든 구성원에게도 나눠주는 일을 하고 싶었다. 아이들도 그 의견에 흔쾌히 동참해주었고, 이는 축제화로 연결되는 두꺼운 고리가 되었다.

아이들: 선생님, 저희 의상 준비해도 돼요?
나: 당연하지. 큰 돈 주고 사는 건 안 되고, 있는 옷에서 맞추는 게 좋을 것 같아.
아이들: 네.
(중략)
아이들: 선생님, 배운 춤 말고 저희가 새롭게 개발한 춤도 되나요?
나: 너무 좋지! (웃음)

(I201610, 수업시간에 아이들과 대화)

(Cpi201612, 라인댄스 체육수업 내용)

기숙사 앞마당에 농구장이 있다. 아이들은 방과 후 시간에 선후배와 어울려 농구를 한다. 아이들이 수업시간에 넷볼을 배웠으므로 남학생들은 방과 후 시간에 농구에 더욱 열을 올린다. 나 또한 중학교 시절 농구의 삶을 살았기에 남학생들의 농구 열정과 욕구를 잘 알고 있었다. '경쟁'이라는 요소를 통해 아이들에게 체육에 대한 열정을 더 심어주고 싶었다. '학교장 농구대회'를 통해 농구 축제를 열게 되었다.

아이들: 선생님, 저희 팀 보셨죠?

나: 응. 진짜 잘하더라.

아이들: 바닥이 미끄러워서 그렇지, 저희가 여기 접수했어요.

(중략)

아이들: 내년에도 농구 시합 열어주실 거죠?

나: 그럼!

(I201409, 쉬는 시간에 농구 우승팀 아이들과 대화)

(Cpi201406, 농구 체육수업 내용)

④ 지역사회와 연계한 체육수업

같은 재단의 중학교에서 외부 수영 수업을 했다는 데서 아이디어를 얻어 지역사회와 연계한 수업을 시작하였다. 대학 때 전공했던 볼링과 시에서 지원받아 시작한 승마수업이 그 예이다. 앞서 말한 바와 같이 볼링장을 섭외하는 것은 꽤 어려운 일이었다. 볼링장 사장님이 완강하게 반대한 이유는 첫째, '우리는 야간에 장사하기에 오전에 문을 열지 않는다. 오후 2시에 여는데 학교 측에서 가능하겠는가?'였다. 둘째, '그 학교 아이들이 오면 볼링비로 버는 것보다 레인이 망가져서 수리비용이 더 들 거라서 손해가 크다.'라는 것이었다. 아이들에게 볼링을 통해 가르쳐주고 싶었던 교육적 욕심이 컸기에 여러 번의 설득과정을 통해 수업을 진행할 수 있게 되었고, 지금까지 볼링 수업은 우리 학교 체육수업의 전통이 되어가고 있다.

주체적으로 공간을 계획하고, 계획한 공간을 사용하기 위해 끊임없이 노력한 결과이다. 차량을 섭외해야 하고, 예산을 확보해야 하는 일은 부차적이지만 끊임없이 행정적 일을 수반하게 한다. 그럼에도 불구하고 구성과정을 지나고 있던 나에게 이러한 불편함은 불편함으로 느껴지지 않았다. 아이들을 위해서 당연히 체육교사가 해야 할 사명이었다. 아이들에게 있어서도 체육시간에 볼링을 친다는 사실은 그 자체만으로도 신선한 충격이었고 즐거운 일이었다.

학생 1: 너무 재밌어요!

학생 2: 스트레스가 풀려요!

학생 3: 세계 최초의 볼링수업 내년에도 꼭 해주세요!

(중략)

나: 너희가 볼링장을 매너 있게 잘 사용해줘서 고마워. 내년에도 즐거운 볼링수업을 기대해.

(I201511, 수업시간에 아이들과 대화)

(Cpi201509, 볼링 체육수업 내용)

2015년에 시에서 지원받아 시작한 '승마수업'은 행정처리에 대한 문제가 훨씬 컸다. 몇 개월 전부터 시에 신청해야 했고, 아이들의 학부모 동의와 수업시간에 왕복 50분간 이동할 차량과 수업시간 변경 등 나 혼자만 열심히 해서 될 일이 아니었다. 먼저 관리자와 부장교사들의 따뜻하고 적극적 지지가 아니었다면 어려웠을 것이다. 그리고 수업시간표 전체를 움직여야 하는 어려움에 적극적으로 동의해준 동료 교사들이 아니었다면 어려웠을 것이다. 지역사회와 연계한 체육수업은 그렇게 공동체 구성원들의 지지 덕에 시작할 수 있었다. 해체의 시기를 거쳐 공동체를 이해하게 되었고, 수렴되었던 시기를 거쳐 공동체 구성원과 함께 수업을 만들어갈 수 있었다.

　아이들의 승마수업의 반응은 호불호가 갈렸다. 대부분은 야외에서 동물과 교감한다는 사실만으로도 동기부여가 되었으며, 승마가 주는 즐거움이 아이들에게 큰 기쁨이 되었다. 반면, 털 알레르기가 있는 친구나 동물을 무서워하는 친구들에게는 쉽지 않은 체육수업이 되었다. 하지만 승마장 코치분들과 협의하여 무서워하는 친구들에게 맞는 수업내용을 따로 계획하여 진행하였다. 이처럼 승마장 코치들과 나의 의사소통은 매우 중요했다. 앞서 볼링장과 마찬가지로 지역사회 구성원과의 의사소통은 지역사회를 활용한 체육수업에서 가장 중요한 일이다.

(Cpi201706, 승마 체육수업 내용)

⑤ 목적이 있는 프로젝트 체육수업

아이들에게 체육은 '몸'으로만 하는 것이 아니라는 사실을 알려주고 싶었다. 체육을 다양하게 경험할 수 있다는 사실을 알려주고 싶었다. 체육을 영화 소재로 하여 시나리오를 작성하게 하고, 대본, 배역, 촬영 등을 하는 수업도 진행하였다. 어떠한 주제를 정해주기보다 체육 창고를 열어주고, 아이디어를 낸 후 회의를 하도록 한 것이다. 진행 순서마다 개입하여 진행 여부를 검토하였다. 특히, 무임승차하는 친구들이 없도록 아이들 역할을 확인하는 데 힘을 썼다. 3분에서 5분 사이의 체육 영상을 촬영하는 건 생각보다 쉬운 일이 아니었다. 하지만 체육 시간에 자신의 존재감을 드러내지 못한 친구 중 영상기기에 자신 있었던 친구들은 체육 영화제작 시간에 존재감을 드러내기도 했다. 이 아이들은 높아진 존재감으로 일반 체육 종목을 경험하는 시간에 적극적으로 임하기도 했다.

나: 영상 퀄리티가 너무 좋았어!

학생: 감사합니다. 친구들의 반응이 좋아서 더 좋았어요.

나: 대체 아이디어는 누가 낸 거야? 너무 좋더라.

학생: 친구들끼리 회의했어요. 다음 시간에 뭐해요?

(중략)

학생: 영상 아니더라도 열심히 해볼게요. 자신감이 좀 붙었어요.

나: 역시!

학생: 체육 시간에 친구들이랑 웃어본 게 처음인 거 같아요.

(I201709, 수업시간에 아이들과 대화)

초등·중학교 때까지 운동에 대해 그다지 좋은 인상이 없었던 친구였다. 체육 시간은 운동 잘하는 친구들의 전유물이었기 때문이다. 그래서 아이들도 자신을 주목하지 않았고, 주목받고 싶지 않아 했다. 하지만 영상을 잘 다루는 이 친구는 아이들의 지지가 좋았고, 그 지지를 통해 체육적 자신감이 붙게 된 것이다. 물론 '몸'으로 하지 않아 한계가 있을 수 있으나 체육 영화제작 수업은 그 친구를 체육에 흥미를 느낄 수 있는 초입에 들어서도록 이끌었다.

(Cpi201605, 체육 영화제작 체육수업 내용)

　결혼한 후부터는 빈민국가 아이들에게 후원하며 나눔의 기쁨을 누렸던 나이기에 우리 아이들에게도 나눔의 기쁨을 알게 해주고 싶은 프로젝트를 기획했다. 무엇을 어떻게 나눠야 할지 고민하던 중 비영리단체와 연결하여, 아프리카 아이들에게 옷이나 신발을 나눠주는 프로젝트를 계획하기 시작했다. 일명 '아프리카 친구에게 행복한 체육수업 추억 나누기 프로젝트'이다. 자신이 체육 시간에 입었던 체육복이나 운동화를 깨끗이 빨아 보내는 프로젝트였다. 아이들은 여기서 그치지 않고, 학교 차원에서 함께 할 수 있는 방안을 고안해냈다. 전체 조회 시간에 광고를 하거나, 부모님께 지원 문자 보내기 등 아이들은 체육수업 시간에 수많은 아이디어를 짜내어 본 프로젝트를 성공적으로 이끌기 위해 최선을 다했다. 옷과 신발을 비영리단체에 보내 아프리카 아이들이 어떻게 반응했는지는 모르지만, 그 과정에 참여한 아이들은 자신의 행동을 뿌듯해했다.

나: 여러분이 프로젝트를 잘 끝마쳐주어 옷과 신발은 아프리카 친구들에게 잘 전달되었어요.

아이들: 진짜요? 와! (웃음)

(중략)

나: 그냥 버릴 수 있는 옷을 깨끗이 빨아 다른 사람이 잘 입는다고 하니 어때?

아이들: 신기해요! 뿌듯해요!

(I201709, 수업시간에 아이들과 대화)

(Cpi201506, 아프리카 친구에게 행복한 체육수업 추억 나누기 프로젝트 체육수업 내용)

다) 방법 - 다양한 수업 방법

구성 시기에는 무엇이든 열심히 준비하고, '아이들과 열정적으로 수업에 임하는 것'이 최고의 수업 방법이라고 생각했다. 물론 해체의 시기보다 다양한 수업내용을 기획함에 따라 수업 방법도 다양해졌다. 예를 들어 프로젝트 수업에는, 설명하고 시범을 보이며 연습하는 순서가 아닌 프로젝트에 알맞은 방식을 도입하였다. 전체 프로젝트를 설명한 후 프로젝트에 따른 기초자료 조사, 조사 후 모둠 발표, 모둠별 전문가 선정(촬영 전문가, 시나리오 전문가 등), 다른 모둠의 전문가와 회의한 후 우리 모둠이 적용할 수 있는 부분을 적용, 1차 프로젝트 실행, 수정 및 보완, 2차 프로젝트 실행 등의 방식으로 수업을 진행했다. 즉, 이는 직소협동학습의 변형모델이다.

나: 오늘은 다른 모둠 전문가와 회의하는 날이에요.

아이들: 예?

나: 자신 모둠의 전문가로서 발표를 하면서 다른 모둠의 장점을 가지고 와서 다시 자신의 모둠에서 회의를 할 거예요. 좀 더 좋은 결과를 위해서.

아이들: 헷갈려요.

나: 자, 그럼 일단 전문가별로 모여볼게요. 이쪽에는 촬영 전문가, 저쪽에는 시나리오 전문가.

(중략)

나: 다 모였으면, 자신의 모둠에서 어떻게 활동할 것인지 간략하게 발표할게요.

(중략)

나: 이제 각자 자신의 모둠으로 돌아가서, 자신이 다른 모둠에서 배워온 걸 하나씩 나눌게요.

(중략)

나: 이번엔 지금까지 나온 아이디어들을 모아서 하나의 안으로 만

들어볼게요.

(I201606, 수업시간에 아이들과 대화)

하지만 수업의 대부분은 앞서 이야기한 바와 같이 '아이들과 열정적으로 수업에 임하는 것'이 최고의 방법이라고 생각했고, 그것만이 정답이라고 생각했다. 뉴 스포츠 수업을 진행할 때 나 스스로 재미있고 신났기에 아이들과 함께 어울려 수업에 임했다. wii 가상 스포츠 수업, 킨볼, 넷볼, 플래그 풋볼, 플로어 볼 수업은 내가 전문적으로 배워서 수업을 진행한 것이 아니기에, 아이들에게 기본적인 규칙과 기능을 설명해준 후 연습을 했다. 나도 연습하고, 아이들과 함께 모둠에 편성되어 시합을 함께 해나갔다. '함께 호흡하는 것'이 중요하고, '교사가 행복할 때 아이들도 행복한 것'을 몸으로 느끼는 시간이었다. 따라서 특별히 어떠한 수업 방식으로 수업해야 한다고 생각하지는 않았다.

나: 옴니~ 킨 올레!

아이들: (바쁘게 움직이며) 옴니~ 킨 자연!

나: 자연팀 빨리 움직여!

아이들: 선생님! 선생님 팀이 너무 유리해요.

나: 알겠어. 이번 게임 끝나고, 다시 편 나누자. (웃음)

(I201705, 수업시간에 아이들과 대화)

지역사회와 연계한 수업내용에서는 볼링장과 승마장에 나가기 전에는 철저히 1시간 동안 이론 및 예절 강의를 한다. 학교 내에서 허용되는 것들이 밖에서는 허용되지 않을 경우가 있고, 장소마다 예절법이 다르기 때문이다.

축제화와 연결한 수업은 협동학습 방법을 사용했다. 운동 종목에 재능이 있는 친구들은 수업시간에 배운 내용을 같은 모둠 내에서 알려주고, 시합을 함께 준비한다. 물론 이때 아이들의 의견이 맞지 않아 싸우는 경우가 허다하다. 이 또한 계획된 수업 시나리오였다. 이는 자신의 의견을 낸 후에는 다른 사람의 의견을 들어주는 것도 배우고, 서로 협의하여 최고의 성적을 올릴 수 있는 방향으로 나아가는 과정을 경험하는 것이 아이들에게 최고의 교육 방법이기 때문이다. 비록 순위에 들지 못하더라도, 서로를 비난하거나 미워하는 일은 거의 없다. 모둠 내에서 서로가 어떻게 노력했는지 충분히 알기 때문이다.

라인댄스 축제를 준비하는 것은 참 괴롭다. 아이들도 마찬가지리라. 서로 다른 성향의 아이들이 모여 최고의 것을 추구하는 것이 어찌 쉽겠는가. 하지만 몇 해에 걸쳐 아이들이 이 과정을 통해 성장되는 것을 봐왔기에 괜찮다. 아이들은 성장할 것이다. 하지만 이 과정을 보는 나는 참 괴롭다.

(T201605, 교사성찰일기)

라) 평가 - 목표와 일체화 평가의 서툰 노력

수업내용에 대한 고민은 방법과 평가로 자연스럽게 이어졌다. 해체의 시기처럼 '행복'이라고 가르치고 '개수'를 평가하는 우를 범하지 않으려 노력했다. 하지만 개수에 대한 평가, 즉 목표와 평가가 전혀 다른 우를 범하지 않기 위한 노력이 과해 평가의 기본을 놓치기도 했다.

학기	영역(만점)	등급		평가 척도	배점
1학기	볼링 매너	성취기준		해당 스포츠 종목의 경기를 수행할 수 있는 기초 및 응용 기술을 익혀 경기에 적용할 수 있다.	
		성취수준	상	해당 스포츠 종목의 경기를 수행할 수 있는 기초 및 응용 기술을 익히고 경기에 적용할 수 있다.	
			중	해당 스포츠 종목의 경기를 수행할 수 있는 기초 및 응용 기술을 익히고 경기에 부분적으로 적용할 수 있다.	
			하	해당 스포츠 종목의 경기를 수행할 수 있는 기초 및 응용 기술을 익히거나 경기에 적용하는 것에 어려움이 보인다.	
		평가기준		총 6회의 친구평가를 통한 점수로 평가(A, B)	
		A		6회 모두 A가 나왔을 경우	10
		B		5회 모두 A가 나왔을 경우	9
		C		4회 모두 A가 나왔을 경우	8
		D		3회 모두 A가 나왔을 경우	7
		E		1, 2회 모두 A가 나왔을 경우	6
		F		본인의 의사에 의한 수행평가 미응시자(기본점수)	5
				학업성적관리규정 제17조(장기결석)에 의한 수행평가 미응시자	4

(Csp201502, 1학년 평가기준안)

볼링 수업시간에 아이들에게 "볼링 매너는 볼링 200점을 치는 것보다 중요하다. 옆 레인에서 볼링을 칠 때 자신도 레인에 올라간다든지, 친구가 스트라이크를 쳤는데도 하이파이브를 하지 않고, 함께 기뻐하지 않는 사람도 매너가 없는 것이다."라는 이야기를 했다. 따라서 우리 아이들은 볼링을 잘 치는 것보다 볼링 매너를 지키고, 다른 사람이 잘 칠 때, 혹은 못 칠 때 함께해 주는 것이 더 중요하다고 생각한다. 그래서 내가 6번의 볼링 게임을 다 볼 수 없기에 동료평가를 진행했고 수행평가화했다. 실제 난 볼링을 선수처럼 잘 치는 것보다 '매너와 함께함'을 더 중요시하기 때문이다. 하지만 문제가 생겼다. 모든 아이의 매너 점수가 만점이었다. 물론 대부분이 볼링 매너를 잘 지키고, 함께함을 잘 지켰지만, 100%는 아니었다. 아이들이 흐름과 분위기에 만점을 주는 사태가 벌어졌다. 그리고 평가 자체를 아이들에게 맡기는 꼴이 되었기에, 평가 주체에 대한 논란이 있을 수 있다. 지금 생각하면 이상적인 교육을 실천하고자 한 체육교사의 용감함이었고, 다른 한편으론 평가의 기본을 무시한 무능한 체육교사의 실수였다. 아이들이나 학부모에게 항의가 들어오지 않아 무사히(?) 넘어갈 수 있었지만, 평가의 타당도와 신뢰도 모두가 지켜지지 않은 일이었다.

　라인댄스의 평가는 정성평가로 진행했다. 수업시간에 배운 3곡을 가지고 1곡 배울 때마다 과정을 평가하였다.

학기	영역 (만점)	등급		평가 척도	배점
1학기	볼링 매너	성취기준		개인 또는 모둠별로 움직임 창작 작품을 구성하고 발표할 수 있다.	
		성취수준	상	개인 또는 모둠별로 움직임 창작 작품을 구성하고 발표하는 활동을 능숙하게 수행할 수 있다.	
			중	개인 또는 모둠별로 움직임 창작 작품을 구성하고 발표하는 활동을 수행할 수 있다.	
			하	개인 또는 모둠별로 움직임 창작 작품을 구성하거나 발표하는 활동을 수행하는 데 어려움이 따른다.	
		평가기준		총 3곡을 익혀 창의적인 움직임, 안무의 일치성, 정확성 등으로 질적 평가를 한다.	
		A		총 3곡 모두 창의적, 안무 일치, 정확성 등이 높을 경우	15
		B		2곡만 모두 창의적, 안무 일치, 정확성 등이 높을 경우	13
		C		1곡만 모두 창의적, 안무 일치, 정확성 등이 높을 경우	11
		D		움직임이 창의적이나 안무의 일치성, 정확성이 부족할 경우	9
		E		움직임이 창의적이지 않고, 안무의 일치성, 정확성이 부족할 경우	7
		F		본인의 의사에 의한 수행평가 미응시자(기본점수)	5
				학업성적관리규정 제17조(장기결석)에 의한 수행평가 미응시자	4

(Csp201502, 1학년 평가기준안)

평가할 때마다 아이들에게 피드백을 주었고, 모든 아이가 수긍할 수 있는 평가를 진행하였다. 해체 시기의 나에게 '개수'는 가장 편한 방법이었다. 정확과 능숙이라는 단어로 평가하는 방법은 나에게 가장 편한 방법이었다. 구성 시기에는 평가 영역에 '노력'이라는 영향을 주었지만, 미숙함을 보여주었다.

다. 재해제의 과정과 체육수업의 변화

1) 대안교육에서의 체육수업 성찰

　인간의 생애 주기로 따지면 재해체 시기는 '사춘기'를 보내는 것 같다. 사춘기가 아닌 시절에는 죽음에 대해 심각하게 생각하지 않고, 인생의 즐거움만 보고 달렸다면, 사춘기에 들어서 죽음을 생각하고, 인생에 대해 깊이 생각하는 시기인 것처럼, 나에게도 수업이 즐겁게만 느껴졌던 것이 '진지'하게 다가왔기 때문이다. 수업에 대해 '사색'하는 시간이 많아지고, 잘하고 있는지 뒤돌아보게 되었다. 물론 계기는 있었다. '학문의 세계'에 들어서면서부터이다. 정확히 이야기하면 '2015 개정 교육과정 교수학습자료 개발' 프로젝트를 시작하면서부터이다. 자료를 개발하기 위해서는 2015 개정 교육과정의 전체적인 이해는 물론이고 내용을 풀어서 실제 수업으로 연결시키는 학습자료를 만드는 프로젝트인데 초짜인 나에겐 매우 힘든 일이었다.

　한계다. 수업에 대해 전문가라고 생각했는데! 나만의 착각! 수업 내용만 풍부히 아이들과 함께 어우러지며 수업한 좋은 교사일 뿐이다. 지금까지의 나를 되돌아보면 교육과정과 관계없는 수업을 진행했는데, 어떻게 자료를 만들지?

(T201603, 교사성찰일기)

나: 괜히 프로젝트 시작했나 봐.

아내: 왜?

나: 역량이 안 되는 것 같아.

아내: 다 힘들어하지. 그냥 되는 것 없잖아. 이왕 시작한 거 마무리를 해봐요.

(I201604, 집에서 아내와 대화)

프로젝트가 끝나기 전까지 위와 같은 고민은 계속되었다. 그리고 모르고 수업할 때는 괜찮았는데 수업에 대해 깊이 알아갈수록 수업을 긍정적이 아닌 반성적으로 되돌아보게 되었다.

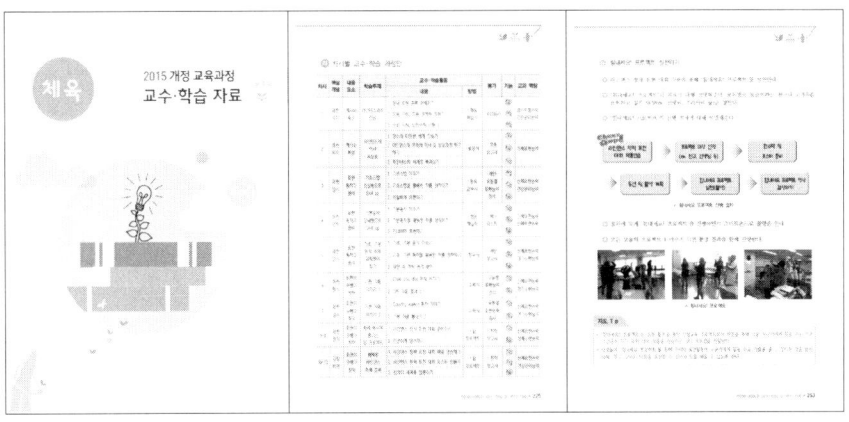

(Cet201607, 2015 개정 교육과정 체육과 교수학습자료 프로젝트 결과물)

프로젝트를 하면서 수업을 보는 안목이 넓어졌다. 어떤 근거에 의해 수업을 계획하고 어떠한 순서에 따라 수업을 계획해야 하는지 명확히 알 수 있었다. 프로젝트를 마친 후 내 마음 한구석에서는 뿌듯함보다 답답함이 강하게 느껴졌다. '지금까지 난 어떤 수업을 했었나?' 그리고 '내 수업을 통해 아이들은 변했을까?'라는 생각이 나를 휘감았다. 대안학교 교사로서의 경력은 쌓여가는데, '대안학교 교사 10년'이라는 타이틀을 가지고 있는 내가 다시 헐벗어지는 듯한 느낌이 들었다. 교사성찰일기에 당시의 나의 마음이 고스란히 담겨 있다.

예전엔 아이들의 눈망울을 보며 이 아이가 어떤 생각을 하는지 알았다. 아니 알고 싶었고, 알기 위해 노력했다. 친구들에게 물어보고, 다른 선생님들께 여쭤보았다. 지금의 난? 지금의 분주한 마음은 어디서부터 오는 것일까? 뭔지 모를 불편함은 어디서 오는 것일까?

(T201904, 교사성찰일기)

이 시기와 '근근이'라는 단어가 가장 잘 어울렸다. 수업을 근근이 이어갔기 때문이다. 도전적이고, 열정적인 모습으로 수많은 수업내용과 방법을 사용하며 수업에 깊이 빠져 있었던 내가 이제는 깊은 슬럼프에 빠진 것 같았다. 그리고 구성과정에서 쌓아둔 수업재료를 가지고 근근이 아이들을 만났다. 그래서 해체과정에서 나의 수업 풍경은 수업 후 왠지 모를 답답함과 불편함으로 가득 찼다. 나는 이 시기를 정체성 양상에서 탐구와 고민의 시기로 범주화했다. 수업에 대해 진지하게 고민하며 수업을 교육과정의 취지에 맞고, 바르게 운영하고자 하는 마음이 컸던 시기이다. 그래서 셔틀런 수업을 할 때 '배려'라는 인성요소를 의도적으로 가르치기 위해 수업을 구성했었다.

나: 오늘은 저번에 PAPS 결과를 토대로 배려 셔틀런을 하겠습니다.
아이들: 어떤 배려요?
나: 잘 뛰는 사람과 잘 뛰지 못하는 사람을 모둠으로 만들어놨어요.
아이들: 에이~! 왜요?
나: 자. 잘 들어봐. '배려는 나를 위한 것'이라는 이야기 들어본 사람?
(중략)
나: 배려 셔틀런을 하는 취지를 잘 알겠죠?
아이들: 네~! 근데, 수행평가예요?

(I201905, 체육 수업시간에 아이들과 대화)

(Cpi201905, 배려 셔틀런 체육수업)

교육은 의도적이어야 한다는 말과 같이 수업에 계획적·의도적인 요소를 넣어 수업을 진행해보았다. 신규교사가 된 느낌처럼 하나하나 준비하고 계획하며 진행했다. 그런데 '왜 이리 어색하지? 내 옷이 아닌 옷을 입은 느낌이랄까?'라는 생각이 강하게 들었다. 어쩌면 철저한 계획보다 열정을 가지고 수업에 임했던 시간이 훨씬 유연했고, 수업 진행도 부드러웠다. 하지만 내가 보지 못했던 그리고 간과했던 부분을 채우는 것은 필요한 일이라고 생각했다. '내가 과연 수업을 잘하고 있는지? 정말 대안학교 체육교사로서 수업을 전문가답게 하는지?'를 돌아보는 시기가 재해체과정을 지닌 때이다.

2) 재해체의 과정과 체육수업과의 연관성 탐색
가) 철학 및 목표 - 사유적 철학 및 체계적 목표 지향

> 좋은 수업보다 교사 자체의 삶이 수업이다. 교사를 보고 아이들이 변한다.
>
> (Cet201009, 교무수첩 9월 메모 중)

대안학교에 온 첫해 나의 교무수첩에 적힌 내용이다. 누가 한 말인지, 나의 생각인지 모르지만, 첫해 내 마음속에 새겨진 교육철학이다. 좋은 수업을 하기 전에 좋은 삶을 살아가고, 좋은 교사가 된다면 나를 보고 아이들이 변할 것이라는 믿음이 있었다. 수업을 잘하는 교사보다 삶 자체가 교육이 되는 교사가 되고 싶었다. 집이 어려운 친구에게 용돈을 주고, 밥을 사 먹이고, 나의 삶을 나눠가며 이야기하는 것이 참 교사의 자세라고 생각했다. 그 삶을 추구하다 보니 아이들과 매일 만나는 수업을 등한시할 수 없었고, 수업에서 아이들과 행복한 시간을 보내고 싶어 최선을 다해 준비했다. 재해체과정을 거치고 있는 나는 그 교육철학을 후순위로 두고, '수업' 자체의 고민 속에 빠져 있다.

    무엇이 옳고 그름의 문제는 아니다. 그땐 좋은 교사가 되기 위해 노력했던 시기였고, 지금은 좋은 수업을 하기 위해 구체적으로 노력하는 시기라고 생각한다. 그렇다면 '좋은 수업으로 아이들이 변하게 되나?'라는 자문을 하게 되었다.

> 문득 이런 생각이 든다. 사고뭉치였던 아이들이 사람답게(?) 변했는데, 원인이 좋은 수업일까? (중략) 아이들을 잘 가르친다는 말은 무엇일까? 수업연구대회에서 1등급 받은 수업으로 아이들이 좋은 사람이 될까? 아닌데….
>
> (T201702, 교사성찰일기)

    교원평가 중 학생 서술형 평가에는 체육교과에 대한 피드백보다 나라는 사람에 대한 평가가 지배적이다. 내가 본 아이들의 변화가 만약 나로부터 왔다고 한다면, 두 가지 가정을 할 수 있을 것이다. 나의 수업을 통해서, 그리고 나라는 사람으로부터, 하지만 재구성과정을 향해 나가는 나는 두 가지 모두의 영향을 받아서라는 결론을 내린다. 구체적으로 이야기하면 수업을 하는 사람도 나이기 때문에 내가 하는 모든 교육적 행위, 곧 삶에 수업이 포함되기 때문이다. 따라서 아이들이 교원평가 시 나라는 사람과 나의 체육수업을 좋아해준 것처럼 수업과 삶을 따로 떨어트려 생각할 수는 없다.

그러면서 나는 '경력이 쌓일수록 수업의 질은 왜 높아지지 않을까?'라는 고민을 함께 가졌다. 공연을 준비하듯 수업을 준비했던 내가 교직경력이 곧 수업의 질 향상으로 이어지지 않은 이유를 '경력이 늘어날수록 학교를 보는 시각이 넓어져, 보이지 않던 일도 보이게 되었고, 보직교사를 맡아야 할 확률이 높아져 행정적 일에 더 넓은 영역, 더 많은 에너지를 쏟을 수밖에 없는 구조이기 때문이다. 이로 인해 수업은 거센 파도에 휩쓸려가는 것 같다.'라고 이야기했다. 그러면서 나의 수업 준비 시간도 적어졌다. 열정도 식어갔다. 대안학교 교사로서 자부심을 가지고 수업을 준비하던 나였고, 하나의 공연을 올리듯 하나하나 동선을 준비하고, 멘트를 준비한 나였다. '무엇이 날 변하게 했을까? 그리고 다시 처음처럼, 그 마음으로 돌아갈 수 있을까? 그렇지 못할까 봐 두렵다.'라는 고백을 하게 되었다. 수업의 목표에 대해 깊이 생각해본 계기는 학문의 세계로 들어간 때이다. 수업내용만 열심히 준비해서 아이들과 함께 어우러진 수업이 아닌 수업의 목표를 생각하고 아이들을 어떻게 가르칠 것인지 처음으로 고민한 시기이다.

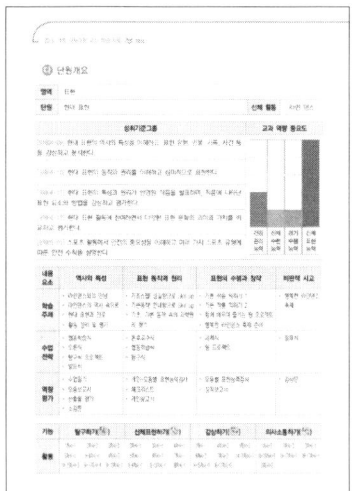 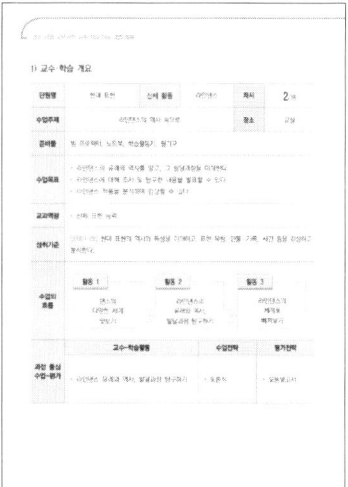

(Cet20167, 2015 개정 교육과정 체육과 교수학습자료집)

　성취 기준 그룹, 교과 역량 중요도, 내용 요소, 수업 목표, 교과 역량, 성취 기준을 2015 개정 교육과정 교수학습자료로 만들 때 처음으로 고민하여 작성해보았다. 특히 성취 기준과 목표에 맞추어 아이들에게 수업시간에 적용해보았다. 사실 예전에는 교수학습자료를 보더라도 누군가의 고민에 의해 만들어진 자료여서 흘려보내기 일쑤였다. 하지만 내 스스로 성취 기준과 목표를 고민하여 만들어보니 어떻게 수업내용과 방법을 풀어가고, 어떻게 평가해야 할지를 조금이나마 깨닫게 되었다. 그리고 지금까지 내 수업에 대해 회의감이 들기도 했다.

나: 형님, 지금까지 너무 수업을 대충 했나 봐요.

선배 교사: 원래 수업이란 프로젝트랑 좀 달라. 다 그래.

나: 우울해요. 기본적인 절차도 모르고 가르쳤으니….

선배 교사: 알아도 이렇게는 못 가르쳐. (웃음)

나: 그래도 초짜 된 느낌이에요.

(I201607, 프로젝트 선배 교사와 무선통화)

프로젝트를 함께했던 선배 교사의 "다 그래."라는 말은 위로가 될 수 없었다. 수업도 잘하는 교사가 되고 싶었기 때문이다. 난 성취 기준과 목표를 교육과정에 맞게 설계했으니 수업이 자연스럽게 잘 될 거라 생각했다. 하지만 현실은 달랐다.

나: 오늘 수업의 목표는 (중략) 알겠지?

아이들: (관심 없다는 듯한 표정으로) 네.

나: 너희들이 수업을 마치고 이 정도는 알아야 해.

아이들: (관심 없다는 듯한 표정으로) 네.

(I201703, 체육 수업시간에 아이들과 대화)

'나만의 욕심인가? 계획을 수업에 녹이지 못한 나의 잘못인가? 기존 수업에 길들여진 아이들이 바뀐 수업에 적응을 못하는 건가?' 등등의 여러 생각을 하게 되었고, 지금도 고민 중이다. 이 고비를 넘겨야만 다시 재구성과정으로 넘어갈 것이다. 그때는 좀 더 업그레이드된 체육수업, '열정과 도전 + 교육과정에 따른 계획적 수업'을 만날 수 있을 것이다.

나) 내용 - 기존 수업내용의 확장

수업의 내용적 측면에서는 해체·구성 시기의 내용이 합쳐진 시기다. 즉 지금까지 고민했던 수업들을 가지고 양념을 조금 더 해 맛있게 요리하는 시기였다. 구성 시기에 도전했던, 공간을 최대한 활용할 수 있는 뉴 스포츠를 활용한 체육수업과 기존 스포츠 종목이지만 체육수업 시간에 직접 가르치기 어려운 종목에 도전한 수업, 체육수업을 통해 아이들이 배운 종목을 축제의 장으로 확장한 수업내용, 학교 운동장과 실내체육관이 없는 대안학교에서의 풍부한 수업을 위해 지역사회와 연계한 볼링·승마 체육수업, 아이들에게 필요한 덕목·인성을 키워주기 위해 시도한 목적 있는 프로젝트 체육수업 내용을 학년에 따라 적재적소에 배치하는 작업에 중점을 두었다.

수업 공간에서는 외부에서 체험하는 스포츠 문화를 가르치기 위해 수업내용을 확장했다. 체육수업 시간만으로는 한정되었기에 창의적 체험활동과 연계하여 준비하였다. 고등학교 체육수업 중 스포츠 문화를 체험하게 하는 내용이 포함되어 있다. 초년기에는 큰 행사(올림픽, 월드컵 등)를 대중매체로 간접적 체험하며, 응원 플래카드 만들기, 영상 만들기, 글쓰기 등으로 진행하였다. 하지만 실제 스포츠 문화를 경험하지 않기에 교육적 효과는 적었다. 고민하던 중 창의적 체험활동과 연계할 수 있다는 학교 특성화부의 제안이 있었고, 프로야구 스포츠 문화를 경험하도록 계획하였다. 아이들이 스포츠 문화를 직접 눈과 몸으로 체험할 수 있게 된 것이다. 텔레비전에서 보는 것과 달리 같은 팀을 응원하는 응원문화가 얼마나 열정적이고, 소름 돋는 일인지 직접 체험해보는 것은 간접 경험과 차원이 다른 일이었다. 체육교사의 주체적 계획에 따른 체육수업과 창의적 체험활동의 융합은 아이들이 수업시간에는 경험할 수 없었던 풍부한 교육적 경험을 제공해주었다.

> 아이들: 소름 돋았어요. 한 번의 소리를 낼 때 그 웅장함이란!
> 나: 엄청났지? 선생님도 소름 돋더라.
> 아이들: 다음엔 농구장 가요!
> 나: 그래. 계획해볼게. 너희들 방학 이용해서 다녀보면 정말 재밌을 거야. 그리고 응원하는 팀을 정해서 하면 더욱 재미있을 거야.
> 아이들: 네. (웃음)
>
> (I201709, 수업시간에 아이들과 대화)

학교 체육문화를 바꾸기 위해 고민한 또 하나의 과제는 '스포츠클럽'이었다. 우리 학교에서는 정책적으로 스포츠클럽을 장려한 분위기이나, 일주일에 한 번만 참여하는 스포츠클럽은 학교 행사나 외부 행사에 밀려 실시하지 못하는 날이 많았다. 고민하던 차에 주체적 시기에 쿼터스포츠클럽을 제안하였고, 학교 정책상 점심시간 15분을 활용하여 스포츠클럽을 진행하였다. 재해체 시기에서 쿼터스포츠클럽을 잘 정착시키기 위한 노력의 일환으로 교사들이 좋아하고 원하는 종목을 신청 받고, 기구를 준비해주는 노력을 통해 함께하는 아이들도 즐거운 쿼터스포츠클럽을 경험하는 계기를 만들었으며, 미세먼지 등의 문제로 실외활동이 어려울 때는 실내에서 할 수 있는 프로그램을 공유하였다.

재해체 시기의 수업내용은 뭔가 '새로운 것'에 대한 도전이 아닌, 기존의 수업내용을 체계적으로 계획하는 일과 학교 스포츠 문화 확산을 도모한 시기였다.

(Cpi201709, 스포츠 문화 체험 체육수업 내용)

다) 방법 - 학교에 맞는 체계적 수업 방법의 고민

재해체 시기는 수업을 깊이 보는 시기를 통해 만들어졌다. 수업을 깊이 보는 시기는 다시 혼돈의 시기를 가져다주었다. 그럴 수밖에 없었다. 수업에 대해 체계적인 고민과 사색을 해보지 않았기 때문이다. 앞으로의 내 삶을 100% 예견할 수는 없지만, 이 정체성을 지나 재구성의 시기가 올 것이라 예측한다. 예측의 근거는 다음과 같다. 개인 신상에 대해 고민하는 것이 아닌, 수업과 아이들에 대해 고민하는 교사는 성장하기 때문이다. 또한 수업에 대해 깊이 본 자는 수업을 체계적으로 계획하고 실행할 수 있기 때문이다. 이처럼 나에게 탐구와 고민의 시기는 앞으로의 발전된 나를 예견하는 중요한 요인이다.

특히, 수업에 대해 고민하며 중점을 두었던 점은 체육에 대한 기울어진 인식을 바로잡는 것이었다. 그 일환으로 인문적 체육수업을 본격적으로 도입하게 되었다. 구성 시기부터 한 학기에 한 번씩 인문적 체육수업을 진행하였고, 재해체 시기에 본격적으로 수업을 계획하고 진행하였다. 인문적 체육수업은 활동적인 아이들에겐 지겹고 지루한 시간일 수 있지만, 난 처음 교실에 들어가면 아이들에게 이렇게 이야기한다. "너희들이 경험하는 체육이 다가 아니다. 체육은 다양하다. 너희가 텔레비전으로 축구를 보는 것도 체육하는 것이고, 스포츠 신문을 읽는 행위도 체육하는 것이다. 오늘은 너희들이 체육 시간에 느꼈던 감정을 시와 그림으로 표현하는 시간을 가지려고 한다. 누가 더 인문적 체육을 잘하는지 지켜보겠다." 아이들은 내 말이 끝남과 동시에 비장함을 가지고 인문적 체육에 도전하였다. 하지만 마음만은 글장이가 되어 자신의 감정을 적고 싶지만 실제 글쓰기는 잘 되지 않았다. 동기부여만으로, 체육교사가 시적인 부분에 대해 설명을 잘한다 해도 역부족이었다. 그래서 다음 해에는 다시 계획을 수정하여, 국어 선생님께 시 수업하는 시기를 미리 연간계획 단계에서 확보하여, 국어 수업시간에 미리 배우고, 인문적 체육수업을 진행하는 것으로 하였다. 예전보다 아이들은 훨씬 좋은 작품을 만들어냈다. 비록 인문적 수준은 높지 않다 해도 아이들이 경험한 체육을 글이나 그림으로 표현하는 자체가 아이들과 나에게 행복한 경험이었다.

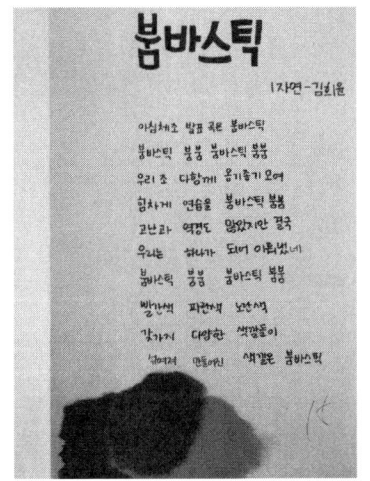 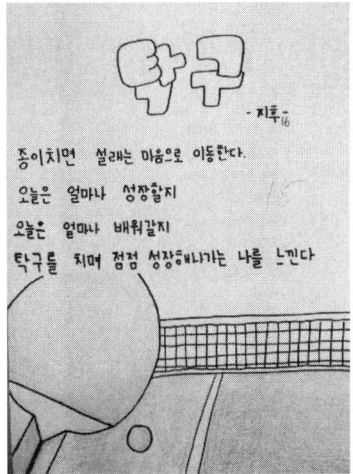

(Cst201810, 2015 인문적 체육수업 방법)

20명 수업에 맞는 수업 방법을 개발하기 위해 여러 가지로 고민하였다. 스포츠교육모형의 수업 방식이나 개별화지도모형 등의 수업 방식은 우리 학교 수업에 맞지 않음을 여러 번의 시도 끝에 알 수 있었다. 동료교수모형과 협동학습모형의 수업 방식을 차용하여, 학교현장에 맞게 수정·보완하였다. 모둠 내에서 협동하여 기능과 전술을 서로 배우다가, 기능 차이가 나는 종목에서는 둘씩 짝을 지어 튜터(tutor)와 튜티(tutee)의 관계를 형성하고 학습을 깊이 있게 배울 수 있는 구조를 만들었다. 물론, 교사의 개입을 최소화하고 튜터가 도움을 필요로 할 때만 다가가 도움을 주는 형식으로 진행했다.

튜터: 선생님! 저도 모르겠어요!

나: 그래. 튜티는 잠시 기능연습을 하고 있고, 튜터는 선생님과 이야기합시다.

튜티: 네! (기능연습)

나: 어느 부분을 알려주기가 힘들어?

튜터: 제가 아무리 얘기해도 똑같은 동작을 반복해요.

나: 그러면, 네가 선생님 핸드폰으로 동작을 찍어서 설명해주면 어떨까?

튜터: 아, 좋아요! (웃음)

(I201904, 수업시간에 튜터·튜티와의 대화)

'그냥 열심히만 하면 돼.'라는 틀에서 좀 더 아이들이 학습에 집중할 수 있게 학문적 도움을 받기 시작했다. 나에겐 참 어색하고 더딘 방법이었다. 그리고 아직은 '열정'이라는 중요한 단어를 '계획적이고 체계적인 수업'에 접목하지 못하고 있다. 체계적 수업이 나에게 딱 맞는 옷이 아니기 때문일 것이다. 하지만 계획적 수업에는 '열정'이라는 단어가 포함되어 있기에, 그 '열정'을 어떻게 수업에 드러낼 것인가가 나의 중요한 숙제이다.

라) 평가 - 체계적 평가 노력, 하지만 여전히 부족

탐구와 고민의 시기를 거친 나에게 평가는 또 다른 '넘기 힘든 산' 같은 험난한 존재였다. 해체 시기의 '목표와 평가의 불일치', 구성 시기의 '목표와 평가의 일치화 노력, 하지만 부족'을 넘어 재해체 시기를 맞았다. 평가를 어떻게 해야 하는지, 학문과 프로젝트를 통해 명확히 지식적으로는 알고 있었다. 하지만 실제화하는 것은 다른 문제였다. '창작 표현과 인문의 만남'의 영역을 평가하기는 참 어려웠다. 아이들이 자신이 경험한 체육에서 어떤 감정을 느꼈는지를 시와 그림으로 표현하는 수업까지는 괜찮았다. 하지만 어떤 기준에서 평가해야 할지는 다른 문제였다. '충실도, 창의성'이라는 애매한 표현으로 기준을 삼고 평가를 진행했다. 특히, '창의성'이라는 표현은 평가자가 전문성을 지녔을 때 가능한 평가 영역이었다.

학기	영역 (만점)	등급		평가 척도	배점
1학기	볼링 매너	성취기준		체육의 개념과 행복한 대인관계의 중요성에 대해 이해하고, 운동상황에서 체험을 바탕으로 감정을 글이나 그림으로 설명할 수 있다.	
		성취수준	상	자신이 경험한 체육을 정확히 이해하고, 운동에 대하여 체험을 바탕으로 감정을 글이나 그림으로 설명할 수 있다.	
			중	자신이 경험한 체육을 이해하고, 운동에 대하여 체험을 바탕으로 감정을 글이나 그림으로 설명할 수 있다.	
			하	자신이 경험한 체육을 이해하고, 운동에 대하여 체험을 바탕으로 감정을 글이나 그림으로 부분적으로 설명할 수 있다.	
		평가기준		창작 표현을 직접 수행하고 시를 쓴 것에 대한 질적 평가	
		A		그림이 그려져 있고 내용의 충실도, 창의성이 뛰어날 경우	15
		B		그림이 그려져 있고 내용의 충실도, 창의성이 보통일 경우	13
		C		그림이 그려져 있지 않고 내용의 충실도, 창의성이 뛰어날 경우	11
		D		그림이 그려져 있지 않고 내용의 충실도, 창의성이 보통일 경우	9
		E		인터넷, 친구 글 등 외부의 글과 동일할 경우	7
		F		본인의 의사에 의한 수행평가 미응시자(기본점수)	5
				학업성적관리규정 제17조(장기결석)에 의한 수행평가 미응시자	4

(Csp201908, 2학년 평가기준안)

실제 인문적 체육수업에 대한 평가를 하다보면 여학생들이 점수를 잘 받는 통계를 볼 수 있었다. 그 이유인즉, 글씨를 잘 쓰고, 그림을 남학생들보다 깔끔하게 그렸기 때문이다. 내용적인 부분에서는 나 스스로가 전문성이 떨어져 큰 변별력의 요소가 아니었다. 즉, 전문성이 떨어진다는 이야기는 평가를 시행해서는 안 되는 영역이라는 말과 같다.

남학생: 선생님, 저 고민 끝에 적은 시인데, 13점 나왔어요.

나: 어. 그래? 선생님이 확인하고 알려줄게.

(중략)

나: (혼잣말) 글씨를 너무 못 썼네. 알아볼 수가 없어. 그림은 이게 뭐람.

(I201911, 수업시간 학생과 대화)

나의 기억자료에 따르면 바른 글씨와 이쁜 그림에 점수를 더 줬다고 해석할 수도 있다. 만약 비전문가인 내가 봤을 때 시를 유치하게 쓰지 않는 이상, 기준의 척도는 바른 글씨와 이쁜 그림이었던 것이다. 구성 시기에 '노력'으로 평가의 미숙함을 덮었던 때처럼 이 또한 '교육적 이상'과 '현실적 부족함'이 만들어낸 미숙한 평가 영역이라고 할 수 있다.

그리고 평가와 피드백을 통해 아이들의 성장을 이끌어내지 못하고 있었다. 기능적인 부분을 평가할 때는 평가 후 즉시 구체적으로 피드백을 주며 아이들의 부족한 부분이 채워질 수 있도록 도와주었지만, 프로젝트 수업이나 인문적 체육수업에서는 지연적이고, 포괄적 피드백을 제공함으로 아이들의 성장에 도움을 제공하지 못하였다. 이처럼 대안학교 교사로 10년 넘게 수업하고 평가하였지만, 부족함과 미숙함의 연속이었다.

지금까지 대안학교 체육교사가 되기까지의 경험과 대안학교 체육교사로서의 정체성 형성과정 그리고 해체·구성·재해체과정이 체육수업에 미치는 영향에 대해 탐색하였다. 〈그림 17〉은 연구 결과 1, 2, 3을 정리하여 보여준 그림이다. Ballpoint Model로 명명한 이 그림의 축(core)은 대안학교 체육교사가 되기까지의 경험(Core Model)이다. 즉 볼펜 심지의 역할을 하는 대안학교 체육교사 이전의 경험들은 정체성 형성과 대안학교 체육수업에서 근원적인 직·간접적 영향을 주었다. 국민학교 시절의 자발적이고 즐거운 움직임의 경험과 인문적 사고의 토대를 만들어주었던 경험, 예비교사 시절의 다양한 문화와 철학, 다양한 종목의 경험을 통한 체육의 전문성을 키운 경험, 기간제교사 시절의 교육철학과 체육교육 철학의 고민을 안겨준 경험들은 대안학교 정체성과 함께 대안학교 체육수업을 구성하는 데 영향을 주었다. Spring Model로 명명한 대안학교 체육교사의 정체성 형성과정은 해체과정에서 구성으로, 구성과정에서 재해체로, 재해체과정에서 재구성으로 발전적 심층을 향해 심도 깊게 점점 내려가고 있다. 정체성 과정이 변화하여 내려갈 때 중요한 변환기적 경험이 있었다. 첫째, 해체과정에서의 물아일체(沒我一體) 경험, 즉 나와 대안교육의 하나 됨을 경험한 사건은 교육적 환경, 수업 철학, 학생 교육관 등의 변화를 가져다줌으로 구성과정으로 변화해갈 수 있었다. 둘째, 구성과정에서의 배움의 열망은 학문으로의 입문과 수업의 고민을 안겨주었고, 이 경험을 통해 재해체과정으로 들어서게 되었다. 재해체과정에서 있는 지금, 체계적 수업을 고민하고, 대안교육의 전문가에 대한 비전을 가지고 있기에 다음 과정(재구성) 입구 앞에 서 있다. P·E paper Model로 명명한 대안학교 체육수업은 각 정체성에 영향과 대안학교 체육교사 이전의 경험의 영향을 받아 변화되었다. 즉 볼펜(대안학교 체육교사 이전의 경험 + 대안학교 정체성 변화)으로 종이에 글을 써가는 것(대안학교 체육수업)이다. 해제과정에서의 수업철학과 목표는 학생 중심 관점의 철학과 추상적이고 이상적 목표를 지향하고 있었다. 수업내용은 조제남조(粗製濫造)식의 흥미 위주의 수업을 단발적으로 구상하여 진행하였고 수업 방법은 학생을 향한 사랑이 있지만 일제식 수업으로 진행하였다. 마지막으로 평가는 이상적 목표와 다른 정량적 평가만을 하고 있었다. 구성과정에서의 수업 철학과 목표는 열정, 도전, 주체적 철학을 가졌지만 아직은 서툰 구체적 목표를 지향하고 있었다. 수업내용은 열정, 도전, 주체적이고 다양한 수업내용(공간활용에 따른 뉴 스포츠, 기존 스포츠 종목에 새로운 시도를 한 체육수업, 체육수업과 축제화의 만남, 지역사회와 연계한 체육수업, 목적이 있는 프로젝트 수업)과 다양한 수업 방법을 사용하였다. 마지막으로 목표와 일체화 평가를 하기 위해 노력했으나 미흡한 결과를 가져왔다. 재해체과정에서의 수업 철학과 목표는 생각과 고민하는 철학과 체계적 목표를 지향하였다. 수업내용 측면에서는 기존 수업내용을 체계적으로 배치하였다. 즉 지금까지 고민했던 수업들을 가지고 양념을 조금 더해 맛있게 요리하는 시기였다. 그리고 대안학교 상황에 맞는 수업 방법의 고민과 체계적 평가를 하기 위해 노력하였다. 다음 <그림 17>은 대안학교 체육교사의 정체성 형성과 체육수업 변화의 관계 구조도를 도해한 것이다. 즉 연구 결과 1, 2, 3을 종합한 그림이다.

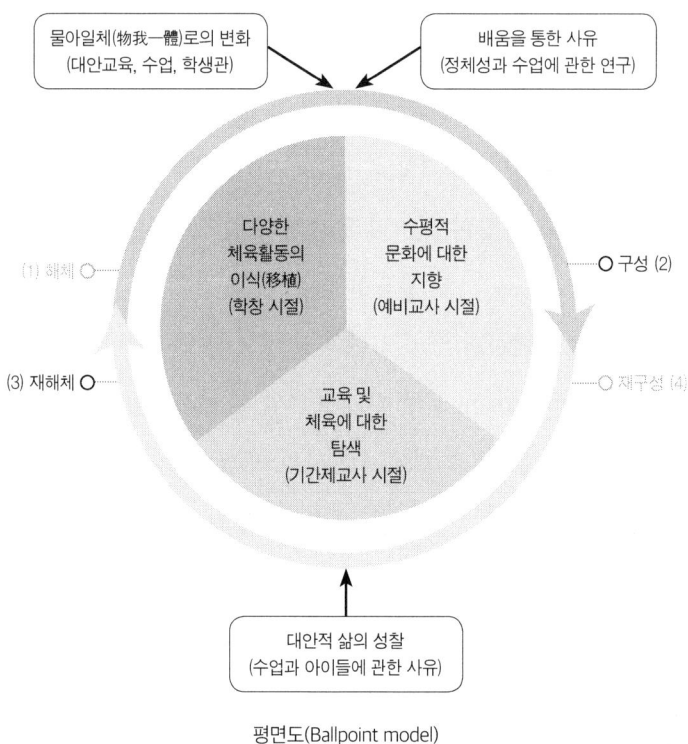

평면도(Ballpoint model)

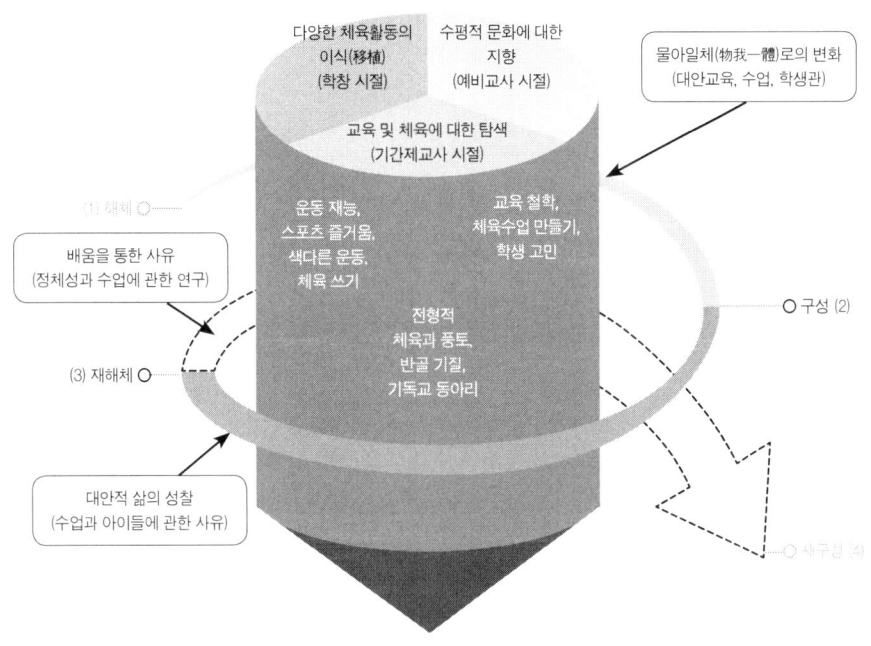

〈그림 17〉 대안학교 체육교사의 정체성 형성과 체육수업의 관계 구조도
(연구 결과 1, 2, 3 정리)

V
해석

본 연구에서는 첫째, 대안학교 체육교사가 되기까지의 경험은 어떠한지, 둘째, 대안학교 체육교사로서의 정체성 형성과정은 어떠한지, 셋째, 대안학교 체육교사의 정체성 형성, 변화가 체육수업에 미친 영향은 어떠한지를 탐색해보았다. 본 장에서는 앞서 제시한 세 가지 연구 문제를 통해 밝혀진 각각의 연구 결과가 가지는 의미를 교육적으로 해석하고자 한다.

　해석은 크게 두 가지 범주로 구체화하여 제시하였다. 첫째, 대안교육과 체육교사 정체성에 대해 해석하였다. 하위 영역으로는 1) 체육교사 정체성 근원이 된 이전 경험 2) 대안학교 체육교사 정체성 형성과정과 특징 3) 대안교육 정체성이 이식된 실천적 전문가로서의 대안교육의 가치와 조건에 대한 교육적 해석과 시사점을 확인하였다. 둘째, 대안교육과 체육수업에 대해 해석하였다. 하위 영역으로는 1) 대안학교 체육교사로서의 정체성과 체육수업의 관계 2) 대안교육 체육수업의 교육적 의미와 체육교육에의 시사점에 대한 해석과 교육적 함의를 탐색하였다.

1. 대안교육과 체육교사 정체성

가. 체육교사 정체성 근원(根源)이 된 이전 경험

과거의 경험이 모여 지금의 내가 있는 것이다(Akkerman & Meijer, 2011). 하나부터 열까지 모든 경험이 나를 만든 것이다. 내가 대안학교 체육교사의 정체성을 가지고 살아가고 있는 것은 대안학교 체육교사로 임용된 시점부터 지금까지의 경험만으로는 설명되지 않는다. 즉 어린 시절부터 교사가 되기 전까지의 '의미 있는 경험'들이 내 안에서 자각되고, 이해하고, 해석해보니 대안학교 체육교사 정체성 곳곳에 영향을 미치고 있음을 알 수 있었다.

정체성은 여러 하위 정체성으로 이루어지는데 이 중 과거의 경험, 교사가 되기 전의 경험이 교사 정체성을 구성하는데 하위 요소로 작용한다(Akkerman & Meijer, 2011; Day et al, 2006). 즉,

나의 삶이 모여 지금의 나, 체육교사를 만든 것이다(Helms, 1998; Tao & Gao, 2017). 본 연구의 결과도 이와 결을 같이 한다. 그렇다면 체육교사 이전의 어떤 경험이 정체성에 어떻게 영향을 주었나?

첫째, 학창 시절 다양한 체육활동의 경험은 체육수업을 다양하게 구성했던 '체육교사 정체성'을 형성하는 데 배경이 되었다. 달리기 경쟁 상황에서 남들보다 잘한다는 사실에 체육에 대한 재능과 소질을 깨닫게 되었고, 학창 시절 탁구, 축구, 배구, 농구 등 스포츠 경기의 즐거움이 체육교사를 선택하게 만든 중요한 요인이 되었으며, 대안학교 체육교사의 구성 시기 형성에 간접적인 영향을 주었다. 스포츠 경기에 대한 즐거움을 느끼게 해주었던 첫 종목은 '탁구'였다. 80년대 후반 탁구 종목의 인기는 하늘을 찌르고 있었기에 친구들과 마천슈퍼 앞에 매주 토요일에 모여 마천탁구장으로 향했던 것은 누가 시킨 것이 아닌 운동 자체가 즐거워서였다. 나에게 친구들과의 '토요 탁구 모임'은 체육에 대한 좋은 이미지를 심어주었고, 다른 종목에 도전하고 싶은 마음을 갖게 하였다. 그 도전은 배구, 축구, 농구로 이어지게 했으며, '운동을 하는 것'의 즐거움을 안겨주었다. 이는 나의 구성 시절에 다양한 체육수업을 구성하고, 도전할 수 있었던 근원이 되었다. 나아가 '스포츠의 즐거움의 경험'은 체육을 전공하게 된 엘리트 선수, 프로 선수, 생활체육 지도자 등이 체육에 입문하게 된 계기가 된다(김근국, 조현익, 원미애, 2013). 또한, 꾸준히 생활체육에 참여하는 동호인의 입문 계기는 건강 유지와 함께 스포츠 즐거움의 경험이라는 이유가 가장 크다(김창균, 최소연, 오아라, 2011; 염두승, 김덕임, 2009). 이렇듯 '스포츠의 즐거움'으로부터 체육적 삶으로의 입문을 했다는 것을 주목할 필요가 있다. 이는 초, 중, 고 체육 프로그램이 구체적인 의도(즐거움)를 가지고 여러 하위 프로그램으로 구성됐을 때 교육적 효과(체육적 삶으로의 입문, 스포츠 참여적 기틀)를 가져올 수 있다는 것을 시사한다. 이와 함께 '스포츠 즐거움'은 학생들에게 적절한 신체발육과 발달, 비만 예방, 사회적으로는 바람직한 운동질서 및 규범을 익히고, 공동체 의식과 인내심, 협동심, 인간관계 기술, 정서적 안정감과 사회 적응력 증진, 인지적 발달(김경숙, 오현수, 1999; 박유미, 최인숙, 김은아, 2010; 이만수, 2014; Standage & Gillison, 2007)을 가져다준다는 사실을 기억해야 한다.

둘째, 예비교사 시절의 경험은 수평적 문화(기독교)의 경험을 통해 '대안교육에서 교사 정체성'을 확립하는 데 근원이 되었다. 체육과(科) 문화를 대표하는 전형적 표현인 '군대문화'는 수직적 문화를 나타내는 것이며, 다양성을 인정하기보다, 획일적인 사고에 맞출 것을 강요하는 문화를 의미한다(이남미, 이흥구, 2009). 예비교사 시절에 전형적 체육과(科) 풍토에 대해 기질적인 거부감과 회의감의 경험만 있었다면 지금의 대안교육 체육교사 정체성의 변화양상은 다르게 나타났을 것이다. 하지만 반대적 문화를 지향하며 만났던 기독교 동아리에서의 삶의 경험은 대안교육의 수평적 문화를 몸으로 받아들이는 데 큰 어려움을 느끼지 않도록 만들어준 중요한 경험이었다. 대학 시절, 즉 예비교사 시절에 어떤 문화를 몸으로 경험했고, 받아들였느냐는 정체성과 교육철학에 지대한 영향을 미친다(박창언, 황순영, 한신일, 2012; 설규주, 2010; 임무택, 이종목, 2012). 교육은 학생을 온전하고 이상적인 인간상으로 인도하는 것이다(교육부, 2015). 온전하고 이상적인 인간은 획일적인 환경과 사고에서 성장하는 것이 아닌, 다양한 환경과 사고에서 성장하는 것이다(백근수, 2011; 임종화, 1999). 본 연구자는 수평적 문화를 통해 다양한 문화를 이해하고, 다양한 학생을 받아들여 교육적 본질을 추구할 수 있게 되었다. 즉, 학생들에게 체육을 몸으로, 삶으로 가르치는 체육교사를 양성하는 곳인 체육과, 체육교육과의 문화는 그만큼 중요하다는 것이다. 예비체육교사가 어떤 문화를 몸으로 경험하고 받아들였는가는 자신의 정체성과 체육수업, 나아가 학생을 어떻게 성장시키는가에 대한 문제와 직·간접적으로 연결되는 문제이다. 따라서 예비체육교사를 양성하는 체육과, 체육교육과 풍토의 체질적인 변화가 요구된다. 최근까지 체육대학 '군대문화, 똥군기'라는 이름으로 생긴 문제들이 많은 매스컴을 통해 드러나고 있다. 몸을 통해 교육받는 곳이기에 '안전'이 강조되어야 하는 상황이고, 그에 따라 긴장감을 주어야 한다는 비상식적 이유는 이제 사회에서 통상적으로 허용되는 범위에 들어가지 않는다(이남미, 이홍구, 2009). 하지만 아직까지도 전통적 체육문화라는 이유로 시대 흐름에 역행하고 있다는 사실을 간과하고 있다. 특히 교사 직전의 교육을 하는 곳이라고는 믿기지 않는 일들이 비일비재하게 일어나고 있다는 사실은 체육을 전공하는 사람들과 교육하는 사람들을 슬프게 한다. 이제는 예비체육교사들의 교과내용지식(content knowledge)과 내용교수법지식(pedagogical content knowledge)을 어떻게 습득하고 체득하느냐의 중요성과 함께 예비체육교사들이 살아가는 공간의 문화를 어떻게 수평적으로 만들 수 있을 것인가에 대해 고민할 때이다. 어떻게 보면 수평적 문화의 체득은 교과내용지식과 내용교수법지식보다 더 중요한 문제일 수 있다. 이는 지식으로 습득하는 것이 아닌, 문화를 몸으로 느끼고, 체득해야만 정체성으로, 체육수업으로 발현될 수 있는 일이기 때문이다. 나아가 체육교사의 성장을 넘어 학생들의 성장까지 영향을 주기 때문이다.

정리하자면, 교사 이전 경험은 체육교사 정체성의 '뿌리'의 역할을 한다. 뿌리에서부터 식물이 자라는 것처럼, 이전 경험이 표면적으로 드러나지 않지만, 정체성이 '이전 경험'으로부터 시작된다는 사실이다. 이는 어떤 경험을 했느냐에 따라 정체성의 양상이 달라질 수 있다는 말이기도 하다. 따라서 학생들에게 어떤 경험을 제공하느냐에 따라 성인으로 성장하여 직업적 정체성을 형성하는 데 밑바탕이 된다는 사실은 체육수업을 교육적으로 구성하고, 학교 프로그램을 의미 있게 구성하는 것이 중요한 일임을 깨닫게 한다.

나. 대안학교 체육교사 정체성 형성과정의 특징

대안학교 체육교사 정체성은 시기적으로 '해체', '구성', '재해체'로 구분할 수 있었고, 시기에 따른 특성은 대안 환경, 역할, 수업, 학생관으로 수렴되는 시기를 통해 '대안문화, 철학의 체득'을 하였고, 대안학교 체육교사로서 체육수업(문화)에 도전, 열정을 가진 시기를 통해 '대안체육수업 구성'을 하였으며, 외부세계로부터의 자극을 통해 수업을 성찰, 반성하여 '성찰을 통한 대안체육수업의 본질적 성장을 지향'하게 되었다. 이러한 정체성 형성에 따른 주요 특성(대안철학, 수업)을 종합하여 나타난 도해는 〈그림 18〉과 같다.

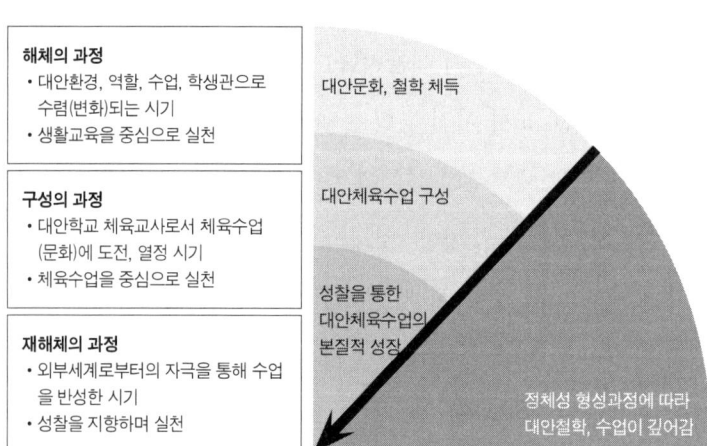

〈그림 18〉 대안학교 체육교사의 정체성 형성에 따른 주요 특성

일반학교 (체육)교사들의 정체성은 여러 경험(의미 있는)을 교사가 어떻게 받아들이느냐에 따라 정체성의 변화가 다르게 나타난다. 즉, 교사 이전 경험과 관계적, 구조적, 개인적 어려움, 수업의 경험, 보람 있었던 경험들을 '통찰과 반성'을 통해 받아들이느냐, '수동적'으로 받아들이느냐에 따라 정체성 형성, 또는 정체성 혼란, 상실로 이어진다는 것이다(정순경, 손원경, 2016). 그리고 정체성은 초기에 적응적, 실천적 정체성에서 경력이 쌓이며 교사의 실존적 의미를 찾아가는 정체성으로 성격이 달라진다고 확인하였다(정순경, 손원경, 2016). 그렇다면 나(대안학교 체육교사)의 정체성 형성과는 어떠한 의미가 있을까?

첫째, '의미 있는 경험'이다. 나는 정체성을 여러 이론적 배경을 통해 다음과 같이 개념화하였다. 정체성은 '나와 외부세계와의 의미 있는 경험을 자각하고, 이해하고, 해석하는 과정'이다. 이는 어릴 적 의미 있는 경험(자각하는)을 어떻게 이해하고, 어떻게 해석하며 있는지가 중요하다는 것이다. 김미화(2011)는 어린 시절의 환경, 가정의 환경, 인격 형성과정에서 발생한 주요 경험들이 현재 미술교사 정체성을 형성하였다고 했으며 류태호(2000c)는 어린 시절의 경험과 중, 고등학교 시절의 경험이 자아정체성을 형성하고, 예비교사 시절 경험은 체육교사 직업 정체성을 형성하였다고 하였다. 전현주, 전영국(2014)은 어릴 적 어린 시절 느꼈던 조력자의 부재를 아쉬워하며, 교사는 학생의 꿈을 키워주는 역할을 해야 한다는 생각이 교사 정체성을 형성하는 데 중요한 역할을 한다고 했다. 나 또한 어릴 적 의미 있는 경험들이 대안학교 체육교사의 정체성을 형성하는 데 중요한 역할을 했다. 즉, 운동 재능을 자각한 경험, 다양한 스포츠 경기를 통해 즐거움을 느끼고, 당구와 북청사자놀음 등의 색다른 체육활동을 경험하고, 운동의 경험을 글로 표현해본 경험이 구성과정을 형성하였다. 또한, 수평적 문화를 지향했던 예비교사 시절의 경험과 교육 및 체육에 대해 고민했던 기간제교사 시절의 경험은 대안학교 체육교사의 정체성을 형성하는 데 중요한 역할을 했다. 이 모든 경험은 내가 의미 있다고 기억(자각)하는 것들이고, 이 기억들이 어떻게 작용했는지 이해하고, 해석하는 과정을 통해 대안학교 체육교사의 정체성을 온전히 알 수 있었다. 또한, 일반학교 교사들 역시 학교현장에서의 의미 있는 경험들이 모여 정체성 형성에 영향을 주었다고 하였다. 박세원, 김윤미(2010)는 어려움이 있는 아이로 인한 어려움을 통해 자신의 존재감, 정체성을 형성하는 데 중요한 역할을 했다고 하였고 홍영숙(2013)은 학생과 원어민 교사와의 어려움의 경험을 통해 영어교사 정체성을 형성하는 데 중요한 역할을 했다고 하였다. 나 또한 대안학교에서 아이들, 환경, 수업, 역할에 대한 경험들을 통해 정체성을 형성하였다. Dewey(1986)가 이야기한 모든 경험은 자신에게 영향(변화)을 주며, 그 변화는 다음의 행동(경험)에 영향을 준다. 따라서 일반학교 교사 정체성이나 대안학교 교사 정체성 모두 의미 있는 경험이 주된 영향을 주고, 그것에 의해 변화된다는 것을 알 수 있다. 이는 예비교사 교육 프로그램이나, 현직교사 교육 프로그램에 의미 있는 교육적 경험을 줄 수 있도록 해야 한다는 점을 시사한다.

둘째, '성찰'이다. 일반학교 교사들은 의미 있는 경험들을 '다시 바라봄'을 통해 학생과의 동반자적 관계를 형성하거나(김동원, 2012; 박세원, 김윤미, 2010), '반성적 사고'를 통해 교육의 주체가 교사에서 학생으로 변화되는 경험을 하였다(조선경, 2011). 이처럼 끊임없는 '통찰과 반성'은 일반학교 교사들의 정체성을 형성하는 데 긍정적 변화의 핵심요소이다(정순경, 손원경, 2016). 이원희(2019)는 '성찰과 실천'이라는 형성의 동인을 통해 정체성이 형성된다고 했다. 나의 정체성 변화에 가장 중요한 요소는 '성찰'이다. '성찰'은 자신의 일을 반성하며 깊이 살핀다는 뜻으로 '통찰과 반성'이라는 단어와 같은 의미라고 할 수 있다. '아이들'과 '동료 교사'와의 상호작용을 통해 이뤄진 경험들은 '성찰'을 통해 대안교육의 가치를 함양할 수 있었고, 대안체육수업(대안학생관)과 본질적 체육수업을 지향하고, 추구할 수 있었던 중요한 지점이 된다. Dewey(1986)의 '우리는 경험으로부터 배우지 않는다. 우리는 경험에 대한 반성을 통해 배운다.'는 말처럼 일반학교 교사와 나에게 '성찰'은 '정체성 성장'에 중요한 역할을 했다. 이는 예비교사나 현직교사에게 교육적인 의미 있는 경험(프로그램)을 제공하는 것도 중요하지만, 이보다 더 중요하게 생각해야 할 것은 '성찰'할 수 있는 학교문화를 만드는 것이다. 교사 공동체가 교사의 성장(수업의 성장)에 큰 도움이 된다(서경혜, 2009; 조기희, 2015; Lewin, 1946; Weger, 1998)는 것이 주는 시사점을 넘어 교사의 삶과 수업의 경험을 스스로 '성찰'하는 자연스러운 문화가 조성되어야만 교사의 성장과 학생의 성장을 보장할 수 있다는 점에 주목할 필요가 있다.

셋째, '대안문화'이다. 나(대안학교 체육교사)는 정체성의 형성과 변화에 따라 대안철학과 수업이 깊어져 감을 알 수 있다(그림 18). 대안학교에서 의미 있는 경험들이 나의 정체성을 영글어가게 만들었다. 박은혜, 이성희(2010)는 현실적 어려움으로 인해 교사들이 자신의 교육철학을 현실적으로 바꾸거나, 자신을 현실에 맞추는 등 정체성 상실을 맞게 되었다고 하였다. 정현주, 전영국(2014)은 환경의 어려움으로 인해 교사들이 새로운 도전을 하지 않고, 열정이 식어가는 경험을 통해 정체성 혼란을 맞이한다고 하였고, 장서이(2017)는 무용체육교사가 순차적으로 성장하는 정체성 형성의 양상을 보이지만, 자리에 안주하려는 형태가 나타난다고 하였다. 즉, 정체성을 형성하는 데 교사가 어떻게 반응하느냐에 따라 긍정적, 부정적 변화에 영향을 주었다는 것이다. 나의 정체성 형성과 다른 지점은 '대안문화'라는 점에 있다. 즉, 일반학교 교사들이 학교 상황과 맥락에서 '수동적인 반응'으로 인해 정체성이 퇴보되고, 반전되는 현상이 대안학교 교사인 나에겐 '살아내는' 대안학교의 삶이었으나, 퇴보되는 정체성의 형태를 보이지 않은 이유(수동적인 반응을 할 수 없게 된)는 나를 둘러싸고 있는 '대안문화' 때문이었다. 여기서 이야기하는 대안문화는 다음과 같다.

첫째, 교사가 아이들을 위해 하고 싶은 교육을 마음껏 할 수 있는 '허용적 문화', 즉 무엇을 하든 교육적 실천을 지지하는 선배 교사와 관리자(교장, 교감)는 중요한 대안문화의 하나다. 학생 교육에 길을 정해놓고 한 길을 가는 것이 아닌, 교사 개인의 철학을 존중하는 교육적 선택권이 있는 문화이며 이에 따른 결과에 대한 책임은 교사에게 묻기보다 선배 교사와 관리자의 몫으로 돌리는 문화이다. 이는 교사들의 교육적 선택권이 강화되고, 주체성과 교육적 창의력을 발휘할 수 있는 힘을 갖게 된다. 이러한 허용적 문화는 아이들이 학교 내에서 체험이 어려운 종목을 위해 wii 게임기를 구매할 수 있도록 하였으며, 안전사고의 위험이 있음에도 불구하고 외부에서 진행되는 '볼링, 승마' 수업을 할 수 있도록 하였다. 또한, 점심시간을 기존 1시간에서 1시간 30분으로 늘려 매일 15분간 스포츠클럽(쿼터스포츠클럽)을 할 수 있게 된 배경이다. 허용적 문화는 내가 대안학교에서 아이들과 수업에 수동적인 태도를 보이지 않게 한 원동력이며 나아가 주체적 태도를 하게 만든 주원인이 된다.

둘째, 동료 교사들의 '교육과 삶'이 분리되지 않는 문화, 즉 일주일에 하루씩 기숙사에서 아이들과 농구하고, 이야기하며 함께 자는 일, 기숙사 생활에 지친 아이들을 자신의 집으로 데려가 먹이고 재우는 일, 함께 목욕탕을 가서 때를 밀며 이런저런 속마음을 이야기하는 일, 어쩌다가 교사들 간의 회식 때 아이들의 이야기가 주를 이루는 일, 한 아이가 학교를 그만두겠다고 하면 담임교사를 비롯해 전 교직원이 그 아이를 향해 마음 아파하고 기도해주는 일, 한 아이가 잘못하면 함께 시간을 나누어 그 아이에게 잔소리 대신 노동을 통해 교육하는 동료 교사들, 아이들의 일이라면 민원의 소지가 있더라도 책임을 떠안고 교사들에게 힘을 실어주는 교장과 교감 선생님 등은 동료 교사의 '진보적인 대안교육의 삶', '대안교육을 지향하는 가치'가 묻어있는 태도라고 말할 수 있다.

셋째, 학생들과의 '특별한 관계'를 맺는 문화, 즉 1학년 때 담임교사가 특별한 사항이 아니라면 3학년까지 담임교사로 가는 관계, 그래서 아이들의 가정상황과 기질·특성을 속속들이 아는 것. 그리고 아이들도 선생님을 잘 아는 것, 대안학교의 특징이 작은 학교라는 점(조용재, 이선숙, 2000)은 전교생의 이름은 알고, 전교생은 전 교직원의 이름을 알고 "학생", "선생님"이라는 호칭이 아닌, 서로의 이름을 부르는 문화, 졸업식이 무미건조한 행사가 아닌, 아이들과 선생님들이 서로를 바라보며 감사함의 눈물을 흘리는 일, 중국과 러시아, 유럽으로 2주간 자체 교육 프로그램(여행사 프로그램이 아닌), 지리산 종주와 제주도 일주, 학교 밖 체육 프로그램을 통해 학생과 교사와의 관계성 회복(최정규, 박정준, 2020)을 할 수 있는 것, 졸업생들이 찾아와 자신의 이야기를 편안히 하고 돌아가는 일, 졸업생들의 경조사를 함께 축하해주고, 위로해주는 문화 등은 교육적인 대안문화라고 할 수 있다.

이처럼 심층적 발전을 향해 나아가는 나의 정체성의 배경에 '대안문화(본질적 교육의 가치의 문화)'가 있었다는 것은 일반학교 교사들의 정체성 형성의 배경에는 찾아볼 수 없는 것이며, 이에 일반학교가 본질적 교육의 가치를 지향하는 문화를 만드는 것이 곧 일반학교 교사의 정체성을 긍정적으로 형성하는 데 중요하다는 것을 우리는 주목해야 한다. 다음 〈그림 19〉는 대안학교 체육교사 정체성 형성의 특징을 도해한 것이다.

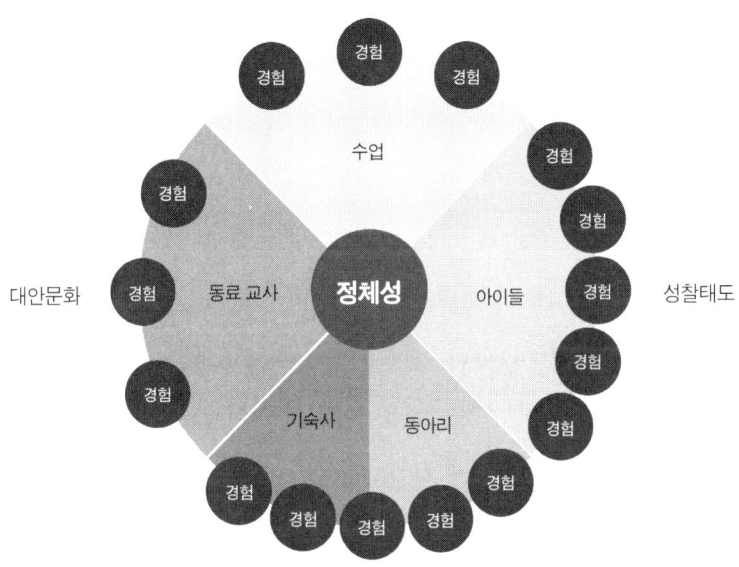

〈그림 19〉 대안학교 체육교사 정체성 형성의 특징

다. 대안교육 정체성이 이식(移植)된 실천적 전문가로서의 대안교육의 가치와 조건

체육교사의 정체성은 전문적 정체성에 속한다(장서이, 박혜연, 최의창, 2018). 사범대 또는 교육대학원에서 학위과정을 마친 후 교육인적자원부에서 발급된 체육 정교사 자격증을 소지하고 있으며, 다른 분야에서 갖출 수 없는 상당한 지식과 실기능력을 가지고 있기 때문이다(강기수, 2000; 오헌석, 2006). 하지만 자격을 갖추었다고 전문적이라고 이야기하긴 어렵다. Hall(1968)은 전문적 정체성의 특성을 직업에 대한 애정, 즉 '소명의식'으로 확인하였으며, Cruess(2016)는 전문적 정체성을 평가하는 척도를 '책임감'으로 제시하였다. 이는 대안학교 체육교사의 정체성의 특성과 결을 같이 한다. 또한, 전문성은 이론적 전문성(professionalism)과 실천적 전문성(professionality)으로 구분할 수 있다(최의창, 2009; Evans, 2008). 이 중 체육교사는 전문지식 자체보다 지식을 통해 무엇을 하고, 어떻게 살아갈 것인지에 대한 측면에서 실천적 전문직에 가깝다고 할 수 있다. 특히 실천적 전문인은 어떠한 사명과 철학을 가지고 있느냐가 핵심이다(Cruess, Cruess & Steinert, 2016; 박미혜, 2017; 최의창, 2009). 이렇듯 대안학교 체육교사의 정체성은 실천적 전문성이라고 할 수 있다.

대안교육 정체성이 이식(移植)된 실천적 전문가의 특징은 다음과 같다. 첫째, 대안교육 철학의 전문성이다. 대안교육 철학의 핵심은 대안교육의 역사에서 알 수 있듯이 '아이들을 마음으로 받아들이는 일'이다. 서양의 대안교육 역사의 출발점인 '에밀'에서부터 독일의 슈타이너(Rudolf steiner)가 1919년 세운 발도르프 학교(Waldorf padagogik), 영국의 교육가 닐(A. S. Neill)이 1921년에 세운 서머힐 학교(Summerhill School), 우리나라 초창기 대안학교인 1998년 충북 양업고등학교, 1999년 경기 두레자연고등학교 등은 기존 교육제도를 비판하고 학생 중심 교육관의 토대로 세워졌으며 아이들에게 맞는 교육환경을 제공하여 교육함으로 온전한 인간으로 성장할 수 있다는 교육 패러다임을 가지고 있다. 본 연구자의 학교도 이러한 패러다임 속에서 교육이 진행되고 있었고, 교육이 성공적으로 이뤄지기 위해서는 '아이들을 마음으로 받아들이는 경험'을 통한 '대안철학의 체득'으로 가능했다. 대안철학의 체득 과정은 〈그림 20〉과 같이 4단계를 거친다.

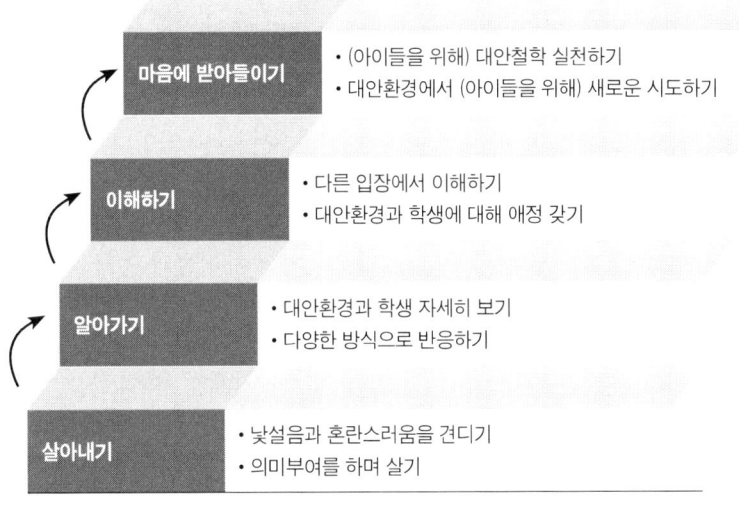

〈그림 20〉 대안철학 체득과정

1단계는 '살아내기'이다. 이는 시간을 흘려보낸다는 의미가 아니다. 하루에 의미를 부여하고, 만나는 사람들에게 의미를 부여하는 것이다. 그 사이에 일어나는 수많은 감정과 낯설음, 혼란스러움들을 묵묵히 견뎌내는 것이다. 1단계인 살아내기를 제대로 하지 못한다면, 그 이후로 넘어가는 알아가기, 이해하기, 마음에 받아들이기는 제대로 일어나지 않을 가능성이 높다. 난 대안환경의 낯설음을, 대안학교에서의 역할의 복잡함을, 체육수업의 흔들림을, 학생들을 마주할 때마다 느끼는 혼란스러움에 어떤 의미가 있을지 고민을 하며 지샌 밤이 많았다. 즉, '살아내기'란 누구에게나 삶의 경험은 누적되지만, 그것에 어떠한 의미를 부여하며 사는가에 따라 삶의 질은 달라진다(전현옥, 2003; Steger, & Frazier & Oishi, 2006)는 점에서 교사로서 본질적 교육철학을 체득하고 정체성을 발달시키는 데 있어 상당히 중요한 의미를 지닌다고 볼 수 있다.

2단계는 '알아가기'이며 오래 보는 일이다. 난 대안학교 교사 초임 시절 1년간 주말을 제외한 모든 시간을 아이들과 함께 학교와 기숙사에서 보냈다. 나에게 근무시간이라는 것은 없었다. 자고 있을 때도 아이들이 문을 두드리며 깨우는 일은 일상이었고, 토요일 당직이 있는 날이면 주말도 기숙사에서 아이들과 농구를 신나게 하며 놀았다. 또한, 1학기에는 중국 연변이라는 시골마을에 들어가 15일간 함께 먹고, 자고, 놀기, 2학기에는 3박 4일간 지리산을 종주하며 아이들과 부대끼며 노는 것 등 이것이 대안을, 아이들을 알아가는 시간이었다. '알아가기'에서 중요하다고 생각되는 지점은 '투닥거림'이다. 최정규, 박정준(2020)의 학교 밖 체육활동 가운데 자신, 친구, 선생님과의 투닥거림을 통해서 교육적(관계성) 회복이 일어남을 알 수 있다. 본 연구에서도 대안 환경과 역할, 수업, 학생을 자세히 봄으로 발생되는 투닥거림은 다양한 방식으로 반응하도록 이끈다. 다음 단계인 '이해하기'로.

　3단계인 '이해하기'는 알아가기 단계와 거의 동시에 일어남을 알 수 있다. 나태주(2015)가 말한 자세히 보아야 '예쁘다', 오래 보아야 '사랑스럽다'의 의미와 같다. 알아가는 동안 이해하기의 과정에 이미 들어선 것을 알 수 있었다. 대안학교 학생을 10달 마음속에 품고, 끙끙거렸던 기간을 지나니 내 아이들이 되어 있었다. 아이들이 사고를 치더라도 이 아이가 왜 그렇게 했을까라고 고민하고 '애정(愛情)'어린 시선으로 바라보고 있었다. 10달 동안 그 아이들을 알아가는 동안 자연스럽게 그 아이들을 이해하게 되었다는 것을 확인할 수 있었다. 교육학에서 학습자를 이해하는 것은 교육의 기본으로 알려져 있다. 신체적 수준, 인지적 능력, 정서적 상태를 정확히 알아야 그 아이들을 이해할 수 있다는 것이다(최승현, 황혜정, 2009; 황혜정, 2010; Ashwin, 2014). 하지만 본 연구에서는 신체적, 인지적, 정서적 상태를 인지하고 이해하는 것을 넘어 '이해하기'의 수준은 애정을 갖는 것까지를 말한다. '사랑'하는 마음이 없이는 다른 입장을 온전히 이해할 수 없기 때문이다(이재하, 2008). 이처럼 '사랑'이 대안교육의 본질임을 우리는 기억해야 할 것이다.

4단계는 '마음으로 받아들이기' 단계이며 일체 대상과 그것을 마주한 주체 사이에 어떠한 구별도 없는 것을 뜻하는 물아일체(우찬제, 2014)의 단계라고 표현할 수 있다. 이 단계는 해체 시기에서 구성 시기로 넘어가는 지점에 있다. 즉, 마음에 받아들이기는 구성의 시기로 넘어가는 역치(閾値)인 것이다. 구성 시기에서 체육수업에 대한 열의를 보일 수 있었던 배경에는 '대안문화와 철학의 체득'이 있었다. '이해'를 넘어 '실천'할 수 있었던 것이고, 대안환경에서 새로운 것에 '도전'할 수 있었던 것이다. 이 단계는 삶을 견디고, 살아가기에서 바로 오는 단계가 아니다. 알아가고, 이해하기라는 단계를 통해 마음으로 받아들여 '실천'으로 넘어갈 수 있는 것이다. 교육적 실천은 공동체의 목표를 지향하고, 능동적인 열의를 통해 이뤄진다(정현수, 2019). 본 연구에서도 교육적 실천으로 가기까지는 대안이라는 목표와 교사로서의 교육적 지향점을 가지고, 능동적인 살아내기, 알아가기, 이해하기를 통해 가능하다는 것을 확인할 수 있었다.

사실 대안철학을 체득하는 4단계를 텍스트화하는 것은 무리가 있다. 임태규(2009)는 대안학교에서의 교사의 삶을 아스팔트에 몸을 쓸려가는 것 같은 고통이라고 비유한 것같이 본 연구의 '살아내기'도 그러했다. 어느 한 사람을 알아가는 것, 이해하는 것은 나를 버리지 않고서는 할 수 없는 일임을 느끼고 경험했다. 그때야 비로소 '대안'에 있는 모든 것을 받아들일 수 있게 된 것이다. 즉, 대안철학을 실천하고, 새로운 것을 시도할 수 있는 시기가 된 것이다. 서시연(2019)의 교사 - 학생 간의 '사랑'을 체득하기까지의 단계에서 보면 '(무관심) - 관심 - 소통 - 이해 - 배려'의 선형적인 단계를 거쳐 최종 단계인 '사랑'을 체득(5C)할 수 있게 되었다. 본 연구의 결과 중 '아이들과의 특별한 관계, 사랑'을 체득할 수 있는 단계와 결을 같이 하지만 구체적 내용은 다르다. 즉, 대안문화와 철학을 체득하는 단계인 '살아가기 - 알아가기 - 이해하기 - 마음으로 받아들이기'의 단계 중 첫째, 살아가기는 '낯섦음과 혼란스러움을 견디며 의미를 부여하는 삶'을 이야기한다. 5C 모델이 이야기하는 '무관심에서 관심'과는 다른 모습을 보이고 있다. 특히 '아이들과의 혼란스러운 관계에서 의미를 부여하는 것'은 아이들에게 단지 관심을 갖게 된다는 수준보다 더 깊다고 할 수 있다. 대안교육에서의 아이들의 반응이 나에게 혼란스러움으로 다가왔고, 하루하루 살아내며 그 경험에 의미를 부여했다는 의미이다. 두 번째로는 '알아가기'이다. 이 단계를 5C 모델은 '소통'으로 확인하였는데 알아가기 단계 안에 아이들과의 소통이 포함되어 있지만, 다양한 방식으로 반응하는 소통, 아이들을 자세히 보며 하는 소통이라는 점이 본 연구와 다르다고 할 수 있다. 세 번째로는 '이해하기' 단계이다. 5C 모델의 학생을 '이해'하게 된다는 것과 같은 단어 내용을 포함한다. 마지막으로 '마음으로 받아들이기'는 5C 모델의 '배려, 사랑'의 단계와 결을 같이 한다. 하지만 '이해'를 통해 배려를 하게 되고, 사랑의 관계로 발전된다는 5C 모델과 나의 '마음으로 받아들이기'는 이해를 통해 대안교육에서 아이들과 새로운 것을 시도할 수 있다는 단계와는 다른 점을 보인다. 즉, 아이들을 마음으로 담는 순간, 내가 가지고 있던 긍정적 에너지로 '아이들을 사랑'하게 되고, '아이들을 위해' 체육수업을 새롭게 구성하기 위해 노력하고, 아이들 생활에 적극적 관심을 가지게 된다는 것이다. 서시연(2019)의 관심(Concern), 소통(Communication), 이해(Comprehend), 배려(Consideration), 사랑(Charity)에서 아이들과 교사의 사랑(신뢰)의 관계를 넘어 마음에 담아 사랑을 실천하는 것으로 좀 더 구체성이 높은 과정이라고 할 수 있다. 따라서 예비교사 교육과 현직교사 교육에 있어 아이들과 특별한 신뢰, 사랑의 관계를 맺음으로 본질적 교육, 체육수업을 진행하기 위해서는 대안철학 체득의 단계(아이들과의 특별한 관계)를 주목할 필요가 있다.

　대안교육 정체성이 이식된 실천적 전문가의 특징 둘째, 수행 전문성이다. 대안철학을 갖춘 수행 전문성은 생활교육 전문성과 체육수업 운영 전문성으로 나뉜다. 조기희(2015)는 수행 전문성을 '수업 설계 능력, 수업 운영 능력, 수업 평가 능력, 학생 관리 능력'으로 보았다. 수업을 잘하기 위해 아이들과 모이는 장소에 따른 약속을 정하고, 대형, 주의집중 시 어떤 신호(호루라기)를 줄 것인가를 아이들과 약속하는 계획 단계부터 효과적인 시범과 설명, 과제 제시, 학생 피드백을 수행하는 전문성을 이야기한다. 특히, 수업을 위한 학생 '관리' 능력을 말한다. 본 연구에서의 '수행 전문성'은 학생들의 생활(아침 기상부터 저녁 취침 교육까지) 교육의 전문성을 포함한다. 1년간 기숙사에서 실질적인 사감 역할 경험과 매주 1~2번씩 기숙사 당직 경험, 1년에 한 번씩 2주간의 '해외이동수업'의 경험과 3박 4일간의 학교 밖 체육활동인 '지리산 종주' 프로그램과 '제주도 일주' 프로그램은 아이들과 함께 보내는 절대적인 시간을 확보해주었으며, 이를 통해 아이들의 생활 전체를 바라볼 수 있게 하였고, 조력하게 되었다(최정규, 박정준, 2020). 수행 전문성의 또 다른 영역은 체육수업 운영 전문성이다. 이는 대안교육 철학을 바탕으로 체육을 통해 아이들에게 '행복'을 심어준다는 목표를 가지고, 공간을 활용하는 수업, 지역사회와 연계한 수업(볼링, 승마), 목적 있는 프로젝트 수업, 기존 종목에 새로운 시도를 한 수업, 체육수업을 축제화한 수업 등 다양한 내용을 구성하고 그에 맞는 수업 방법(스포츠교육모형, 개별화지도모형, 프로젝트방법 등)을 사용할 줄 아는 전문성이다. 이와 함께 체육수업 운영의 중요한 전문성은 '애정(愛情) 담긴 구체적 피드백'을 줄 수 있는 능력과 다양한 아이들을 수용할 수 있는 '수용력 있는 태도'를 포함한다. 해체 시절 질 낮은 수업을 마구 만들어낸 (粗製濫造) 수업에서도 아이들에게 구체적이고, 관심과 애정 담긴 피드백을 주었다. 구성 시절 다양한 체육수업을 구성했을 때에도 아이들 입장에서 고민하여 피드백을 주었다. 재해체 시절 체계적인 수업을 구성했을 때도 마찬가지였다. 또한, 아프다는 핑계로 수업에 참여하지 않는 아이, 마음에 아픔이 있어서 수업에 집중하지 못하는 아이, 치기 어린 행동으로 반항적 모습으로 수업에 임하는 아이, 수업 중간에 담배 태우고 들어오는 아이 등 다양한 모양의 아이들을 '거친' 태도가 아닌 '이해'의 태도로 아이들을 수용하는 모습을 보였다. 교사의 수용력 있는 태도는 시간이 오래 걸리지만 아이들이 '스스로' 깨달아 수업에 참여할 수 있도록 한 원동력이다.

셋째, 인성 전문성이다. 이는 대안철학의 전문성을 갖추고, 수행 전문성을 통해 자연스럽게 함양되었다. 인성 전문성의 요인은 크게 인내, 사랑, 책임감이다. 먼저 인내는 '체육수업 운영 전문성' 중 '수용력 있는 태도'를 통해 길러지게 되었다. 여러 모양의 아이들이 나를 힘들게 해도 '언젠가는 아이들이 변하겠지.'라는 믿음으로 인내했다. 그리고 선배 교사가 이야기한 '10달의 법칙'처럼 임산부가 10달을 인내하고 품고 있어야 내 자식을 볼 수 있는 것처럼, 10달간 아이들을 믿음으로 인내해야만 대안학교에서 아이들을 바르게 볼 수 있었다. 두 번째, 사랑은 대안철학 체득의 마지막 단계인 '아이들을 마음으로 받아들이기'를 통해 자연스럽게 생겨나게 되었다. 오래 보고, 자세히 봐야 아이들이 예쁨을 알 수 있다는 나태주 시인(2015)의 말처럼 대안학교에서 다양한 아이들을 오래 보고, 자세히 보니 그들을 이해할 수 있었고, 사랑할 수 있었다. 세 번째, 책임감은 '생활교육 전문성' 체득과정 중 아이들과 함께 보낸 시간들(교사가 먼저 솔선수범해야 했기에)을 통해 길러지게 되었다. 대안교육에서의 교사는 말(言)이 아닌, 행동(行)으로 교육해야 한다(강태중, 1995; 고병헌, 1997, 이종태, 2000). 지리산에서 아이들보다 먼저 나와 아침 식사를 준비하고, 아이들이 안전하고, 편안하게 자는 것을 확인해야 잠을 잘 때 아이들은 그 뒷모습을 보고 배웠다. 체육수업 내용보다 체육수업을 열정적으로 준비하는 교사의 뒷모습을 아이들은 기억했다. 따라서, 대안교육에서의 체육교사로서의 삶을 통한 실천적 전문직 체육교사의 특징은 대안철학의 전문성, 수행 전문성, 인성 전문성으로 확인되었다. 이는 예비교사 교육과 현직교사 교육에서 세 가지 전문성을 위한 교육 프로그램을 계획한다면 실천적 전문직 체육교사로 성장할 가능성이 있음에 주목할 필요가 있다. 다음 〈그림 21〉은 대안교육 정체성이 이식된 실천적 전문가의 특징을 도해한 것이다.

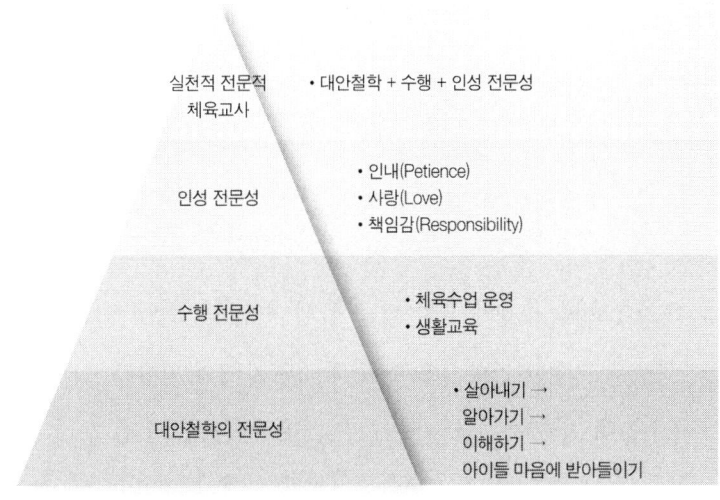

〈그림 21〉 대안교육 정체성이 이식된 실천적 전문직 체육교사 특징

임종화(1999)는 대안교육의 가치를 공동체 지향, 학생 중심 (자치문화), 노동(신체 움직이기)으로 보았다. 나(대안학교 체육교사)의 정체성에 대안교육의 가치인 공동체를 지향(체육수업의 철학)하고, 학생 중심 체육수업(신체 움직임)을 추구할 수 있었던 것은 10여 년간 대안교육 안에서 삶을 살아왔기 때문이다. 대안학교 교사들의 특징에 대해 정유성(1999)은 학생들에 대한 신뢰, 학생들과의 상호작용, 학생들에 대한 책임성, 학생들의 다양성 인정, 공동체 방식의 실천, 전인교육의 실천, 생활을 통한 교육, 자기 헌신, 내면의 정직한 투쟁을 이야기하였다. 대안학교에서의 나의 변화된 정체성 특징도 맥을 같이 한다. 나의 눈엔 이상해 보였던 아이들과 대안학교, 기숙사에서 함께 부대끼며 보냄(학생들과의 상호작용)을 통해 아이들의 다양한 개성을 인정하게 되었고, 나아가 아이들을 마음으로 받아들이게 되었다. 즉, 정유성(1999)이 이야기한 학생들과의 상호작용, 학생들에 대한 신뢰, 학생들의 다양성 인정을 넘어 학생들을 마음으로 받아들이는 정체성을 갖게 되었다. 구체적으로 대안교육 정체성이 이식된 실천적 전문가인 체육교사에 영향을 준 대안교육 가치와 조건은 무엇일까?

대안교육의 가치의 첫 번째는 '학생'이다. 즉, 학생 중심 교육관, 새로운 교수학습 방법을 통해 새로운 가치의 지향성, 삶 속에 녹아난 교육 등(강태중, 이종태, 이명준, 1996)으로 꼽고 있다. 또한, 백근수(2011)는 사제 간의 원활한 소통을 통한 학습능력, 잠재능력 강화, 공동체 구성원 간의 사회적 관계 능력 향상, 참여 수업을 통한 흥미를 유발하는 수업 등으로 이야기했다. 나 또한 그러했다. 선배 교사가 나에게 이야기한 '열 달의 법칙' 즉, 교사가 학생을 열 달 동안 '기다림'으로 아이들을 마음으로 받아들이게 되는 기간의 법칙은 나의 정체성에 중요한 토대가 되었다. 수업시간에 무단으로 나갔다 오는 아이들, 새벽에 몰래 기숙사에서 빠져나와 편의점으로, 근처 바닷가로 나가는 아이들, 기숙사에서 몰래 술 먹고, 담배 피는 아이들, 하루 종일 책상 위에 엎어져 있는 아이들을 바라보며 화내기보다 안타까운 마음으로 기다려주고, 믿어주었던 시간을 통해 학생 중심 교육관을 형성하게 하였다. 따라서 대안교육의 우선적 가치는 '아이들 중심'이다. 즉, 아이들을 경험하며, 아이들과 부대끼며, 아이들과 투닥거림을 통해 대안교육의 가치가 교사들에게 반영되고, 체득된다는 사실이다(최정규, 박정준, 2020).

두 번째는 '공동체'이다. 정유성(1999)의 대안학교 교사의 특징인 공동체 방식의 실천, 전인교육의 실천, 자기 헌신 등도 본 연구 결과를 통해 확인되었다. 대안학교가 어떠한 철학 아래 설립되었고, 어떠한 교육철학을 실천했는지에 대한 선배 교사들의 이야기와 그들의 '치열한 대안교육의 삶'을 보며 확인할 수 있었다. 동료 교사들과 평일이 아닌(아이들이 기숙사에 있기에), 주말에 간단한 회식을 할 때 항상 '교육적 깔때기'로 마무리된다. "아무개는 요즘 수업에 영 집중을 못하네?", "아, 그 친구 요즘 집에 무슨 일이 있어요. 부모님 문제인데… 안타까워요." 아이들에게 초점이 맞춰진 대화는 교사 회식자리의 대미를 장식한다. 즉, 대안교육과 교사의 개인적 삶이 분리되지 않고, 삶과 교육이 하나 되는 삶을 살아가고 있는 것이다. 이처럼 '공동체'라는 대안교육의 가치는 나에게 반영되고, 체득되었다. 이처럼 '아이들'과 부대끼며 살아감과 투닥거림을 통한 '학생 중심 교육관'과 동료 교사의 삶에 녹아있는 '공동체'라는 대안교육의 가치는 나에게 투영되었다.

세 번째로는 '신체활동'이다. 이는 대안교육의 특징인 '노동'에서 유래되었다. 연구자가 연구학교에 임용되기 전부터 '아침 기숙사 체조', '학년 간 축구대회', '농업활동'을 통해 아이들의 신체 움직임을 강조하고 있었다. 자연스러운 '신체활동 강조'의 문화는 나의 '체육교사'라는 정체성과 자연스럽게 부합되었다. 고3이라고 해서 체육수업을 줄이고, 주지교과를 늘리는 문화가 아니었다. 이러한 문화이기에 아이들이 신체활동을 더 자연스럽게 하도록 쿼터스포츠클럽 만들기(매일 15분 운동)와 체육수업 축제화를 추진할 수 있었다.

마지막으로, 이러한 대안교육의 가치들이 '성찰'을 통해서 나에게 함양될 수 있는 조건이었다. 즉, 나의 '성찰'이 있어야 대안교육의 가치를 온전히 담을 수 있었다. 김은정(2012)은 성찰과 반성을 인지적 성찰과 존재적 성찰로 나눈다. 인지적 성찰은 교사 자신의 인지적 지적 능력을 통해 수업, 교수학습을 되돌아보고, 반성하는 것을 말하며, 교사는 변형적 지식인으로서 역할을 해야 한다고 강조했다. 존재적 성찰은 정신분석학 관점에서 주변 경험과 상황을 주체의 정서적 자원과 존재로부터의 되돌아봄과 반성을 말한다. 본 연구에서 말하는 성찰은 '존재적 성찰'에 가깝다. 즉, 존재적 성찰은 교사의 성장을 끌어내기 위한 '필수요소'이다(김영수, 강호선, 2003; 김현정, 홍훈기, 전화영, 2010; 심현애, 김경연, 2012; 이진향, 2002; 조덕주, 2011; Dewey, 1986). 그리고 '경험의 성찰'은 교사의 삶으로 수렴되어 삶과 앎을 하나로 묶는 기회를 주기도 한다(신동일, 김나희, 유주연, 2006). 나에게도 대안학교 체육교사로서 성장하기 위한 밑바탕에는 '교사성찰일지', '고민을 통한 반성적 사고' 등이 있었다. 아이들과의 관계 속에서 일어난 일, 동료 교사의 삶 속에서 느꼈던 궁금증과 고민들을 하나하나 곱씹어보며 '반추한 삶'은 대안학교 체육교사 정체성을 형성하고, 변화하게 하는 데 큰 밑거름이 되었으며, 대안교육의 가치를 삶으로 온전히 담을 수 있도록 해주었다.

따라서 교육의 본질을 추구하는 대안교육의 가치를 삶으로 담아내기 위해서는 '아이들과 함께하는 절대적 시간량을 확보'해야 하며, 대안교육의 가치를 미리 경험한 '동료 교사들의 삶'을 바라봐야 한다. 그리고 두 경험을 '진정한 성찰'을 통해 (대안교육의 가치를) 내 삶으로 담아낼 수 있었다(체육교사에 있어서 '신체활동'의 가치는 자연스럽게 체득되었음). 이는 세 가지의 방법을 통해 교육의 가치를 삶으로 담아낼 수 있다는 점에서 교육의 본질적 가치인 '대안교육의 가치'를 추구하는 교사들에게 시사하는 바가 크다. 또한, 예비교사 교육에서 '경험의 성찰'에 대한 체계적인 교육과정과 현직교사의 '교육적 성찰'을 고양할 수 있는 교직사회 문화가 조성되어야 할 것이다. 다음 〈그림 22〉는 대안교육 정체성이 이식된 실천적 전문가로서의 대안교육의 가치와 조건 관계 구조를 도해한 것이다.

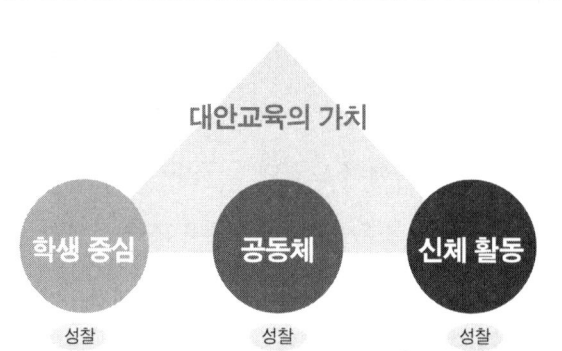

〈그림 22〉 실천적 전문가(대안교육 정체성)로서의 대안교육의 가치와 조건 관계 구조도

2. 대안교육과 체육수업

가. 대안학교 체육교사로서의 정체성과 체육수업의 관계

　대안학교 체육교사가 되기 이전의 경험과 정체성은 체육수업의 토대가 되었다. 첫째, 고등학교 시절의 '비형식적 체육활동(당구와 북청사자놀음)'과 2년간의 '체육을 일기로 표현'한 경험은 다양한 체육수업(형식에 매몰되지 않고, 비형식적 체육)의 밑거름이 되었다. 즉 공간활용에 따른 뉴 스포츠 수업(wii 게임기를 활용한 가상 스포츠 수업), 창 던지기, 사격하기, 당구 등 기존 스포츠에 새로운 시도를 했던 수업, 지역사회와 연계한 볼링과 승마수업, 아프리카 아이들에게 운동화 보내기 등의 목적이 있는 프로젝트 체육수업, 체육활동을 한 신체적 느낌을 시(時)와 그림으로 표현하는 수업을 시도했던 것에 영향을 주었다. 온라인 스포츠와 모든 아이들이 처음 접하는 승마와 볼링, 몸을 다양한 방식으로 사용하는 프로젝트 수업, 체육을 인문(人文)으로 표현하는 수업을 통해 아이들은 체육적 재능을 다양하게 깨닫게 된다. 이는 신체적 재능과 더불어 인지적, 정서적 체육 재능까지 깨달아 체육적 삶에 입문시키는 장점이 있다. 체육교사가 되기까지의 나의 경험은 체육교사의 정체성에 직·간접적인 배경이 되기도 하고, 체육수업의 배경이 되기도 한다(Akkerman & Meijer, 2011; Day et al, 2006). 체육수업을 통해 아이들은 교육적 성장을 해가고, 체육적 삶을 사는 온전한 어른으로 성장하게 된다(이만수, 2014; Standage & Gillison, 2007). 이런 개인적 경험에서부터 학생, 사회로의 순환성은 체육교사가 어떤 경험을 가지고 있느냐에 따라 좌우된다는 이야기이기도 하다. 체육교사가 되기까지 다양하고, 비형식적 체육의 경험이 아이들과 사회에 영향을 미칠 수 있다는 가능성을 탐색한 것이다. 따라서 예비체육교사 교육에 있어서 정식 스포츠, 기존 운동 프로그램뿐 아니라, 다양한 교육적 환경과 다양한 아이들을 담을 수 있도록 비형식적 스포츠와 색다른 체육 종목, 인문적 체육의 프로그램을 구성한다면 다양한 학생을 성장시킬 수 있는 교육적 역할을 할 수 있다는 사실을 주목해야 한다.

둘째, 어릴 적 다양한 체육활동을 통한 즐거운 경험은 대안체육수업에 다양한 시도를 할 수 있는 배경이 되었다. 경기도 고등학교 중 유일하게 운동장과 강당이 없는 학교라는 독특한 환경에서 작은 공간에서 남녀가 즐겁게 할 수 있는 뉴 스포츠 종목을 변형한 수업, 기존 스포츠를 적용할 수 없기에 새로운 시도를 한 수업, 즐거움을 나누고자 체육수업의 마지막을 축제화로 연결한 라인댄스 수업, 볼링과 승마수업 등 지역사회와 연계한 수업, 아프리카 아이들에게 아이들의 즐거운 체육 경험을 나누어주고 싶은 마음에서 시작한 프로젝트 수업 등은 체육활동의 이식(移植)이라는 표현을 사용할 만큼 학창 시절의 다양한 체육활동은 내 몸의 일부가 되었고, 이러한 배경 경험은 구성 시절의 체육수업에서 다양한 방식으로 드러나고, 표출되었다. 자발적으로 탁구 모임을 만들고, 철봉을 사이로 배구 경기를 하기 위해 다양한 규칙을 만들어 친구들과 즐거운 시간을 가졌던 경험, 친구들과 이어달리기를 하기 위해 바턴 대신에 나뭇가지를 주어 경기를 했던 경험, 1 : 1, 2 : 2, 3 : 3, 5 : 5 농구, 축구 경기를 다양한 방식으로 즐겼던 경험 등이 모여 대안체육수업을 구성하는 배경이 되었다. 따라서 체육교사가 삶에서 어떠한 '경험'을 했는지, 그 경험이 자신에게 '어떠한 의미'로 다가왔는지가 정체성에 영향을 미치고, 그 정체성은 수업을 구성하는 데 중요한 배경이 된다는 것이다. 체육교사는 학창 시절 체육을 잘하는, 소위 운동신경이 뛰어난 사람이 되어야 한다는 것이 중론(衆論)이다. 하지만 체육을 잘하는 사람이 체육을 잘 가르친다는 것은 다른 문제이다. 체육을 '즐겁게 경험'한 사람은 다양한 환경에서 체육적 적응력, 유연성이 높다(황성하, 2010). 체육을 잘하고, 이기는 것에 매몰되어 있는 사람보다, 체육을 즐기고, 함께 어울리는 가운데 전문성을 가진 사람이 체육에 '애정'을 가지고 아이들을 잘 가르칠 것이다. 따라서 예비체육교사 교육의 초점을 체육을 잘하기 위한 기능 숙달과 교수학습 방법에 두었던 것을, 체육을 향유할 줄 아는 사람(체육을 사랑하고, 누리고, 즐길 줄 아는 사람)으로 교육하는 것에 두어야 한다는 사실을 기억해야 할 것이다.

셋째, 대안문화, 철학 체득의 시기는 체육수업 철학과 목표를 설정하는 데 영향을 주었다. 학생들에게 대안적 삶에 방점을 두고 교육했다는 구차한 변명 아래 체육수업의 내용, 방법, 평가를 깊이 바라보지 못하였다. 이는 '대안'이라는 이름에 함몰되어 있던 시기였기 때문이다. 난 아이들의 삐뚤어짐과 상처들이 어색했다. 자신의 생각대로만 하려는 아이들, 뒤죽박죽의 가치관으로 살아가는 아이들을 보며 혼란스러움을 느꼈다. 기간제교사 시절에 만났던 아이들과 다른 모습에 나의 교육철학이 해체되는 느낌을 받았다. 그 후 기숙사에서 아이들과 1년을 함께 부대끼며 그들의 아픔과 상처가 왜 생긴지를 깊이 알게 되면서부터 그들을 이해하게 되었고, 마음으로 받아들이게 되었다. 이전 기간제교사 시절의 '왜 해요?'를 통한 교육적 변환기 사건이 '교사로서 어떠한 생각을 가지고 살아야 할 것인가?', '수업을 어떠한 교육적 철학으로 디자인할 것인가?'를 던지며 교사관과 수업관에 영향을 주었다고 하면, 해체 시기에 뒤죽박죽 아이들과 함께 살아낸 경험은 학생관에 큰 영향을 주었다. 교사로서, 교육자로서 아이들을 어떻게 바라보고, 대할 것인지에 대한 철학이 생겼다. '학생 중심' 단어 속에는 '아이를 마음으로 이해', '지치지 않는 기다림', '아이들의 흐트러진 모습에 화내기보다 슬퍼함'이라는 뜻을 담게 되었다. 대안철학의 영향이 그대로 체육수업에 녹아진 것이다. 또한 대안교육에 입문했을 때(해체) '행복'이라는 이상적 수업 목표를 정했다. 이 시기에는 아이들에게 가장 필요한 인성요소라고 판단하였기 때문이다. 어릴 적부터 어른들에게 상처를 받았고, 공부를 잘하지 못한다는 이유로 자신을 인정해주지 않는 세상을 향해 '사고(事故)'를 침으로써 자존감과 존재감을 드러내기 바빴던 아이들은 공격적이었고, 틀에서 벗어나려는 성향을 지니고 있었다. 일과시간에는 학교에서, 방과 후 시간에는 기숙사에서 아이들과 함께 보낸 시간은 나의 교육철학과 수업 목표의 방향성을 정해주기에 넉넉했다. 교사의 배경, 철학, 신념 등이 체육수업을 설계할 때 철학과 목표에 중요한 역할을 한다(이태구, 이한주, 2015; 이학준, 김남진, 김용욱, 2017; Ward, 2006). 학교의 문화, 관리자의 교육 의지, 철학이 일반교사들에게 투영되는 사례도 여럿이다(김원정, 유정애, 2010; 김지은, 한금선, 2015; 박삼철, 2005). 이처럼 교사의 교육적 가르침에 중요한 역할을 하는 철학과 목표에 영향을 준 교육적 공동체의 중요성을 기억해야 한다. 이에 앞서 공동체가 어느 방향을 지향하고 있는지는 더더욱 중요하다. 이제는 교사와 학생 간의 관계가 사제(師弟)가 아닌 교육 서비스 제공자와 수요자로 인식되고 있다(서시연, 2019). 또한, 교육 서비스가 안 좋다고 느낄 땐 물건이 불량이 났다고 불만을 제기하는 것과 동일하게 교육청에 민원을 넣는 일이 비일비재하다. 이런 상황에서 교사들도 학생들을 교육 수요자로만 바라보는 것이 편하다고 느낀다. 이러한 사회적 분위기 속에서 공동체가 어떤 지향점을 가지고 있고, 철학을 가지고 있는지는 교사에게만 영향을 주는 것이 아니다. 최종 교육의 수혜자인 학생들에게 영향을 미친다. 그리고 이 영향은 사회로까지 나아가 다시 우리에게 돌아올 것임을 기억해야 한다.

나. 대안교육 체육수업의 교육적 의미와 체육교육에의 시사점

과거 체육교육이 가지고 있는 문제점의 핵심은 체육수업의 부재였다. '아나공' 수업을 하거나 국, 영, 수 과목에게 체육시간을 내어주는 일들이 비일비재했다. 수업목표 부재, 수업내용 부실, 학생의 체력, 체격, 기능의 다양성을 고려하지 않은 수업 방법, 피드백 부족, 수업내용과 상이한 평가 등의 문제점은 체육교육의 입지를 줄어들게 하였다(유정애, 2002). 하지만 수많은 체육학자, 체육교사들의 연구와 노력으로 다양한 방법을 통한 학생들의 역량을 키워주는 체육수업, 학교폭력의 예방적 방안의 체육수업이라는 타이틀을 가지고 올 수 있게 되었으며 학습자에게 실질적인 도움을 주는 수업으로 변모하였다(고문수, 2014). 본 연구도 이러한 체육교육의 시대적 노력에 도움이 되고자 대안학교 체육교사 정체성 시기별로 시행되었던 대안교육 체육수업을 통해 교육적 의미와 체육교육에의 시사점을 확인해보고자 한다.

첫째, 대안교육 철학에 기반한 학생 행복 철학과 신체적, 정서적 회복이라는 가까운 목표 제시이다. 수업철학은 교사가 어떠한 철학과 신념, 정체성을 가지고 있느냐에 따라 다르다(김무영, 2011; 이지현, 2003). Schulman(1987)은 교사의 전문적 지식 중 교육 목적, 목표, 가치와 그들의 철학적 배경에 관한 지식을 이야기한다. 교육에 있어서 교사의 교육철학은 핵심 지식에 속한다. 나 또한 실천적 전문직 체육교사의 토대적 핵심은 대안교육 철학의 전문성을 이야기했다. 이러한 대안교육 철학을 통해 나는 학생을 이해하고, 마음으로 받아들였고 체육수업 철학의 근간이 되었다. 아이들이 대안학교에 문을 두드린 이유는 어른들에게 상처받거나, 친구들로부터 소외를 당했거나, 가정으로부터 어려움을 당해서이다. 이러한 아이들의 마음에 상처를 치유해주는 약으로 '행복'이라는 단어를 수업철학으로 선정하였다, 행복 수업 철학은 체육수업을 준비하는 데 가장 중요한 설계요인이 되었다.

체육과 교육과정의 총괄목표는 신체활동 가치를 내면화하고 실천함으로써 체육과의 역량을 습득하고 이를 통해 전인교육을 실현하는 것이며, 고등학교 체육과 교육과정의 목표는 신체활동의 생활화 및 전문화 교육을 담당하는 것이다(교육부, 2015b). 하지만 대안적 체육수업 목표는 교육과정에서 제시한 것을 그대로 진행할 수 없었다. 교육부가 제시한 신체활동을 통한 가치의 내면화, 역량 습득, 전인교육은 대안적 체육수업에서 지향해야 할 목표였으나, 손에 잡히지 않는 오아시스와 같았다. 그래서 나는 교육과정을 재구성하여 '즐거운 신체활동을 통해 아이들이 신체적, 정서적으로 회복하여 사회에 나가는 기반을 마련해주는 행복한 체육수업'을 목표로 하였다. 나에겐 지속적인 건강관리, 도전정신 발휘, 선의의 경쟁 실천, 심미적 안목 습득, 안전의식 함양(교육부, 2015b)을 고려하기엔 우선 과제(회복)가 있었기 때문이다. 먼 목표를 향해 수업설계를 한다면 복잡한 수업이 진행될 것으로 예상했고, 아이들의 회복이라는 가까운 목표를 이루기 위해 노력한다면 교육부가 제시한 목표 또한 자연스럽게 이룰 수 있다는 것을 알 수 있었다. 체육수업을 통해 학생들의 정서가 긍정적으로 변화되고, 생활 속에서 체육을 즐겨 하거나, 체육진로를 선택하는 친구들이 늘어난 것은 그 예라고 할 수 있다. 따라서 현직 체육교사들은 자신의 교육철학을 바탕으로 학생들에게 구체적이고, 가까운 수업목표 제시와 좋은 교육철학을 심어줄 수 있는 예비교사 교육에서의 다양한 교육철학 프로그램 개발은 미래 체육교육의 발전에 도움을 줄 것이다.

둘째, 다양한 아이들을 담을 수 있는 다양한 수업내용과 방법 그리고 허용적 수업 분위기이다. 구체적으로 이야기하면 아이들의 체육적 재능 및 지능은 다양하다. 그리고 학생들의 어릴 적 경험에 따라 체육을 대하는 태도 또한 다르다. 이렇듯 다양한 아이들을 담아낼 수 있는 종목의 다양성(형식 스포츠, 비형식 스포츠 등)과 다양한 교수학습 방법이다. 그리고 수업 중 아이들을 담아낼 수 있는 핵심요소인 허용적 수업 분위기이다. 유정애(2012)는 좋은 수업의 요소 중 '협동적 학습 분위기'를 이야기했다. 즉, 긍정적인 통제 방법을 사용하여 게으름 피우거나, 놀면 안 된다는 신호를 주고, 학생들이 상호작용하며 능동적으로 학습할 수 있는 분위기를 만들어주어야 한다는 것이다. 협동적 학습 분위기는 내가 이야기한 '허용적 수업 분위기'와는 다른 지점이 있다. 나의 허용적 수업은 아이들이 게으름을 피우거나, 놀아도 된다. 하지만 전제조건이 있다. 다양하고 즐거운 체육수업을 체육교사가 계획하고 구성했을 때이다. 이러한 수업 속에서도 아이들이 게으름을 피우거나, 놀거나, 나간다면 아이 내면에 문제가 있다는 신호로 우리는 받아들여야 한다.

학생: 저 오늘 안 할래요.
나: (인상 쓰며) 또 아퍼?
학생: (인상 쓰며) 아프면 안 돼요?

(I20106, 수업시간에 학생과 대화)

학생: 저 오늘 수업 안 들어갈래요.
나: 왜? 무슨 일 있구나? 그러면 잠깐 앉아 있어. 쉬는 시간에 얘기

좀 하자.

학생: (귀찮은 듯) 알겠어요.

(I201204, 수업시간에 학생과 대화)

위의 대화내용은 허용적 수업 분위기의 단편적 예이다. 첫 번째 대화는 해체 시기, 대안학교에 온 지 4개월째 되는 수업에서 생긴 일화이다. 기간제교사 시절의 습관이 그대로 남아 있을 때이다. 이후 두 번째 대화에서는 아이 마음이 아픔을 공감하고, 허용하고, 기다려주는 것이다. 이후 이 아이는 체육을 좋아하는 학생이 되었다는 사실은 허용적 수업 분위기의 긍정적 결과를 보여주는 단면이다. 하지만 허용적 수업 분위기의 전제조건인 다양한 수업내용과 수업 방법을 사용해야만 긍정적 결과가 나타났다.

공간활용에 따른 뉴 스포츠 수업(wii 게임기를 활용한 수업, 협동 스포츠, 저글링, 킨볼, 플래그 풋볼, 넷볼, 플로어 볼 등), 기존 스포츠 종목에 새로운 시도를 한 체육수업(창 던지기, 사격, 마을 달리기 등), 체육수업과 축제화의 만남(라인댄스, 농구, 스포츠 스태킹 등), 지역사회와 연계한 수업(볼링, 승마 등), 목적이 있는 프로젝트 수업(아프리카에 운동화 보내기, 체육 영화제작, 올림픽 응원 프로젝트 등) 등 다양한 수업내용과 내용에 맞는 스포츠교육모형, 개별화지도모형, 협동학습모형, 프로젝트 수업 등 다양한 수업 방법은 다양한 아이들을 체육에 담아낼 수 있었다. 경쟁 스포츠(농구, 플래그 풋볼,

넷볼 등)를 통해 운동을 잘하는 학생을 담아내고, 도전 스포츠(마을 달리기, 스포츠 스태킹, 저글링 등)를 통해 성실한 학생을 담아내고, 협동 중심 스포츠(킨볼, 프로젝트 수업 등)을 통해 운동기능을 잘 발휘하지 못하지만 자신의 재능을 보여줄 수 있는 학생을 담아내고, 표현 스포츠(라인댄스)를 통해 춤을 좋아하는 여학생, 남학생을 담아내고, 여가 스포츠(볼링, 승마 등)를 통해 기존 학교수업에 흥미를 못 가지는 친구를 담아낼 수 있었다. 유정애(2002)가 이야기한 좋은 수업의 특징인 의미 있고, 균형 잡힌 수업과 맥을 같이 한다. 대안적 체육수업은 각 영역마다 추구하는 교육적 의미와 다양한 아이들을 담을 수 있는 균형 잡힌 수업내용과 방법, 그리고 허용적 수업 분위기 조성은 체육교육에 새로운 대안을 제시할 수 있으며, 다양한 아이들을 체육이라는 그릇에, 교육이라는 그릇에 담아낼 수 있음에 주목할 필요가 있다. 이러한 내용을 비추어볼 때 2015 체육과 개정 교육과정(고등학교) 중 일반 선택 과목 '운동과 건강'의 내용영역(운동과 건강의 관계, 운동과 건강관리, 운동과 안전)을 다양한 아이들이 운동을 통해 건강을 관리할 수 있도록 교육과정 내용을 수정·보완할 필요가 있다. 예를 들어 교육과정의 운동과 건강 신체활동 예시에 따라 걷기, 체조, 스트레칭, 요가, 달리기, 골프, 양궁 등으로 건강, 도전 영역에 한정되어 수업을 진행하고 있는 실정이다. 이에 운동과 건강내용 영역을 다양한 스포츠를 통한 건강관리 영역으로 바꾸어, 신체활동 예시를 다양한 종목을 통해 건강을 관리, 도움, 향상되는 내용으로 수정·보완할 필요가 있다.

　마지막으로 교사와 학생의 '관계성'이다. Zemelman(1999)이 이야기한 체계적이고, 좋은 수업의 특징인 '다양한 상호작용의 수업과 맥락'이라는 요인과 맥락은 같으나, 구체적 내용은 다르다. 내가 이야기하는 관계성은 교사와 학생의 생활 속 관계를 기반으로 한 수업 속에서의 관계성을 말하는 것이다. 대안학교만의 독특한 문화인 학생 전원의 기숙사 생활, 교사 전원이 요일별로 기숙사 생활을 통해 교사와 학생 간의 생활 속 관계를 돈독히 하는 것과 2주간 해외에서 수업, 3박 4일간 제주도, 지리산 학교 밖 체육활동, 다양한 체험학습 프로그램 등을 통해 아이들과의 관계성을 돈독히 하는 것이다. 이러한 생활 속 관계성을 기반으로 한 체육수업은 수업의 여세성(수업활동에 집중하는 상태)을 보장했다. 생활 속에서 깊이 형성되어 있던 관계성은 아이들의 상황, 상태를 정확히 파악할 수 있게 되어, 수업 중 집중하지 못하는 친구들을 빠르게 과제에 몰입할 수 있도록 할 수 있었다. 또한, 중학교 시절부터 체육을 좋아하지 않은 학생도 교사와의 '관계성' 때문에 수업에 몰입하곤 하였다.

　대안체육수업의 특징인 '관계성' 안에는 교사의 태도가 포함된다. 교사의 태도에 따라 학생 간의 관계성의 정도가 결정되기 때문이다(Larrivee & Cook, 1979; Ross-Hill, 2009). 아이들이 바라보는 지점은 수업내용보다 교사의 태도를 본다. 교원평가의 내용은 다음과 같았다. 「학생들의 이야기를 들어주시려고 애쓰시는' 분이라 좋아요. '다정하고 친절하게 대해주셔서' 좋아요. '진짜 친근하게 다가와 주셔서' 좋아요. 저희를 '이해해주셔서' 좋아요.」라는 평가였다. 아이들의 주된 시선은 기숙사에서, 동아리에서, 체험활동 등 선생님의 삶의 전반을 바라보았고, 그 선생님을 알아가고, 닮아가고 있었다. 즉, 내가 라인댄스를 열심히 가르치고, 볼링 경기의 규칙과 매너를 열심히 가르쳤다. 하지만 내가 아이들을 대하는 태도, 설명할 때의 태도, 질문을 대하는 태도가 더 중요하다. 아이가 평소와 같지 않을 때, 고민이 있을 때 '다가가 따뜻한 말 한마디' 건네는 태도, 조회시간 첫 시작을 아이들에게 즐거움을 주기 위해 노력하는 모습 등 교사의 삶의 모습이 아이들에게 더 중요하다. 이러한 선생님의 모습을 토대로 아이들은 수업의 이미지를 상상하게 된다. 나아가 아이들은 '이 과목 선생님의 수업을 잘 들을 것이냐? 잘 듣지 않을 것이냐?'를 결정하는 중요한 척도가 교사의 태도, 삶, 뒷모습인 것이다. 이처럼 교사와 학생 간의 '관계성'을 어떻게 형성하느냐는 체육수업의 질(質)을 결정하는 중요한 요인임을 주목할 필요가 있다. 다음 <그림 23>은 대안교육 체육수업의 특징을 도해한 것이다.

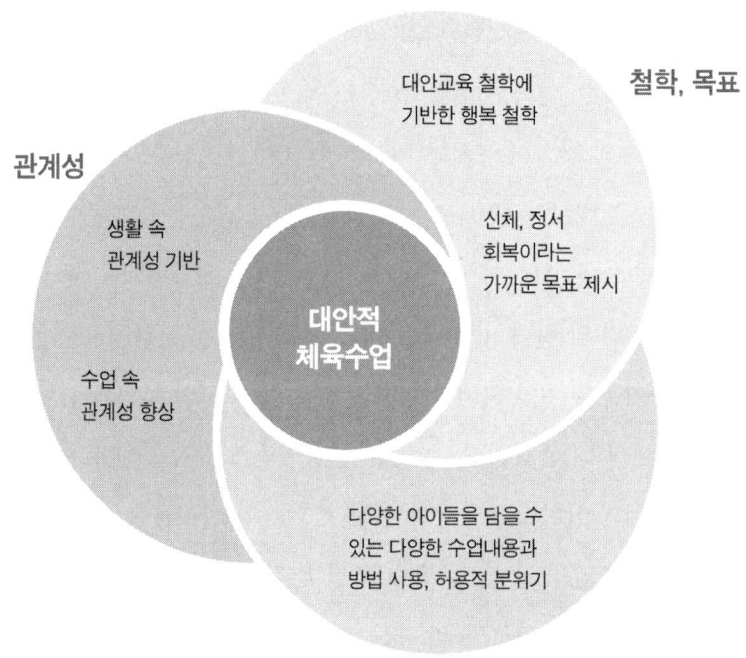

<그림 23> 대안교육 체육수업 특징(교육적 의미)

VI
요약 및 제언

1. 요약

　백여 년 전의 Gauguin은 작품을 통해, 10대 문화를 대표해 살아가는 래퍼 김하온은 랩 가사를 통해 '나는 누구이며, 어디서 와서 어디로 가는가?'에 대한 질문을 품고 살아간다. 나 역시 대안학교에서 체육교사로 살아가며 '나는 누구인가?'에 대한 내면의 질문을 품고 살아간다. 본질적 교육을 지향하는 대안학교에서 체육을 가르치고, 아이들과 삶을 나누는 체육교사의 정체성을 탐구하며, 체육수업의 변화를 탐색하는 데 주된 목적이 있다. 이러한 목적을 달성하기 위해 해석적 패러다임을 기반으로 자문화기술지 연구 방법을 사용하였다. 대안학교 체육교사 11년 차인 나를 연구참여자로 선정하여 자기기억자료와 나의 삶과 밀접하게 관계되어 있던 타자들의 면담, 나의 삶의 여정이 녹아있는 문화적 인공물을 통해 자료를 수집하였다. 이렇게 수집된 자료는 Wolcott(1994)의 기술, 분석, 해석 3단계 절차에 따라 분석하였다. 한편 자료의 수집 및 해석에 있어서 진실성 확보를 위해 동료 간 협의, 구성원 간 검토, 다각도 검증을 실시하였다. 이러한 과정을 통해 밝혀진 연구 결과 및 해석을 요약하면 다음과 같다.

첫째, 대안학교 체육교사가 되기까지 다양한 체육활동이 내 몸에 이식(移植)된 경험과 수평적 문화(기독교)의 경험, 교육 및 체육수업에 대한 고민과 탐색의 경험으로 확인되었다. 한편, 이 경험들은 대안학교 체육교사 정체성의 근원(根源)이 되었다는 것을 확인할 수 있었다. 어린 시절부터 교사가 되기 전까지의 '의미 있는 경험'들이 대안학교 체육교사 정체성을 형성하는 데 중요한 배경이 되었다. 즉, 다양하고, 색다른 체육활동의 경험과 체육을 일기로 표현한 경험은 다양한 체육수업을 구성하고, 도전하게 하였으며, 기독교 문화(수평적)를 지향했던 경험은 대안교육의 문화(교사와 학생의 수평적 관계)를 받아들이는 체육교사 정체성을 확립하는 데 배경이 되었다.

둘째, 대안학교 체육교사의 정체성은 시기적으로 '해체', '구성', '재해체'의 변화양상을 보였으며, 각 양상의 특징으로는 먼저 대안환경, 역할, 수업, 학생관이 수렴되는 시기로 '생활교육'에 방점을 둔 '해체'의 과정, 체육수업을 잘하기 위해 부단히 노력하며, 대안체육수업을 구성하기 위해 도전했던 '구성'의 과정, 본질적 체육수업을 지향하고자 학문의 탐색과 수업 탐구에 몰입했던 '재해체' 과정이다. 이러한 변화양상의 특징은 '의미 있는 경험'

과 '성찰', '대안문화'로 확인되었다. 대안학교에서 아이들, 환경, 수업, 역할에 대한 의미 있는 경험들을 통해 대안학교 체육교사의 정체성은 변화하였다. 또한, 학생과 상호작용, 동료 교사와 상호작용을 통해 이뤄진 경험들은 '성찰'을 통해 대안교육의 가치를 함양할 수 있었고, 정체성과 체육수업의 변화가 이뤄질 수 있었다. 마지막으로 일반교사가 교육적 경험을 수동적으로 받아들였을 때 정체성 혼란, 상실로 이어진다는 연구 결과(정순경, 손원경, 2016)와는 다르게 대안학교 체육교사의 정체성이 발전적 심층 방향으로 향할 수 있었던 중요한 요인은 다양한 교육에 도전할 수 있도록 하는 환경 조성, 교육과 삶이 분리되지 않는 교사의 삶, 학생과의 특별한 관계를 맺는 교사라는 '대안문화' 특징 때문이었다.

이러한 대안학교 체육교사의 정체성은 실천적 전문성으로 말할 수 있다. 즉, 대안교육 정체성을 가진 실천적 전문가인 체육교사의 특징은 '대안교육 철학의 전문성', '수행 전문성', '인성 전문성'으로 확인되었다. 먼저, 대안교육 철학은 4단계를 거쳐 체득되었다. 1단계는 대안학교에서의 생활에 의미를 부여하고, 만나는 사람들과의 경험에 의미를 부여하는 '살아내기' 단계, 학생을 자세히 보며, 그들과 함께함으로 투닥거리는 시간을 통해 '알아가기'인 2단계, 학생의 인지, 신체, 정서의 상태를 인지하고 이해하는 것을 넘어 애정을 갖게 되는 '이해하기' 3단계, 마지막 단계인 아이들을 '마음에 받아들이기'의 과정을 통해 대안교육 철학의 전문성을 갖게 되었다. 두 번째 특징인 수행 전문성은 생활교육의 전문성과 체육수업 운영 전문성으로 나뉜다. 학생들의 아침 기상부터 저녁 취침까지 함께하고, 교육할 수 있는 생활교육의 전문성과 학생들의 다양한 역량을 키워줄 수 있는 다양한 체육수업 내용과 방법, 평가를 계획하고 운영할 수 있는 체육수업 운영 전문성의 특징을 확인하였다. 마지막 특징인 '인성 전문성'은 세 가지 요인을 포함한다. 아이들의 변화 가능성을 가지고 기다려주는 '인내'와 아이들을 마음으로 받아들일 수 있게 된 대안철학 체득의 단계를 통한 '사랑', 아이들과 함께 생활하며 솔선수범함으로 그들을 교육해야 했던 과정을 통해 체득된 '책임감'은 인성 전문성을 갖도록 해주었다. 이렇듯 대안철학의 전문성과 수행 전문성, 인성 전문성은 실천적 전문직 체육교사의 특징으로 확인되었다. 이러한 실천적 전문직 체육교사에 영향을 준 대안교육의 가치는 '학생', '공동체', '신체활동'이며, 조건은 '성찰'이었다. 먼저 대안교육의 핵심 가치 중 하나인 '학생 중심 교육관'은 아이들과 부대끼며, 투닥거리는 시간(기숙사, 외부 체육활동, 체험학습 등)을 통해 자연스럽게 형성되었음을 알 수 있었다. 대안학교 교사들은 자신의 삶을 대안교육에 투영시킴으로 삶과 교육이 분리되지 않고, 삶과 교육이 하나 되는 삶을 살아가는 '공동체'라는 가치와 '노동과 신체활동'을 중시하는 문화는 아이들과의 경험, 동료 교사의 삶을 '반추(反芻)'하고 '성찰(省察)'함으로 대안교육의 가치를 삶으로 담아낼 수 있음을 확인하였다.

셋째, 정체성에 따른 체육수업의 변화는 다음과 같다. 해체(대안문화, 철학 체득의 시기)의 과정은 학생 중심 철학과 이상적 목표를 설정하는 데 지대한 영향을 주었다. 구성과정(대안체육수업 구성한 시기)은 다양한 수업내용과 방법 측면에서 다양성, 목표와 평가에서 부단한 노력을 하도록 만들었다. 재해체과정(본질적 체육수업 지향의 시기)은 사유적 철학과 체계적 목표, 내용, 방법, 평가를 지향하게 하였다. 이는 대안학교 체육교사의 정체성이 체육수업의 토대가 되었음을 확인할 수 있었다. 대안교육 체육수업의 교육적 특징은 세 가지로 확인되었다. 먼저 대안교육에 문을 두드린 아이들의 특징인 '상처'를 넘어서기 위해 '행복'이라는 수업철학을 기반으로 하였으며, 이에 따라 구체적인 신체, 정서의 회복이라는 가까운 목표를 제시함으로 아이들의 긍정적 변화와 교육부가 제시한 교육 목표에 도달했다는 것을 알 수 있었다. 다음으로 다양한 아이들을 담을 수 있는(역량을 키울 수 있는) 수업내용과 방법, 허용적 수업 분위기라는 특징은 체육교육에 새로운 대안임을 주목할 필요가 있다. 마지막으로 교사와 학생의 특별한 '관계성'을 대안교육 체육수업의 특징으로 확인할 수 있었다. 기숙사 생활과 다양한 외부 체육활동, 체험학습 등을 통해 아이들과의 돈독한 관계성이 체육수업의 여세성에 영향을 주었으며, 학생들이 과제에 빠르게 몰입하도록 만들었다. 특히, 관계성에서 중요한 요인으로 '아이들을 이해하는 교사의 태도'를 포함하고 있었다. 교사와 학생 간의 관계성을 어떻게 형성하느냐는 수업의 질을 결정하는 중요한 열쇠임을 확인하였다.

이상에서 확인된 대안학교 체육교사가 되기까지의 경험은 대안학교 체육교사 정체성에 근원이 되었다는 점과 대안학교 체육교사는 '해체 - 구성 - 재해제'의 발전적 심층방향으로 변화양상을 보인 것, 이 정체성 변화과정이 체육수업의 철학, 목표, 내용, 방법, 평가 영역에 토대가 되었다는 것은 국가 차원에서의 정책 변화와 하향식 개선 지시에 따라 체육교사 정체성이 발전적으로 형성되고, 본질적 체육수업을 보장하지 않는다는 사실을 보여주고 있다.

결국, 교사가 어떠한 의미 있는 경험을 했고, 어떠한 문화 속에서 삶을 살아왔는지(살고 있는지)가 정체성과 수업을 결정한다고 할 수 있다. 따라서 본연의 체육교사 정체성 형성, 본연의 체육교육으로 나아가기 위해서는 예비교사와 현직교사에게 교육적으로 의미 있는 경험을 주기 위한 프로그램을 개발해야 하며, 체육대학 문화와 교직문화를 '대안교육 문화'로 만들기 위해 제도적 지원과 현직교사들의 노력과 관심이 뒤따라야 할 것이다.

대안학교라는 독특한 문화 속에서 십여 년간 아이들과 함께 생활하고, 교육했다는 사실 자체가 대단하다고 생각하여 이 연구를 시작한 것이 아니다. 그리고 나 스스로 체육교사로서 수업을 잘하고, 아이들 교육을 잘한다고 생각하여 이 연구를 시작한 것도 아니다. 단지 '내가 이곳(대안학교)에서 누구이며, 어떤 삶을 살아야 하는가?'에 대한 궁금증으로부터 연구의 첫발을 들이게 되었다. 나와 내 주변에서 일어나는 현상에 대해 궁금했고, 나의 삶의 의미를 발견하고 싶었다. 그리고 '좋은 교사'로 살고 싶고, 남고 싶은 마음에서다. 지금까지 본 연구를 통해 나의 삶을 해석해본 결과 대안학교 체육교사 정체성이 퇴보되거나, 정체되어 있지 않았다는 사실에 안도의 숨을 쉰다. 내가 그리던 '좋은 교사'로 나아갈 수 있는 가능성이 보이기 때문이다. 따라서 지금 나의 정체성은 온점(.)이 아닌 쉼표(,)이며, 엔드(End)로 멈추지 않고, 앤드(And)로 깊어갈 것이다. 나의 '성찰적 태도'와 나의 배경인 '대안문화'가 사라지지 않는다면.

2. 제언

지금까지 대안학교 체육교사의 정체성 형성과 체육수업의 변화에 따른 교육적 함의를 살펴보았다. 이를 토대로 (체육)교육과 (체육)교사교육을 위한 제언과 이 연구에 후속하여 이루어질 필요가 있는 주제에 대해 제언하고자 한다.

가. 교육과 교사교육을 위한 제언

대안학교 체육교사가 되기까지의 경험과 대안학교 체육교사의 정체성 형성의 과정과 그에 따른 체육수업의 변화를 살펴본 결과 본질적 (체육)교육, 수업에 대한 개선과 예비(체육)교사 교육, 현직(체육)교사 교육의 개선이 필요함을 알 수 있었다. '교육의 위기' 속에 살고 있는 지금, 교육의 본질적 의미를 학교현장에서 어떻게 실현할 것인가? 체육수업에 어떻게 녹여낼 것인가? 이러한 교육과 수업을 하기 위해 예비교사와 현직교사에게 어떠한 교육이 필요한지에 대한 질문을 중심으로 다음과 같이 제언하고자 한다.

첫째, 학생들이 '스포츠 활동의 즐거움'에 관한 구체적 실천방안을 이론적 체계(체육과 교육과정)와 실천적 체계(체육수업 프로그램)를 개발해야 한다. 또한, 각 학교현장에서 아이들에게 스포츠 활동의 '즐거움'을 줄 수 있는 개별 체육 프로그램을 활성화해야 한다. 물론, 방과 후 체육활동, 스포츠클럽 등으로 아이들에게 스포츠 활동의 즐거움을 주고 있으나, 사회로 진입하기 직전인 고등학교의 경우 전체 학생을 대상으로 스포츠클럽을 운영하는 것이 아니라는 사실과 체육수업을 소위 주지교과(主知敎科)라는 과목으로 대체하는 현실은 우리에게 시사하는 바가 크다. 즉 생활 스포츠 활성화의 열쇠는 고등학교 시절, 아이들이 체육에 대한 긍정적인 경험과 즐거움을 바탕으로 수행해야 한다는 사실을 기억해야 한다(Helms, 1998; 김근국, 조현익, 원미애, 2013). 중학교 체육 영역인 '건강, 도전, 경쟁, 표현, 안전' 활동과 고등학교 체육, 운동과 건강, 스포츠 생활, 체육 탐구 영역을 통해 신체적, 정신적, 사회적 건강을 증진하고, 건강과 스포츠 가치, 스포츠 본질을 탐구함으로 학생을 체육적 삶으로 인도하고자 한다는 교육부(2015a)의 방침에 '스포츠 활동의 즐거움'을 어떻게 줄 수 있는지에 대한 구체적 지침은 없다. 개별학교, 개별교사가 체육수업에서 각자 녹여야 할 숙제로 주어질 뿐이다. 이럴 경우, 교사의 철학에 따라 아이들의 체육 인식이 '딱딱한 체육', '의미 있는 체육', '무서운 체육', '행복한 체육' 등으로 나눠질 것이며, 모든 아이들을 체육적 삶으로 인도하는 일은 비현실적 이야기가 될 것이다. 따라서 '스포츠 활동의 즐거움'을 구체적으로 실현할 수 있는 방안을 이론적, 실천적으로 개발하고, 학교현장에서 실질적으로 실천 및 실행되도록 해야 한다.

둘째, 예비체육교사 교육 프로그램에 정식 스포츠와 비형식적 스포츠가 함께 계획되고, 교육되어야 한다. 본 연구에서 확인할 수 있었던 비형식적 스포츠를 통해 다양한 아이들을 체육문화 안으로 담을 수 있었다. 여기서 이야기하는 비형식적 스포츠는 학교현장에서 다루지 않는 체육수업 내용을 이야기하며 뉴스포츠를 포함한 당구, 암벽등반, 전통표현활동(북청사자놀음), 시와 그림으로 체육 표현하기, 프로젝트 수업(아프리카 아이들에게 우리의 체육 추억 나누기: 운동화 보내기) 등의 내용을 말한다. 운동을 잘하는 아이들만의 체육수업을 만들지 않기 위해서는 다양한 체육수업을 구성해야 하는데, 예비교사 교육에서 다양한 비형식적 스포츠가 소개되고, 경험하게 된다면 현직에 나와 수업에게 시행착오를 줄일 수 있을 것이다. 그리고 다양한 아이들을 체육적 삶으로 인도할 수 있는 발판이 될 것이다.

셋째, 체육을 전공하는 곳의 문화는 수직적 문화에서 '수평적 문화'로의 변화가 필요하다. 그리고 체육 전공인(專攻人)과 예비체육교사 등의 사고(思考) 또한, 획일적 사고에서 '다양한 사고'로 이동될 필요가 있다. '수직'이라는 문화는 획일적 사고를 포함하고 있으며, 단편적 답만을 요하는 '강요'의 요소가 포함돼 있다. 이러한 문화 속에서 생활하는 체육을 전공하는 사람이나 예비체육교사는 수직적 문화에 의해 (교육)철학을 지배당하게 되고, 아이들을 민주시민을 양성해야 하는 현시대의 교육목적(교육부, 2015a)과 부합하지 않은 교육관을 지니게 된다. 본 연구 결과에서는 수평적 문화를 지향했고, 그 속에서 예비교사의 시절을 지낸 경험들이 다양한 아이들을 받아들일 수 있는 마음의 배경이 되었으며, 학생들과 생활 속에서 수평적 관계를 지향하는 삶을 통해 민주시민 양성이라는 교육목적에 한 걸음 다가갈 수 있는 토대가 되었음을 확인할 수 있었다. 따라서 '체육만의 전통'의 관습을 과감히 버리고, 새로운 수평적 체육의 전통을 만들어가야 할 때이다.

넷째, 예비(체육)교사들을 위해 다양한 직·간접적인 학교현장체험 프로그램을 개발하고, 실천해야 한다. 사범대 및 교육대학원생들에게 주어지는 학교현장체험은 4주간의 '교생실습'이다. 그 기간에도 2주간 담당교사의 학업지도, 생활지도를 지켜본 후 나머지 시간에 아이들과 만나는 시간을 갖는다. 교육을 성찰하고, 수업을 고민하기엔 너무나도 짧은 시간이다. 즉, 수업에 대한 기술과 표면적 탐구만 일어날 뿐, 고민을 통한 심층적 탐구가 일어나지 않는다. 만약 예비교사 시절에 다양하고, 연속적인 학교현장 프로그램이 진행된다면 교사 초기에 일어나는 교직문화에 대한 혼란함(정순경, 손원경, 2016)의 기간을 줄이고 학교현장과 철학을 교사의 삶으로 받아들이는 절대적 시간량을 확보할 수 있을 것이며, 교사 정체성 형성에 긍정적 도움을 줄 것이다.

다섯째, 현직교사들이 아이들과 인격적으로 만나는 시간(관계성 향상)을 늘릴 수 있는 프로그램과 학교행정의 변화를 주어야 한다. 또한, 현직교사들은 아이들은 수업시간에만 만나거나, 상담하는 시간에만 만난다는 생각의 틀에서 벗어나 아이들을 자신의 자녀와 같이 생각하여 학교의 전 생활 속에서 친밀한 만남을 갖도록 노력해야 한다. 좋은 교사가 되려면 학생을 사랑해야 한다. 즉 자신의 자녀를 사랑하는 마음으로 학생들을 사랑한다면 학생은 바르게 클 수밖에 없기 때문이다(송순재, 고병헌, 황덕명, 2014). 이를 위해 본 연구에서 제시한 '살아내기 - 알아가기 - 이해하기 - 마음에 받아들이기(涵心)'의 단계를 자세히 살펴볼 필요가 있다. 아이들을 마음에 받아들이기 위해서는 살아내기가 선행되어야 하며, 살아내기를 통해 알아가기·이해하기의 단계로 이동하고, 종심으로 그들을 마음에 받아들일 수 있게 되는 것이다. 이때 아이들을 향한 애정(愛情)은 자연스러운 결실로 따라온다. 그리고 이러한 마음이 자신의 수업 철학과 목표에 영향을 미치게 되며, 수업의 확장으로 이어진다. 따라서 인격적으로 아이들과 만나는 시간을 늘릴 수 있는 학교 밖 체육활동 프로그램(최정규, 박정준, 2020)이나 학교 내 체육활동 프로그램을 계획하고 실천해야 한다. 이러한 실천은 대안문화 중 하나의 요소인 '아이들과 특별한 관계 맺기'가 가능해질 것이다. 이에 교사와 아이들 사이에 있는 불필요한 행정업무, 교육활동과 무관한 서류작업 등을 과감히 간소화하거나, 인력 충원이라는 학교행정 변화를 통해 교사가 학생과의 만남에 집중할 수 있는 환경을 만들어 주어야 한다.

여섯째, 다양한 아이들을 체육이라는 그릇에, 교육이라는 그릇에 담을 수 있는 다양한 체육활동을 교육과정 활동 예시에 포함시켜야 한다. 2015 체육과 개정 교육과정(고등학교) 중 일반 선택 과목 '운동과 건강'의 내용영역(운동과 건강의 관계, 운동과 건강관리, 운동과 안전)의 활동 예시는 걷기, 체조, 스트레칭, 요가 등의 건강영역에 집중되어 있으며, 골프, 양궁 등 학교에서 실천될 수 없는 도전영역으로 구성되어 있다. 경쟁, 표현영역의 스포츠를 통해서도 건강을 관리할 수 있다는 사실을 간과해선 안 된다. 따라서 다양한 스포츠 활동을 통해 건강관리를 할 수 있는 교육과정의 개발이 필요하며, 학교현장에서 현직교사들의 실질적인 실천이 필요하다.

일곱째, 체육교사들은 체육수업을 잘하기 위한 선행조건이 '교사의 삶의 태도(뒷모습)'와 '탐구와 탐색의 태도'에 있음을 기억하며 실행해야 한다. 아이들은 수업내용을 기억하기보다 '어떤 선생님'의 모습을 기억한다. 그 이유는 사람은 마음으로 사는 동물이기 때문이며 아이들은 체육수업의 형태를 '목적, 내용, 방법,

평가'로 분절적으로 평가하거나, 바라보지 않기 때문이다. 아이들은 이 수업을 통해 어떻게 성장하는지 잘 모른다. 그들의 성장은 가랑비에 옷이 젖듯이 일어나는 현상이기 때문이다. 즉 교사가 아이들에게 삶의 태도를 '어떻게' 보이는지의 문제는 체육수업의 '성패'를 가늠할 만큼 중요한 요소이다. 여기서 말하는 '어떻게'는 교사의 삶과 교육이 하나 되는 태도를 이야기한다. 이와 함께 끊임없는 수업을 향한 노력, 즉 탐구와 탐색의 태도는 본질적 체육수업을 향해 나가는 중요한 요소이다. 이는 외부세계를 통해 또 다른 철학과 수업을 바라봄으로 다양한 아이들을 온전히 성장시킬 수 있게 되기 때문이다.

마지막으로 교사는 학생을 '사랑'해야 한다. 교사의 존재 이유는 학생을 '사랑'하기 위함이다. 진부한 이야기로 비춰질 수 있으나 교육의 핵심은 교사가 아이들을 '사랑'해야 한다는 것이다. 본 연구의 정체성 형성의 주요 요인도 아이들을 '사랑'하게 되었고, '사랑'하여 수업이 변하였고, 더 '사랑'하기 위해 고민했던 것으로 확인되었다. 지금의 참혹한 교육 현실을 깰 수 있는 열쇠는 교사가 학생을 '사랑'하는 것 외에는 답이 없음을 기억해야 하며, 이를 통해 새로운 교육, 체육교육을 기대할 수 있을 것이다.

나. 후속 연구를 위한 제언

본 연구의 결과를 토대로 후속하여 진행될 수 있는 연구는 다음과 같다. 첫째, 교사 정체성 연구 장기 기간(전 생애적)을 통한 해석적 연구가 필요하다. 본 연구에서는 10년간의 대안학교 교사생활을 자문화기술지 방법으로 해석하였다. 교사의 정체성을 10년으로 말하는 것은 제한점이 많다. 앞으로 남은 대안학교 교사의 정체성 변화를 예견은 할 순 있으나, 실제적으로 그렇게 변화할 것이라는 답은 줄 수 없다. 전 생애적으로 대안학교 교사의 정체성은 어떻게 변화하며, 그 요인이 무엇인가를 밝힌다면 교육과 교사 정체성의 시사점을 줄 수 있을 것이다. 따라서 전 생애적인 대안학교 교사 정체성을 심층적으로 접근한 연구가 더욱 필요하다.

둘째, 문화가 다른 대안학교 교사의 정체성 연구가 필요하다. 우리나라 대안학교의 유형은 교육이념 추구형, 생태학교형, 자유형, 재적응 학교형 등 교육이념에 따라 다양하며, 교육부에서 인가된 특성화고등학교만 26개, 각종학교는 41개, 미인가 대안학교는 집계가 정확하지 않을 만큼 많이 설립되어 있다. 즉 대안학교를 본 연구자의 학교만으로 한정 지을 수는 없다. 연구학교의 설립취지와 이념, 이사장과 관리자, 평교사의 철학이 지금의 대안학교를 만들었기 때문이다. 본 연구에서 중요하게 생각한 '대안문화'가 각 학교마다 다를 것으로 예상된다. 따라서 교사 정체성 변화에 영향을 준 대안문화가 다양한 대안학교에서 연구된다면 교육과 교사교육에 큰 도움이 될 것이다.

셋째, 실질적이고 교육적인 체육교사 정체성 발달 교육 프로그램 개발에 관한 후속 연구가 필요하다. 대안문화가 혼란스러웠던 '해체' 시기에 발달되었던 생활중심교육, 대안문화를 받아들이고 하나가 되었던 '구성' 시기에 발달되었던 대안체육수업, 수업과 아이들에 대해 탐구와 탐색한 '재해체' 시기에 발달되었던 성찰을 지향한 교육은 체육교사의 정체성 발달의 중심축이라고 할 수 있다. 따라서 각 시기마다 중점을 두었던 '생활중심교육, 대안체육수업 구성, 성찰적 교육'에 관한 구체적이고, 실질적인 교육 프로그램이 개발되어 예비교사 교육, 현직교사 교육에 접목된다면 체육교사로서의 정체성을 발전적으로 발달시킬 수 있을 것으로 기대한다.

넷째, 대안학교 체육교사 정체성 형성에 있어 일반학교 교사 정체성 형성과 다른 배경인 '대안문화'에 대한 심층적 연구가 필요하다. 본 연구에서는 교사가 아이들을 위해 하고 싶은 교육을 마음껏 할 수 있는 허용적 문화, 교육과 삶이 분리되지 않은 교사 태도의 문화, 아이들과의 특별한 관계라는 문화가 배경이 되어 대안학교 체육교사 정체성이 발전적 심층을 향해 깊어갈 수 있었다. 본 연구에서 더 나아가 대안문화가 생긴 배경, 원인, 그에 따른 다양한 교사, 학생들의 영향 등을 살펴본다면 교사 정체성에 대해 심층적으로 탐색할 수 있을 것이며, 교사 정체성 발달 교육 프로그램 개발에 지대한 영항을 미칠 수 있을 것으로 예상된다. 따라서 '대안문화'에 대해 다양한 접근을 통한 심층적 연구가 더욱 필요하다.

추천사

인생이란 얼마나 예측 불허의 것인가.

그러나 지나고 보면 그 어느 것 하나 허튼 것이 없으며

모든 것이 합력하여 완성된 모습으로 이끌어 가시는 그분의 섭리인 것을.

이 책은 대안학교 체육교사로 그를 부르시고 만들어가시는

삶의 여정을 정직하게 보여줌으로써

당신의 삶도 그렇게 만들어지고 있음을 확인시켜 준다.

그는 오늘도 만져지지 않는 한 사람

미숙한 시절을 그저 함께하는 교사로서 학자로서

지금 여기의 길을 향해 온전히 걸어가고 있다.

- 두레자연중·고등학교장 **조승관**

참고문헌

참고문헌

1. 국내논저

강기수(2000). 교사교육론. 부산: 세종출판사.

강성훈(2008). 루소의 '에밀'에 대한 재해석. 敎育哲學, 34, 5-30.

강종구(2015). 일반 중등학교 특수학급 교사들이 인식하는 특수교사 정체성에 관한 연구. 특수교육재활과학연구, 54(3), 1-23.

강태중, 이종태, 이명준(1996). 새 학교구상: 좋은 학교의 조건과 그 구현 방안 탐색. 서울: 한국교육개발원.

고동희, 이소현(2003). 교사의 긍정적 행동지원이 장애학생의 수업시간 문제행동에 미치는 영향. 정서·행동장애연구, 15(2), 150-176.

고문수(2014). 학교폭력 예방과 해소를 위한 체육교사의 역할. 한국체육정책학회지, 30, 1-14.

고병헌(1997). 교육개혁 운동으로서의 대안교육 운동. 서울: 내일을 여는 책, 처음처럼.

고영복(2000). 사회학 사전. 서울: 사회문화연구소.

곽병선(1995). 대안적 학교교육이란. 서울: 한국교육개발원.

곽영순(2001). 구성주의 인식론의 이론적 배경. 한국지구과학회지, 22(5), 427-447.

곽영순(2009). 질적 연구: 철학과 예술 그리고 교육. 서울: 교육과학사.

곽영신, 김동민(2018). 남성음악치료사들이 경험하는 직업 정체성 형성과정에 대한 합의적 질적 연구. 질적 탐구, 4(1), 59-89.

교육부(1998). 교육 50년사(1948~1998). 서울: 교육부.

교육부(2015a). 2015 개정 초·중등학교 교육과정 총론. 교육부 고시 제2015-74호.

교육부(2015b). 체육과 교육과정. 교육부 고시 제2015-71호[별책 11].

교육부(2019). 2019년 대안학교 및 대안교육 특성화중고등학교 현황. 세종: 교육부.

교육사랑연구회(2018). 교사를 위한 교육생각(교육이란 무엇인가). 서울: 유페이퍼.

권현숙(1999). 대안교육의 교육관과 실천사례 연구. 미간행 석사학위 논문. 한국교원대학교 대학원, 충북.

김미화(2011). 교사인가, 미술가인가? 미술가로 활동하는 초등학교 교사의 정체성과 전문성에 대한 생애사적 연구. 미간행 박사학위 논문. 부산대학교 대학원, 부산.

김경숙, 오현수(1999). 유아의 신체활동이 정서지능에 미치는 영향. **한국여성체육학회지, 13**(1), 17-23.

김경훈, 배정규(2007). 경륜 및 경정 도박성 게임자들의 게임 이용실태, 주관적 삶의 질, 자존감 및 사회적 지지. **한국심리학회지, 12**(2), 367-382.

김근국, 조현익, 원미애(2013). 신체활동 즐거움이 체육수업의 내적 동기, 재미 및 몰입에 미치는 영향. **한국체육과학회지, 22**(4), 511-530.

김덕진, 양명환(2009). 체육교사의 교사행동이 고등학생들의 내재적 동기와 수업태도에 미치는 영향. **체육과학연구, 15**(1), 15-29.

김동원(2012). 한 교사의 소외와 실존. **초등교육학연구, 19**(2), 1-29.

김명찬(2016). 가난 극복의 경험에 대한 자문화기술지. **인간·환경·미래, 17**, 75-107.

김민성(2017). 능동적 학습자가 되기 위한 성장통: 학생 중심 학습에서 학습자 태도 변화. **한국지리환경교육학회지, 25**(2), 115-128.

김무영(2011). 중등 체육교사의 교수신념과 교수행동의 관계. **한국체육교육학회지, 16**(1), 29-45.

김상환(2018). 근대적 세계관의 형성: 데카르트와 헤겔. 경기도: 에피파니.

김성희(2004). 대화방식에서의 성 차이: 대학생을 중심으로. **한국가정관리학회지, 22**(6), 219-232.

김승재, 박인서(2007). 체육교사의 반성적 실천에 대한 내러티브 탐구. **한국스포츠교육학회지, 14**(3), 1-20.

김영수, 강호선(2003). 생물 교육 실습생의 자기 수업에 대한 반성을 통한 수업 기술 개선 연구 비디오 촬영과 자기 분석을 중심으로. **생물교육, 13**(1), 72-85.

김영천(2012). 질적 연구 방법론 Ⅰ: Bricoleur 제2판. 경기도: 아카데미프레스.

김원정, 유정애(2010). 체육교육과정 개발자로서의 경력 교사가 경험한 실천적 딜레마와 실행 전략. **한국스포츠교육학회지, 17**(4), 39-66.

김용환(2013). 경쟁활동의 경쟁가치 실현을 위한 수업방안. **한국체육교육학회지, 17**(4), 1-12.

김윤희(2003). 운동기능이 낮은 학생의 체육수업 체험에 관한 질적 연구. **한국스포츠교육학회지, 10**(1), 57-76.

김은정(2012). 다문화시대 교사 정체성 발달에 관한 연구: 라깡의 정신분석학적 관점을 중심으로. **교육과정연구, 30**(4), 139-158.

김인설, 박칠순, 조효정(2014). 예술인가 교육인가?: 문화예술교육사 국가자격증 취득희망자의 정체성에 관한 현상학적 연구. **한국문화경제학회 문화경제연구, 17**(2), 185-216.

김종길(2008). 사이버공간에서의 자아인식과 복합정체성 수행. **사회이론, 33**, 201-247.

김종환(2007). 체육교사의 교수행동 유형과 학생의 체육수업 만족도 및 체육교과 태도와의 관계. **한국스포츠교육학회지, 14**(3), 41-54.

김지은, 한금선(2015). 학교조직 문화와 학교장 리더십 및 교사의 감정노동의 관계. **스트레스 研究, 23**(1), 9-18.

김진희(2014). 생애사를 통해 본 수석교사의 삶과 정체성. **교육문화연구, 10**(4), 35-59.

김창균, 최소연, 오아라(2011). 생활체육 참여 장애인들의 참여동기 분석. **한국사회체육학회지, 44**(1), 545-553.

김태연(2007). **특성화 대안학교 정책 평가 연구.** 미간행 박사학위 논문. 홍익대학교 대학원, 서울.

김태완(2004). 쌍방향적 전자 역사 교과서의 개발. **문화사학, 21**, 1055-1075.

김현정, 홍훈기, 전화영(2010). 수업 평가와 반성 저널쓰기를 통한 예비 과학교사들의 수업 수행 능력 개선에 대한 연구. 한국과학교육학회지, 30(5), 836-849.

김혜연(2020). 중등 여자체육교사의 교사 정체성 형성과정과 요인 탐색. 미간행 석사학위 논문. 서울대학교 대학원, 서울.

김희수(2005). 고등학생이 지각한 부모의 양육태도와 학생의 자아존중감 및 진로결정과의 관계. **중등교육연구, 53**(3), 63-88.

김희경, 이나래(2016). 교육실습 과정에서 나타난 예비과학교사의 감정 경험과 감정 표현 규칙, 조절 전략의 탐색. **한국과학교육학회지, 36**(2), 234-251.

나은경(2007). 다양성에 기초한 민주주의. **한국언론학보, 51**(6). 163-189.

나주영, 고문수(2016). 한 초등학교 여교사의 체육수업에 관한 자문화기술지. **학습자중심교과교육연구, **16**(11), 707-729.

나태주(2015). 꽃을 보듯 너를 본다. 대전: 지혜.

네이버 국어사전(2019). 정체성 https://ko.dict.naver.com/#/entry/koko/284c04288808 43bbb8b6ce0e1aee0468 &directAnchor=s 341390 p218342d269180 (2019. 3. 21. 검색)

네이버 국어사전(2019). 전문성, 전문직, 전문적 https://search.naver.com/search. naver?sm=tab_hty.top&wh ere=nexearch&query=%EC%A0%84%EB%AC%B8&oq uery=%EC%A0%84%EB%AC%B8%EC%A0%81&tqi=UFh4ilp0JywssnDSb0Zssssss 0o-261499 (2019. 3. 21. 검색)

네이버 블로그(2019). 김하온 싸이퍼 랩 http://blog.naver.com/PostView. nhn?blogId=kswcap0101&logNo= 221252794759 (2019. 1. 10. 검색)

류태호(2000a). 체육교사 임용준비생의 생활과 정체성. **한국스포츠교육학회지**, **7**(1), 111-123.

류태호(2000b). 체육교사의 직업 정체성 형성요인 분석. **한국체육학회지**, **9**(3), 725-739.

류태호(2000c). 체육교사의 직업 정체성 형성에 관한 생애사적 연구. 미간행 박사학위 논문. 서울대학교.

박경(2004). 청소년의 부정적인 스트레스와 자살사고와의 관계에서 사회적 문제해결, 자존감, 무망감의 중재효과 및 매개효과. **청소년상담연구**, **12**(2), 1-12.

박미혜(2017). 해군사관생도의 전문적 정체성 형성을 위한 씨맨십 기반 체육교육 프로그램 탐색. 미간행 박사학위 논문. 서울대학교 대학원. 서울.

박삼철(2005). 학교조직 변화과정 모델 탐색: 학교조직문화와 기술구조적 접근의 수용적 통합. **교육행정학연구**, **23**(1), 49-69.

박상봉(2013). 한 초등교사의 체육과 교육과정 실행경험에 관한 자서전적 연구. 미간행 박사학위 논문. 인천대학교 대학원, 인천.

박상봉(2019). 스포츠 교육학 연구에서 자기연구 - 자문화기술지와 파이너의 자서전적 방법을 중심으로. **스포츠 교육학회 춘계학술대회**, 21-41.

박세원, 김윤미(2010). 초등학교 교사됨의 의미 형성 경험에 관한 질적 연구: 교사는 스스로의 언어로 아동과의 대화적 삶을 이야기하고 살아내는 만큼 존재한다. **교육과정연구**, **28**(1), 233-259.

박소영, 이근모(2008). 체육교사의 폭력적 언행이 학생들의 스트레스, 체육교과 태도 및 체육수업 일탈행동에 미치는 영향. **한국스포츠사회학회지**, **21**(4), 755-770.

박수선(2008). 수퍼비전이 사회복지사의 전문직업적 정체성에 미치는 영향. 미간행 석사학위 논문. 숭실대학교 사회복지대학원, 서울.

박순용, 장의원, 조민아(2010) 자문화기술지: 방법론적 특징을 통해 본 교육인류학적 가치의 탐색. **교육인류학연구, 13**(2), 55-79.

박승희, 이형초, 이정윤(2007). 학교적응력 향상 프로그램 개발 및 효과 연구: 학교부적응 청소년을 대상으로. **인지행동치료, 7**(2), 17-36.

박아청(1995). **아이덴티티 탐색 II**. 서울: 중앙적성출판사.

박용오(2003). **사회복지사의 직무만족이 전문직업적 정체성에 미치는 영향**. 미간행 석사학위 논문. 연세대학교 대학원, 서울.

박유미, 최인숙, 김은아(2010). 또래 간의 신체활동이 영아의 사회, 정서 행동과 영아발달에 미치는 영향. **한국영유아보육학, 62**, 33-54.

박은혜, 이성희(2010). 유치원 교사의 정체성에 영향을 주는 정서경험 탐색. **유아교육·보육복지연구, 14**(1), 165-188.

박종우(1994). **사회사업가의 전문직업적 정체성 연구**. 미간행 박사학위 논문, 서울대학교 대학원, 서울.

박창언, 황순영, 한신일(2012). 중등 예비일반교사의 통합교육에 대한 인식. **특수아동교육연구, 14**(2), 381-395.

방기혁(2012). 중학교 수준의 공립형 다문화 대안학교 교육과정 개발 및 편성에 관한 연구. **다문화교육연구, 5**(1), 93-115.

백근수(2011). **대안학교 특성과 교육적 효과에 대안 연구**. 미간행 박사학위 논문, 전북대학교 대학원, 전북.

백종면(2016). 대안교육 관련 국내 연구동향 분석(2000-2016). **홀리스틱교육연구, 20**(4), 117-140.

백훈기(2010). 피터브룩만의 연출 작업과 '빈 공간'에 드러나는 브리콜라주. **한국콘텐츠학회논문지. 10**(10), 161-171.

서경혜(2009). 교사 전문성 개발을 위한 대안적 접근으로서 교사학습공동체의 가능성과 한계. **한국교원교육연구, 26**(2), 243-276.

서시연(2019). 교사 - 학생 간 바람직한 인간관계 형성을 위한 5C - AGE 모형 개발. **지방교육경영, 22**(3), 77-97.

서인정(2012). 체육교사가 인지하는 타 교과교사의 체육교사에 대한 인식이 직업 정체성에 미치는 영향. 미간행 석사학위 논문. 이화여자대학교 교육대학원, 서울.

설규주(2010). 초등 예비교사와 초임교사의 사회과 수업 관련 경험 및 인식에 대한 조사 연구. **사회과교육, 49**(2), 53-71.

손준종(2015). 전국교직원노동조합의 교사 정체성 담론 연구. **한국교육학연구, 21**(1), 239-275.

손천택, 최기표, 제성준(2012). 협동학습모형의 체육수업 적용에 따른 고등학생의 자기주도 학습하기. **한국스포츠교육학회지, 19**(4), 167-182.

손형국, 한진희, 한수경, 양정호(2018). 승진을 열망하는 초등학교 부장교사의 교직생활 경험에 관한 연구. **한국교육학연구, 24**(1), 119-146.

송관재, 이재창, 홍영오(2001). 사회적 오점보유자들에 대한 편견과 차별 및 자존감에 관한 연구. **한국심리학회지, 7**(1), 119-136.

송수지, 이정미(2012). 기독교 대안학교 교사들의 좋은 수업에 대한 인식. **기독교교육정보, 33**(6), 1-59.

송순재(2005). 한국에서 대안교육의 전개과정 및 성격과 주요 문제점. **홀리스틱교육연구, 9**(2), 48-56.

송준재, 고병헌, 황덕명(2014). 영혼의 성장과 자유를 위한 교사론. 전북: 내일을 여는 책.

송호현, 박종률(2019). 교사연구자로서의 정체성을 중심으로 바라본 체육교사의 성장과 교육적 의미. **한국체육교육학회지, 23**(4), 1-16.

신동일, 김나희, 유주연(2006). 내러티브 탐구 학습을 통한 교육 경험의 성찰. **교육인류학연구, 9**(2), 57-87.

신원식, 이경은(2005). 현장 사회복지사들의 사회복지전문직에 대한 주관적 인식 유형: Q방법론의 활용. **사회보장연구, 21**(1), 59-84.

신창호(2012). 교육이란 무엇인가. 서울: 동문사.

신현석(2003). 교육개혁 평가. **교육문제연구, 18**(1), 35-78.

심경보, 김인형, 김지선(2018). 스쿠버 잠수 산업 종사자들의 직업 정체성 형성과정에 관한 연구. **한국융합과학회지, 7**(4), 88-113.

심현애, 김경연(2012). 티칭포트폴리오를 통한 반성 활동에 관한 연구: 예비유아교사의 수업 전문성 개선 인식 분석. **학습과학연구, 6**(3), 43-71.

양돈규(2017). **심리학 사전**. 서울: 박영사.

양은주(2009). 교사란 어떤 존재인가. **중등우리교육, 234**(8), 28-35.

염두승, 김덕임(2009). 시니어 생활체육 참여자들의 재미요인과 즐거움요인과의 관계. **한국체육과학회지, 18**(3), 251-258.

오헌석(2006). 전문성 개발과정 및 핵심요인에 관한 연구. **직업능력개발연구, 9**(2), 193-216.

우찬제(2014). 나무의 언어와 '물아일체(物我一體)'의 상상력. **문학과 환경, 13**(2), 137-162.

위키아트(2019). Paul Gauguin 'Where Do We Come From? What Are We? Where Are We Going?' https://www.wikiart.org/en/paul-gauguin/where-do-we-come-from-what-are-we-where-are-we-going-1897 (2019. 1. 9. 검색)

유시민(2013). **어떻게 살 것인가**. 서울: 생각의길.

유정애(2002). 좋은 체육수업에 관한 질적 사례 연구. **한국스포츠교육학회지, 9**(2), 124-154.

유주연, 이승연(2015). 영아교사들이 경험하는 전문적 정체성의 혼란과 극복의 힘. **한국교원교육연구, 32**(2), 257-288.

유향순(2009). 사회복지철학의 재구성: 공동체적 자유주의를 중심으로. 미간행 석사학위논문. 위덕대학교 사회복지대학원, 경북.

윤종건(2000). 포스트모더니즘, 구성주의, 그리고 바람직한 교사상. **한국교원교육연구, 17**(3), 213-229.

윤철수(2009). 청소년 지도자의 정체성 형성과정 연구. **청소년과학연구, 16**(3), 123-147.

이광우(2015). 2015 개정 교육과정에서의 핵심개념, 핵심역량. **한국가정과 교육학회 학술대회**, 11-29.

이남미, 이홍구(2009). 체육대학 신입생 길들이기의 사회문화적 배경 및 문제점과 개선방안. **한국스포츠사회학회지, 22**(4), 19-43.

이동성(2011). 한 교사 연구자의 변환적인 역할과 관점에 대한 자문화기술지. **교육인류학연구, 14**(2), 61-90.

이동성(2012). **질적 연구와 자문화기술지**. 파주: 아카데미프레스.

이동성, 김영천(2012). 질적 연구 방법으로서 근거이론의 철학적 배경과 방법론적 특성에 대한 고찰. **열린교육연구, 20**(2), 1-26.

이동성, 김영천(2014). 질적 자료 분석을 위한 포괄적 분석절차 탐구: 실용적 절충주의를 중심으로. **교육종합연구. 12**(1), 159-184.

이동성(2018). 한 대안학교 교장의 정체성 및 역할 변화에 대한 생애사 연구. **부산대학교 교육발전연구소, 28**(1), 119-145.

이만수(2014). 누리과정에 기초한 신체활동이 유아의 정서 및 사회성 발달에 미치는 영향. **열린유아교육연구, 19**(1), 1-17.

이민정(2002). 음악활동에 대한 교사의 태도에 영향을 미치는 변인에 관한 연구. **미래유아교육학회지, 9**(2), 159-187.

이병환(1999). **한국대안학교의 특성 분석.** 미간행 박사학위 논문. 경북대학교 대학원, 경북.

이병환(2008). 서구 대안학교의 동향과 특성비교. **한국교육논단, 7**(1), 121-140.

이상인(2014). **다원 민주사회에 적합한 인간 존중관에 관한 연구.** 미간행 박사학위 논문. 서울대학교 대학원, 서울.

이선숙(2001). **우리나라 대안학교의 성격과 발전방안에 관한 연구.** 미간행 박사학위 논문. 대구 가톨릭대학교 대학원. 대구.

이성천(2011). **직무환경이 지방공무원들의 소명의식에 미치는 영향에 관한 연구.** 미간행 박사학위 논문. 단국대학교 대학원, 경기.

이영숙, 김영천(1998). **교육에서의 질적 연구.** 서울: 교육과학사.

이용진(2018). **성장단계 체육교사의 전문적 정체성 탐색.** 미간행 석사학위 논문. 서울대학교 대학원, 서울.

이원영(1983). **어머니의 자녀교육관 및 양육태도와 유아발달과의 관련성 연구.** 미간행 석사학위 논문. 이화여자대학교 대학원, 서울.

이원희(2019). **중등 체육교사의 직업적 정체성 형성과정과 요인 탐색.** 미간행 석사학위 논문. 서울대학교 대학원, 서울.

이윤희(1999). 한국 대학생들의 문화적 정체성에 대한 연구. **한국국민윤리학회, 42**(1), 41-64.

이재하(2008). 루터의 '사랑으로 형성되는 믿음'에 대한 새로운 이해. **선교와 신학, 21**, 41-67.

이종철, 조홍식(1999). 체육교사의 수업행동이 학생들의 학습태도에 미치는 영향. **한국스포츠교육학회지, 6**(2), 1-11.

이종태(2000). 대안교육과 대안학교. 서울: 민들레.

이종태(2003). 대안교육의 철학적 기초탐색. 서울: 한국교육.

이종태(2007). 대안교육 이해하기. 서울: 민들레.

이지현(2003). 유아수학교육에 대한 유아교사의 신념. **유아교육연구, 23**(4), 207-225.

이진향(2002). 교사의 수업개선을 위한 반성적 사고의 의미 고찰. **한국교원교육연구, 19**(3), 169-188.

이학준, 김남진, 김용욱(2017). 보편적 설계의 철학과 보편적 학습설계의 교육철학. **이론과 실천, 18**(2), 25-40.

이현재(2005). 정체성의 개념. **철학연구회, 71**, 263-278.

이효선(2010). 사회복지 윤리와 철학의 이해. 서울: 학지사.

이효신(2015). 교사 정체성 관점에서 분석한 수석교사제 연구. **학습자중심교과교육연구, 15**(6), 295-317.

이태구, 이한주(2015). 평가방법 먼저: 백워드 교육모형 체육수업 설계와 실행, **한국체육측정평가학회지, 17**(2), 73-86.

임문택, 이종목(2012). 테니스 동아리 활동이 초등 예비교사의 직업 사회화에 미치는 영향. **한국체육교육학회지, 17**(1), 69-82.

임민정(2016). 포스트모던 텍스트로서의 질적 연구: 세 가지 이론을 통한 해체적 읽기. **유아교육연구, 36**(2), 147-167.

임종화(1999). 대안교육 운동의 형성과 전개 - 새로운 사회운동의 관점에서. 미간행 석사학위 논문. 연세대학교 대학원, 서울.

임태규(2009). 한국 기독교대안학교의 신학적 경향성에 관한 소고. **기독교교육정보, 22**, 223-257.

임효경, 김승재(2011). 특수체육교사의 교직생활에 관한 내러티브. **한국특수체육학회지, 19**(4), 104-122.

장서이(2017). 무용전공 체육교사의 전문적 정체성 형성과정 및 요인 탐색 - 이방인에서 개척인으로 성장하기. 미간행 석사학위논문. 서울대학교 대학원, 서울.

장서이, 박혜연, 최의창(2018). 체육교사로 정착하기: 무용전공자의 체육교사 전문적 정체성 형성 양상과 요인. **체육과학연구, 29**(1), 138-153.

장석주(2012). 단순하고 느리게 고요히. 서울: 지식을 만드는 지식.

장성화, 진석언(2010). 대안학교 학생들의 학교적응 관련변인들의 인과적 구조분석. **한국열린교육학회, 18**(2), 25-50.

장유진, 곽혜란, 박천호(2015). 식물 윤리를 적용한 대안학교 인성교육용 원예치료 프로그램. **인간식물환경학회지, 18**(4), 299-303.

장재홍(2016). 부모의 자녀양육태도가 중학생의 인터넷 중독에 미치는 영향: 인터넷 사용욕구를 매개로. **상담학연구, 5**(1), 113-128.

전옥분(2004). 전생애 인간발달의 이론. 서울: 학지사.

전현옥(2003). 노인의 생의 의미와 삶의 질 연구. 미간행 석사학위 논문. 이화여자대학교 임상보건과학대학원, 서울.

정순경, 손원경(2016). 교사의 정체성 형성요소와 형성과정에 관한 질적 메타분석. **열린부모교육연구, 8**(3), 181-202.

정유성(1998). 새로운 교육문화 사회운동론. 서울: 한울.

정유성(1999). 대안학교(특성화고등학교)의 교육과정 및 교사 양성 방안. 서울: 교육인적자원부 연구보고서.

정현주(2011). 초등학교 고령 여교사의 정체성 형성에 관한 질적 연구. **초등교육연구, 24**(4), 375-395.

정현주, 전영국(2014). 초상화법으로 탐구한 중학교 교사의 정체성 및 비전에 관한 인물사례. **교사교육연구, 53**(1), 127-142.

정현수(2019). 교사학습공동체 활동을 통한 체육교사의 인성 함양. 미간행 박사학위 논문. 서울대학교 대학원, 서울.

정혜정, 남상준(2012). 초등 사회과 교사 정체성 형성과정 연구. 사회과교육연구, 19(4), 143-158.

정혜정(2013). 초등 사회과 교사 정체성에 관한 연구. 미간행 박사학위 논문. 한국교원대학교 대학원, 충북.

제창욱, 이동호(2010). 협동학습모형을 활용한 고등학교 허들수업의 효과. **한국체육교육학회지, 15**(3). 1-17.

조규락(2003). 구성주의 기반의 학습이론 탐구. **한국교육공학회, 19**(3), 3-40.

조기희, 이옥선(2012). 초등 예비교사의 체육교사로서의 정체성 발달을 위한 교사교육. **한국체육학회지, 51(3), 129-142.

조기희(2015). 체육수업 전문성 증진을 위한 교사학습공동체의 실천 과정과 효과 탐색. 미간행 박사학위 논문. 서울대학교 대학원, 서울.

조덕주(2011). 반성적 사고 중심 예비교사교육 프로그램 적용 연구. **열린교육연구, 19**(4), 139-167.

조동근(2017). 공업계 고등학교 기계과 교사의 직업 정체성 형성에 관한 생애사 연구. 미간행 박사학위 논문. 한국기술교육대학교 테크노인력개발전문대학원, 충남.

조미혜, 최정규, 김승환(2018). 학교부적응 학생의 '참여'를 위한 체육수업 프로그램 적용 사례연구. **한국여성체육학회지, 32**(2), 1-22.

조선경(2011). 대화모임에서 영아보육교사들의 삶과 정체성에 관한 탐구. 미간행 박사학위 논문. 숙명여자대학교 대학원, 서울.

조용재, 이선숙(2000). 우리나라 대안학교의 이념과 역사. **교육학논총, 21**(1), 151-170.

조용환(1999). **질적 연구 방법과 사례**. 경기도: 교육과학사.

조원아(2019). 해체주의 건축과 설치미술의 상관관계 분석. **조형디자인연구, 22**(2), 101-127.

조윤정, 양명희(2007). 교사의 자기결정성이 교직에 대한 내재적 동기 및 학생에 대한 관심과 이해에 미치는 영향. **한국교원교육연구, 24**(1), 149-168.

조윤정, 양명희(2008). 교사의 인식론적 신념과 교사효능감, 교수전략과의 관련성 탐구. **열린교육연구, 16**(1), 1-20.

조재식, 허창수, 김영천(2006). 교육학/교육과정 연구에서 질적 연구자가 고려해야 하는 타당도 이슈들: 그 다양한 접근들의 이해. **교육과정연구, 24**(1), 61-95.

조현주, 박경애(2007). 교사의 정서지능과 자기 효능감에 따른 심리적 소진의 차이. **한국교원교육연구, 24**(1), 251-270.

지슬비, 이정민(2019). 전환 학년 과정에 대한 학생의 교육 경험 연구. **학습자중심교과교육학회, 19**(3), 1275-1299.

차재원(2001). 대안학교의 교육활동 비교분석. 미간행 박사학위 논문. 경남대학교 대학원, 경남.

채현순, 장유진(2016). 전문상담교사의 전문직 정체성 형성과정에 관한 질적 연구. **한국교원교육연구, 33**(4), 167-192.

최선녀(2014). 자아 정체성 확립을 위한 자서전 쓰기 교육 - 미래 자서전 쓰기를 중심으로. **교양교육연구, 8**(2), 97-130.

최승현, 황혜정(2009). 학습자 이해에 관한 초임교사의 수학 수업사례 분석. **한국학교수학회논문집, 12**(4), 453-492.

최예영, 이은해(2005). 아동의 또래 상호작용과 교사신념 및 교사행동 간의 관계. **유아교육연구, 25**(5), 319-342.

최은희(2003). **가정환경이 청소년 자아 정체성 형성 및 내적 감정에 미치는 영향**. 미간행 석사학위 논문. 총신대학교 대학원, 경기.

최의창(2003). **스포츠교육학**. 서울: 무지개사.

최의창(2009). **체육전문인교육**. 파주: 생능문화사.

최정규, 박정준(2020). 대안교육 특성화고등학교의 학교 밖 체육활동 경험과 교육적 의미. **한국스포츠교육학회지, 27**(2), 85-112.

최중환(2001). 포스트모더니즘과 체육. **한국사회체육학회지, 15**, 169-181.

최희진(2002). 초임 중등체육교사의 교직 적응과정. **스포츠교육학회지, 9**(2), 43-63.

하윤수(2000). 현행 교육법상 교육주체 개념을 둘러싼 교육권의 재검토. **교육법학연구, 12**, 230-253.

한국민족문화대백과사전(2019). 대안학교 hhttp://encykorea.aks.ac.kr/Contents/SearchNavi?keyword=대안학교&ridx=0&tot=4 (2019. 3. 18. 검색)

한석훈(2013). 교사 성직관의 재해석을 통한 교사 헌신도 제고 가능성의 모색. **인격교육, 13**(12), 139-161.

한재영(2012). 사범대학 예비교사의 삶과 정체성 변화 연구. **교사교육연구, 51**(1), 75-89.

한혜정(2009). 한국 교사교육에의 적용을 위한 자서전적 방법의 이론적 기초 탐색. **교육과정연구, 27**(1), 21-40.

허창수(2016). 브리콜라주로서 질적 연구의 이해. **한국콘텐츠학회논문지. 17**(2), 278-287.

허창수(2018). 대안교육 프로그램을 통한 공동체 감수성 함양 탐색. **한국열린교육학회, 26**(3), 207-230.

홍명숙, 어주경(2013). 중학생의 성별에 따라 자기애, 공감능력, 자존감이 공격성에 미치는 영향. **상담학연구, 14**(6), 3911-3928.

홍성희(2001). **대안학교 교육에 대한 비교 연구.** 미간행 석사학위 논문. 연세대학교 교육대학원, 서울.

홍애령(2017). 초등 무용교육자의 정체성과 수업 전문성에 관한 이론적 고찰. **한국초등체육학회지, 22**(4), 107-118.

홍영숙(2013). 한국초등학교에 비원어민 영어교사로 살아가기: 교사 정체성 형성을 중심으로. **영어어문교육, 19**(4), 427-453.

황경숙, 이은선(2004). 수단과 목적의 연속성에 의한 통합적 무용교육 - 듀이의 철학사상을 중심으로. **한국체육철학회지, 12**(2), 599-614.

황성하(2010). 스포츠교육 모형을 적용한 축구수업이 신체활동의 즐거움 및 대인관계 성향에 미치는 영향. **한국체육교육학회지, 15**(3), 49-63.

황인국(2007). **위탁형 대안학교에서의 학생변화 과정 이해에 관한 연구.** 미간행 석사학위 논문, 연세대학교 교육대학원, 서울.

황준성, 이혜영(2010). 대안학교 관련 법제 정비방안 연구. **교육법학연구, 22**(1), 169-197.

황혜정(2010). 교사의 학습자 이해 지식에 초점을 둔 수학 수업 평가 요소 탐색. **한국학교수학회논문집, 13**(4), 569-594.

2. 외국논저

Akkerman, S. F., & Meijer, p. C. (2011). A developmetal social psychology of identity: Understanding the person-in-context. **Journal of adolescence, 19**(5), 429-442.

Ashwin, P. (2014) Knowledge, curriculum and student understanding in higher education. **Higher Education, 67**, 123-126.

Baumeister, R. F. (1999). **Self-Concept, Self-esteem, and identity.** Comtemporary theory and research, 2nd ed., Chicago, IL.

Beauchamp, C., Thomas, L. (2008). Understanding teacher identity: an overview of issues in the literature and implications for teacher education. **Cambridge Journal of Education, 39**(2), 175-189.

Bridge, R. G., & Blackman, J. (1978). **A study of alternatives in Americav education**, Rand(R-2170). Santa Monica: Rand.

Carroll, L. (1992). **Alice in Wonderland**. New York: Norton.

Castells, M. (1997). **Power of identity: The information age: Economy, society, and culture**. Blackwell Publishers, Inc.

Chang, H. (2008). **Autoethnography as method**. Walnut Greek, CA: Left Coast Press, Inc.

Chan, K. W. (2016). In-service teachers' motives and commitmentin teaching. Hong Kong Teachers' **Centre Journal, 5**, 112-128.

Charmaz, K. (2006). **Constructing grounds theory: A practical guide through qualitative analysis**. SAGE Publications Ltd.

COOper, B. S. (1994). Alternative Schools and Programs, in The International. **Encyclopedia of Educaion**, 2(1), 56-71.

Corbin, J. M. & Strauss, A. L. (2008). **Basics of Qualitative Research: Techniques and Procedures for Developing Grounded Theory(3rd ed.)**. Los Angeles: Sage.

Creswell, John W. (2009). **Research Design: Qualitative, Quantitative, and Mixed Methods Approaches**. 3rd Ed. LA: Sage.

Cruess, R. L., Cruess, S. R., Steinert, Y. (2016). Amending Miller's Pyramid to Include

Professional Identity Formation. **Academic Medicine, 91**(2), 180-185.

Danielevicz, K. (2001). **Teaching selves: Identity, pedagogy, and teacher education.** Albany, NY: State Universisy of New York Press.

Day, C., Kington, A., Stobart, G., & Sammons, P. (2006). **Feminist pedagogy: looking back to move forward.** Baltimore, Maryland : The Johns Hopkins University Press.

Denzin, N. (1994). **The Art and Politics of Interpretation.** In N. Denzin and Y. Lincoln(Eds.), Handbook of Qualitative Research. London: Sage.

Denzin, N. & Lincoln, Y. (2000). "**Introduction: The Discipline and Practice of Qualitative Research,**" In N. Denzin and Y. Lincoln (Eds), The Sagehandbook of Qualitative Research, SAGE Publications, pp.1-28.

Dewey, J. (1986). Experience and education. **The Educational Forum, 50**(3), 241-252.

Dowling, F. (2006). Physical education teacher educators' professional identities, continuing professional development and the issue of gender equality. **Physical Education and Sport Pedagogy,** 28, 247-263.

Ellis, C. (1995). **Final negotiations.** Philadelphia: Temple University Press.

Ellis, C. (2004). **The Ethnography I: A methodological novel about auto-ethnography.** Walnut Greet: Altamira Press.

Erikson, E. H. (1956). **Growth and crises of the healthy personality.** In C. Kleechholn, H. A. Murray, & D. M. Schneider (Eds.), Personality in nature, society and culture, 56-121. New York: Knopf.

Erikson, E. H. (1963). **Childhood and society,** 2nd ed., New York: W. W. Norton & Company.

Erikson, E. H. (1968). **Identity: Youth and crisis.** New York: W. W. Norton.

Evans. (2008). Professionalism, Professionality and the Development of Education Professionals Introduction. **British Journal of Educational Studies,** 56(1), 20–38.

Fantini, M. D. (1971). **The What, Why and Where of the Alternatives Movement.** National Elementary Principal.

Feiman-Nemser, S. (2008). Teacher learning: How do teachers learn to teach? In M. Cockran-Smith, S. Feiman-Nemser, D. J. McIntyre, & K. E. Demers (Eds.), **Handbook of** research on teacher education: Enduring questions in changing contexts (3rd., pp. 697-705). New York: Routledge and Association of Teacher Education.

Flores, M. A., & Day, C. (2006). Contexts which shape reshape new teachers' identities: A multi-perspective study. **Teaching and Teacher Education, 22**(2), 219-232.

Gallatin, J. (1975). **Adolescence and individuality.** New York: Harper & Row.

Gay, G., & Kirkland, K. (2003). Developing cultural critical consciousness and self-reflection in preservice teacher education. **Theory into practice, 42**(3), 181-187.

Gee, J. P. (2000). Identity as an Analytic Lens for Research in Education. **Review of Research in Education, 25**(1), 99–125.

Goldie, J. (2012). The formation of professional identity in medical students: Considerations for educators. **Medical Teacher, 34**, 641-648.

Gross, E. A. (1958). **Work and society.** New York: Tomas Y. Crowell Co.

Guba, Egon G. & Lincoln, Yvonna S. (1994). **Competing paradigms in qualitative research. In : Handbook of Qualitative Research.** Norman K. Denzin & Yvonna S. Lincoln, ed. Thousand Oaks, Calif. : Sage.

Hall, R. H. (1968). Professionalization and bureaucratization. **Amercan Sociological Review, 33**(1), 92-104.

Helms, J. V. (1998). Science-and me: Subject matter and identity in secondary school science teachers, **Journal of Research In Science Teaching, 35**(7), 811-834.

Hoffman, D. M. (1998). A therapeutic moment? Identity, self, and culture in the anthropology of education. **Anthropology & Education Quarterly, 29**(3), 324–346.

Hollingsworth, H,. & Clarke, D. (2017). Video as a tool for focusing teacher self-reflection: Supporting and provoking teacher learning. **Journal of Mathematics Teacher Education. 20**, 457-475.

Hong, C. (2009). Design and Conceive of Teacher's Belief System in the Background of College English Teaching Reform. **Foreign Languages and Their Teaching, 19**(5), 210-224.

Ross-Hill, R.(2009). Teacher attitude towards inclusion practices and special needs students. **journal of Research in Special Educational Needs, 9**(3), 188-198.

Howard, J. A. (2000). Social Psychology of Identities. **Annual Review of Sociology**, 26(1), 367-393.

James, K. A. (2018). **You Are What You Love**. 박세혁 역(2018). 습관이 영성이다. 경기도: 비아토르.

Jones, S. H. (2005). **Autoethnography: Making the personal political**. In N. Denzin & Y. S. Lincoln(Eds.). Handbook of Qualitative Reserch (3rd ed.). (pp. 763-791). Thousand Osaks, CA: Sage.

Kelchtermans, G. (2005). Teachers' emotions in educational reforms: Self-understanding, vulnerable commitment and micropolitical literacy. **Teaching and teacher education**, 21(8), 995-1006.

Kuhn, T. (1970). **The Structure of Scientific1 Revolutions**. Chiago: University of Chicago Press.

Larrivee, B., & Cook, L. (1979). Mainstreaming: a Study of the Variables Affecting Teacher Attitude. **The journal of special education**, 13(3), 315-324.

Lather, P. (2007). **Getting Lost: Feminist Efforts Toward a Double(d) Science**. Albany: State University of New York Press.

Lee, H. J. (2005). Understanding and assessing preservice teachers' reflective thinking. **Teaching and Teacher Education**, 21(6), 699-715.

Lehr, C. A., Tan, C. S., & Ysseldyke, J. (2009). Alternative School: A Synthesis of Sate-Level Policy and Research. **Remedial and special education**, 30(1), 1-19.

Lemke, J. L. (2003). **Identity, development, and desire: Critical questions**. Paper presented at the meeting of the American Educational Research Association, Chicago, IL.

Lewin, K. (1946). **Action Research and Minority Problems**. In K. Lewin, Resolving social conflicts: Selected papers on group dynamics (compiled in 1948). New York: Harper & Row.

Lincoln, Y. S., Guba, E. G. (1985). **Naturalistic inquiry**. Beverly Hills, CA: Sage Publication.

Marcia, J. (1966). Development and validation of ego-identity status. **Journal of Personality and Social Psychology**, 3, 551-558.

Marcia, J. (1980). **Identity in adolescence.** In J. Andelson (Ed.), Handbook of adolescent psychology, 159-187. New York: Wiley.

Marcia, J. (1989). Identity and intervention. **Journal of Adolescence, 12,** 401-410.

Marcia, J. (1991). **Identity and self-development.** In R. M. Lerner, A. C. Petersen, & J. Brooks-Gunn(Eds.), Encyclopedia of adolescence(Vol. 1). New York: Garland.

Marcia, J. (1980). **Identity in adolescence.** In J. Andelson (Ed.), Handbook of adolescent psychology, 159-187. New York: Wiley.

Mathison, S. (1988). **Why triangulate? Educational Researcher, 17**(2), 13-17.

Maydell, E. (2010). **Methodological and analytical dilemmas in autoethnography research.** Journal of Research Practice, 6(1), Article M5. Retrieved [date of access], from http://jrp.icaap.org/index.p hp/jrp/article/view/223/190.

Mead, G. H. (1934). **Mind, self and society.** Chicago: University of Chicago Press.

Miller, G. E. (1990). The assessment of clinical skill / competence / **performance. Academic medicine, 65**(9), s63-s67.

Muncey, T. (2005). Doing autoethnography. **International Journal of Qualitative Methods, 4**(1), 69-86.

Peter, E. L., & William, D. (2010). Alternative education: from a "last chance" to a proactive model. **Cambridge Journal of Education,** 3, 86-88

Pinar, W. F. (1975). **"The Method of currere." in William F. Pinar(ed.) Autobiography, politics and sexuality.** (p 20). New York: Peter Lang.

Reynolds, C. (1996). **Cultural Scripts of Teachers: Identities and relation to workplace landscapes.** Changing research practice: Teachers' professionalism, identities and knowledge, 67-77.

Ropers, B. (1997). Constructing feminist teachers: Complexities of identity. **Gender and Education,** 72, 98-106.

Rodgers, C. R., & Scott, K. H. (2008). The development of the personal self and professional identity in learning to teach. **Handbook of research on teacher education,** 732-755.

Sakamoto, T. (2015). Formation Process of Body Culture as "PE Teacher Identity": An Introduction to the PE Teacher Body Theory. **International Journal of Sport and**

Health Science, 13, 23-34.

Saldaña, J. (2009). **The Coding Manual for Qualitative Researchers**. SAGE Publications Ltd.

Schiedel, D. G., & Marcia, J. E. (1985). Ego identity, intimacy, sex role orientation, and gender. **Developmental Psychology**, 21(1), 149-160.

Schulman, H. (1987). Molecular cloning of a brain-specific calcium: calmodulin-dependent protein kinase. **Neurobiology**, 84(16), 5962-5966.

Scott, R. (1965). Reactions to Supervision in a Heteronomous Professional Organization. **Administrative Science Quarterly**, 10, 65-81.

Siens, C. & Ebmeier, H. (1996). Developmental Supervision and the Reflective Thinking of Teachers. **Journal of Curriculum and Supervision**, 11(4), 299-319.

Smith, C. (2005). **Epistemological intimacy: A move to autoethnography**. (http://eativecommons.org/ licenses/by/2.0)

Smith, D. J., & Tomlinson, S. (1989). **The school Effect, A Study of Multi-Racial Comprehensives**. London: Policy Studies Institute.

Standage, M. & Gillison, F. (2007). Students' motivational responses toward school physical education and their relationship to general self-esteem and health-related quality of life. **Psychology of Sport and ExerciseSport and Exercise**, 8(5), 704-721.

Steger, M. F. & Frazier, P. & Oishi, S. (2006). The meaning in life questionnaire: Assessing the presence of and search for meaning in life. **Journal of Counseling Psychology**, 53(1), 80–93.

Stinson, A. B. (2009). **An autoethnography: A mathematics teacher's journey of identity construction and change**. Unpublished doctoral dissertation, Georgia Sate University.

Sutton, R. E., & Wheatley, K. F (2003). Teachers' emotions and teaching: A review of the literature and directions for future research. **Educational psychology review**, 15, 327-358.

Tao, J., & Gao, X. (2017). Teacher agency and identity commitment in curricular reform. **Teaching and Teacher Education**, 63, 346-355.

Ward, P. (2006). **The philosophy, science and application of behavior analysis** in physical education. London: Sage.

Watson, C (2006). Narratives of practice and the construction of identity in teaching, Teachers and Teaching. **Theory and Practice**, **12**(5), 509-526.

Wenger, E. (1998). **Communities of practice: Learning, Meaning, and Identity**. Cambridge: Cambridge University Press.

Wolcott, H. (1974). **The Teacher as an Enemy**. In G. Spindler(ed.), Education and Cultural Process: Toward an Anthropology of Education, New York: Holt, Rinehart and Winston.

Wolcott, H. (1994). **Transforming Qualitative Date: Description, Analysis, and Interpretation**. London: Sage.

Zemelman, s. (1998). **Best practice: New standards for teaching and learning in Americas schools**. Portsmouth, NH: Heinemann.

Ziv, M., & Frye, D. (2004). Children's understanding of teaching: The role of knowledge and belief. **Cognitive development**, **19**(4), 457-477.

부록

질적 연구 학위과정생을 위한
실제적인 논문작성 초간단 노하우!

1. 첫 번째 목표 : 프로포절까지!
(주제, 서론, 이론적 배경, 연구방법)

가. 지도교수!(feat. 대학원의 구조적 문제)

필자는 온전히 학위과정생의 입장에서 집필하고자 노력하였다. 따라서 뜬구름 잡는 식의 이야기가 아닌, 현실에서 일어날 수 있는 부정적 일들도 서슴없이 기술하고자 한다. 가장 먼저 인식해야 하는 존재는 '지도교수'이다. 아래는 소수의 사례(현실에서 다수의 사례이다. 목소리를 내는 것은 소수이기에 소수의 사례만 찾을 수 있다고 생각한다)이긴 하지만 이러한 기사를 통해 대학원에서 우리의 태도를 어떻게 해야 할지 고민할 수 있는 지점이 생기길 바라며 기술해본다. 인터넷 검색창에 '교수 갑질'을 검색하면 수없이 많은 사건과 사고들이 검색된다.

한겨레 신문(2016. 10. 11.) 기사를 인용하자면, 졸업과 취업에 절대적인 권한을 가진 교수의 지시를 대학원생이 거부하는 건, '그 바닥을 떠날 각오' 정도는 해야 가능한 일인 것이다. 2021년 서울대학교 대나무숲(트위터, 페이스북을 비롯한 SNS를 이용하여 해당 학교 재학생의 제보를 익명으로 올려주는 페이지를 말함)에 교수의 갑질 때문에 연구실을 나왔다는 서울대 대학원생의 고백에 누리꾼들의 공감이 수없이 이어졌던 일이 있었다. 글쓴이는 교수들이 학위과정생들을 바라보는 기본 전제가 '네가 감히'라는 생각이 깔려있다고 주장하였고, 그가 교수들을 향해 '정신병 걸려서 연구실을 나간다. 함께해서 더러웠고, 다시 보지 말자'라고 글을 달자 수백 개의 공감 댓글이 달렸다는 사실은 우리를 슬프게 함과 동시에 고개를 끄덕이게 한다(또한 카타르시스를 느낀다). 2017년 9월 전국대학원생노동조합이 대학원 석, 박사 과정생 및 박사 후 과정생 등 연구원을 대상으로 실시한 '대학원 연구인력의 권익 강화 관련 설문'에 따르면, 전체 응답자(197명)의 74.1%인 146명이 '대학원에 교수의 갑질이 존재한다'는 연구결과가 있었다.

    이처럼, 불행하게도 대학원 논문을 작성하는 데 제일 중요한 요인은 지도교수다(운이 좋아 좋은 지도교수를 만난다면 불행은 행복으로 바뀌겠지만). 즉 대학원생들의 졸업(논문 통과)을 하는 조건 중 가장 핵심이 지도교수라는 말이다(동의하지 않는 독자들도 있겠지만, 지도교수와의 마찰로 대학원에서의 수고와 노력이 물거품이 되어 다른 길을 선택했다는 이야기를 간간이 들었을 것이다). 물론 학위과정생이 학문의 기초를 탄탄히 하고, 연구를 기본적으로 성실히 한다는 전제하에서 지도교수의 절대권력을 이야기하는 것이다.

이런 슬픈 현실은 대학원의 구조적 문제로부터 생긴 것은 아닐까? 한 예비연구자의 학문의 길, 나아가 인생(작게는 직업)을 지도교수가 좌지우지(左之右之)할 수 있도록 틀을 만들어 놓은 교육 현실이 슬프다. 이 책은 이러한 문제를 깊이 있게 논하는 자리가 아니기에, 더 깊이 이야기하지 않겠지만, 필자는 이를 위해 고민하고, 바로잡기 위해 노력할 것이다.

어찌되었든, 우리는 대학원에 들어온 이상 학문의 세계에 진입하였다. 그리고 학문의 세계에 제일 꼭대기에 앉아 있는 지도교수의 영향력 아래에 있다는 사실을 인정하지 않을 수 없다. 그렇다면 일단 졸업을 목표로 열심히 논문을 작성해야 한다. 기억하자. 논문을 작성하는 데 중요한 요인은 지도교수라는 것을!

나. 하고 싶은 것과 할 수 있는 것 구분하기
+ 연구방법 함께 고민하기

필자의 논문 주제는 '대안학교 체육교사의 정체성 형성과 체육수업의 변화에 관한 연구'이다. 필자는 경기도에 있는 대안학교에 근무 중인 체육교사이다. 따라서 주제에 따라 연구할 수 있는 환경이 갖춰져 있다는 것이다. 만약 필자가 '대학교수의 정체성 형성과 전공체육 강의의 변화에 관한 연구'를 하고 싶다고 했을 때 내가 '할 수 있느냐?'라는 질문을 던져야 한다.

일단 필자는 대학교수가 아니니 자문화기술지 연구방법을 사용할 수 없다. 또한 대학교수를 연구대상자로 섭외할 때의 문제도 있으며, 섭외를 하더라도, 내가 일주일에 몇 번 정도 연구대상자를 만날 수 있느냐를 스스로에게 물어야 한다.

또한 연구방법을 어떠한 방식으로 할 것이냐를 주제에 따라 고민을 해야 한다. 본 연구물처럼 자문화기술지로 할 것인지, 문화기술지로 할 것인지, 사례연구, 내러티브, 현상학적, 근거이론 등 주제에 맞는 옷(연구방법)을 잘 골라야 좋은 결과와 해석이 나올 것이다. 하지만 어떻게 접근해야 할지 막막할 것이다. (필자도 그랬으니) 일단, 대학원 도서관 사이트에 접속하여 RISS에 들어가 자신이 생각한 주제의 키워드를 검색하여 조사를 해보는 것이 가장 중요하다. 필자는 '대안학교, 체육교사, 교사 정체성' 등의 키워드로 검색하여 여러 논문을 살펴본 기억이 있다. 그리고 비슷한 논문을 찾았다면 그 논문에 쓰인 연구방법을 살펴봐야 한다.

이렇게 여러 논문을 살피다 보면 내가 쓰고 싶은 주제의 논문과 비슷한 논문을 찾을 수 있을 것이다. 3~4편 정도⋯ 일단 머리와 마음에 그림이 그려질 때까지 여러 번 읽는 것이 중요하다. 그 후 주제를 가지고 지도교수와 상의를 하고 주제를 정하면 된다. 여러 논문을 살펴보았기에 지도교수에게도 이런저런 할 말들이 생길 것이고, 궁금한 점을 물어볼 수 있을 것이다. 반드시

하고 싶은 주제를 1~2개만 가지고 가지 말고 내가 쓰고 싶은 주제의 비슷한 논문 3~4개를 정독 후 주제와 연구방법을 대략 정한 후 지도교수에게 갈 것을 추천한다.

다. 서론은 일단 간략히 적기(프로포절 후 재수정 가능)

서론을 완벽히 쓴다고 생각하고 덤비다 보면, 서론만 붙잡고 있다가 한 학기가 지나간다. 이번 학기에 완벽히 쓰고 프로포절한다는 생각은 금물이다(주위에 많은 학위과정생들이 이러한 실수를 범하고 있다). 완벽은 없다. 특히 서론은 그렇다. 따라서 연구의 필요성은 간략히 적는 것이다. 필자 또한 프로포절 때는 연구의 필요성이 2쪽이 채 되지 않았다. 프로포절 이후 결과를 작성하며 틈틈이 서론은 채워나가 단행본 기준 13쪽의 서론을 작성하였다.

먼저 연구의 필요성은 '내가 왜 이 연구를 하게 되었는지?'가 나타나야 할 것이며, '이 연구가 왜 필요한지?'를 논리적으로 깔대기처럼 이유를 수렴화해야 한다. 예를 들어, 필자는 고갱의 그림과 김하온 래퍼의 이야기를 가지고 와서 서론을 시작하였다. 질적 연구에서는 이러한 요소가 반드시 필요하다고 생각한다(문학작품, 은유적 표현 등). 즉 고갱이 100여 년 전에 나는 누구인지를 그림으로 표현했다면, 지금도 래퍼 김하온은 랩 가사로 내가 누구인지를 고민한다는 것을 표현했다고 밝힌 후, 나의 이야기를 시작했다.

다음으로 왜 이 연구가 필요한지를 큰 틀에서 접근한 후 점점 미시적으로 접근해야 한다. 필자는 교육의 구성요인 4가지 중 교사의 중요성을 이야기했고(이론적으로 증명함), 교사의 여러 요인(신념, 태도, 정서, 반성적 사고 등) 중 정체성은 토대적 개념이기에 교육에서 교사의 정체성은 중요한 요인이라고 설명하였다.

또한 공교육이 아닌 대안교육과 대안교사의 연구 필요성을 이야기한 후 대안학교에 근무하는 교사의 정체성을 탐색하는 것은 교육을 온전히 바라보는 데 역할을 할 것이기에 이 연구가 필요하다는 것으로 마무리하였다. 깔대기 그림을 그리고 좁아지는 모양에 내가 어떻게 논리적으로 풀어나갈 것인지를 생각하고 글을 작성하면 편하다.

연구문제는 간단하다. 연구문제가 3개면 연구결과도 3개이다. 즉 연구주제에 맞게 연구문제를 작성하면 된다. 특히 박사학위 논문은 연구결과가 3개 이상은 나와야 할 것이다. 필자의 연구문제 1은 '대안학교 체육교사가 되기까지 어떠한 경험을 했는가?'이며, 이에 연구결과 1은 '대안학교 체육교사가 되기까지의 경험'으로 도출하였다. 연구문제 2는 '대안학교 체육교사로서 정체성은 무엇이며, 변화양상은 어떠한가?'이며, 이에 연구결과 2는 '대안학교 체육교사로서의 정체성 형성과정'으로 도출하였다. 연구문제 3은 '대안학교 체육교사로서 정체성과 변화는 체육수업에 어떤 영향을 미치는가?'이며, 이에 연구결과 3은 '대안학교 체육교사의 정체성과 체육수업의 변화'로 도출되었다.

하지만 중요한 것은 프로포절 시기의 서론은 간단히 적는 것이다. 서론으로 스트레스를 받지 말고 주제와 그에 따른 연구방법을 잘 선택하여 연구의 타당성을 높이는 것이 제일 중요하다는 사실을 기억하자.

라. 매일 1시간씩 이론적 배경 작성하기
(주제에 따른 이론적 배경 찾기) - 참고문헌 작성!

이 또한 서론과 같은 이야기를 하며 시작하고자 한다. 이론적 배경을 완벽히 쓴다고 생각하면 안 된다. 완벽할 수 없다. 일단 주제에 따른 이론적 배경 목차를 정하는 것으로 시작하자. 필자는 '대안학교 체육교사의 정체성 형성과 체육수업의 변화'라는 주제이다. 이에 대안학교 교육, 정체성, 교직 정체성이라는 큰 세 영역을 중심으로 작성하였다. 즉 주제에 나와 있는 키워드 중심으로 이론적 배경을 작성하면 된다. 체육수업의 변화에 대한 이론적 배경이 없다는 사실이 궁금할 것이다. 이는 정체성에 따른 수업의 변화이기에 체육수업에 대한 이론적 배경은 필요가 없었다.

이론적 배경을 쓰는 일은 '엉덩이 싸움'이라는 말이 있다. 시간을 투자한 만큼 나온다는 것이다. 필자는 반은 맞고, 반은 틀리다고 생각한다. 왜냐하면 오래 앉아 있는다고 좋은 결과가 나오는 것은 아니기 때문이다. 즉, 매일 1시간 혹은 2시간씩 시간을 정해놓고 이론적 배경을 작성하는 시간을 갖는 것이 좋다. 필자는 주말을 이용해 오전은 이론적 배경을 작성하는 시간으로 정했다. 이때 RISS, 구글 스칼라 등을 참고하여 엑셀 파일에 정리해두면 참고문헌을 작성하는 데 큰 도움이 될 것이다.

 이론적 배경을 쓰기 막막할 땐 이 또한 비슷한 논문을 검색하여 이론적 배경의 틀을 살펴본 후 참고하여 작성하는 것이 좋다. 주의사항은 표절의 유혹에 넘어가선 안 된다는 것이다. 시간이 없을 땐 남의 논문의 이론적 배경을 표절하고 싶은 유혹이 대단히 커진다. 시간을 가지고 매일 정리해야만 이러한 유혹에 넘어가지 않을 수 있다. 남의 논문은 과감히 참고만 하고, 스스로 이론적 배경을 엑셀 파일에 정리하며 작성할 것을 권한다.

마. 연구방법은 최대한 자세하고 친절하게 설명하기

 연구방법은 과도할 정도로 자세하고 친절하게 설명해야 한다. 내가 어떠한 패러다임으로 연구의 배경을 삼았는지 이야기하는 것으로 시작하는 게 좋다. 필자의 연구는 '이해'를 중심으로 해석주의 패러다임에 기반을 두었다. 즉 '예측, 진단, 처방'을 목적(양적 연구)으로 이 연구가 진행되지 않았다는 것을 의미한다. 또한 나의 문화를 통해 연구결과를 이끌어내는 방법인 '자문화기술지'라는 구체적 연구 방법론에 기대어 연구했음을 자세히 밝혔다.

다음은 연구수행 과정이다. 이는 집을 어떤 순서로 언제까지 짓겠다는 계획과 동일하다. 즉 문헌분석은 언제까지, 자료수집은 언제까지, 결과는 언제까지 하겠다는 계획인 것이다.

연구참여자와 연구환경은 독자들을 위해 최대한 자세히 적어주는 것이 좋다(97~101p). 자료수집은 어떤 방식으로 어떻게 했다는 것을 자세히 적는 것이다. 그리고 가급적 표와 그림을 넣어 연구의 진실성을 높이는 것이 좋다. 자료분석은 본 연구에서 기술-분석-해석(Wolcott, 1994)이라는 순환적 순서를 사용하였는데, 질적 연구의 대부분 이러한 순환적 순서를 따르는 것을 권장한다.

즉, 기술은 자료수집을 통해 얻은 자료를 텍스트화하는 작업이며, 분석은 코딩하여 범주화하는 작업이다. 이때 필자가 중요하게 생각하는 분석적 메모를 반드시 활용해야 한다. 이는 전사를 하거나, 면담을 하거나, 분석을 하는 데 떠오르는 아이디어, 궁금증, 의문점 등을 적어놓는 행위를 말한다. 이는 해석(또는 논의)을 작성할 때 가장 유용한 자료가 될 것이다.

마지막으로 연구의 진실성은 질적 연구에서 대부분 동료 간 협의, 구성원 간 검토, 다각도 검증을 사용한다. 필자는 이 부분보다 연구자의 진실성이 더 중요하다고 믿는다. 왜냐하면 연구의 진실성 파트를 하나의 순서라고 생각하고 형식적으로 적는 경우가 많기 때문이다.

연구방법에서 제일 중요한 것은 연구주제를 해결하기 위해 타당한 연구방법을 사용했느냐이다. 어떤 주제는 사례연구가 맞을 것이고, 어떤 주제는 근거이론 방법이 맞을 것이다. 이는 내가 쓰고자 하는 논문주제와 비슷한 좋은 논문을 검색하여 연구방법을 참고하는 것이 시행착오를 줄이는 방법이다. 그리고 연구방법을 정한 후 지도교수에게 확인을 받을 것을 권한다.

바. 프로포절 연습은 지도교수 앞에서 여러 번 해보기

많은 교수들과 많은 학생들 앞에서 발표를 한다는 사실은 굉장히 어려운 일이다. 그리고 다른 전공교수가 질문을 한다면 더욱 당황스러울 것이다. 이때 학위과정생들이 흔히 하는 말은 "지도교수와 상의 후 수정, 보완하겠습니다."이다. 이러한 상황을 방지하기 위해 지도교수 또는 연구실 사람들 앞에서 여러 번에 걸쳐 프로포절을 연습한 후 여러 질문을 미리 받는 것이 중요하다. 그리고 자신이 쓴 글에 자신감을 가지고 답변해야 한다.

사실 교수라고 다 아는 것은 아니다. 특히 자신이 전공하지 않은 분야는 지레짐작으로 학위과정생에게 질문하기도 한다. 이

때 자신감 있게 답변하고, 자신이 쓴 글에 대한 배경을 이야기한다면 혹여 틀리더라도 큰 문제 없이 넘어갈 수 있다(추후 수정하면 되기 때문). 기억하자. 자신의 연구는 자신이 가장 잘 안다는 사실을!

2. 두 번째 목표 : 결과발표까지!
(연구결과)

가. 수집자료 나열 후 목차 작성해보기

　분석(코딩) 단계를 쉽게 이야기하면, 비슷한 자료를 묶어내는 것이다. 그 후 덩어리 된 자료에 작은 제목을 붙이는 작업을 해야 한다. 필자는 연구결과 1인 대안학교 체육교사가 되기까지의 경험은 시간순으로 되어 있기에 순서를 정하는 부분은 어렵지 않았지만, 덩어리 된 자료에 소제목을 붙이는 노력을 기울였다.

　예를 들어 아주 어릴 적 체육에 대한 흥미를 느낀 사건을 모아 '운동 재능에 대한 자각'이라는 소제목을 붙였고, 대학교 학부 시절 체육과에 대한 어려움들을 모은 자료에 '전형적 체육과 풍토와 반골 기질'이라는 소제목을 붙였다. 이처럼 전체자료를 놓고 비슷한 자료를 묶어, 덩어리 된 자료에 작은 제목을 붙이는 일부터 해야 한다. 그리고 제목을 나열한 후 목차를 작성해보는 것이 중요하다.

목차를 작성 후 전체자료들(또는 나머지 자료들)을 목차에 맞게 집어넣는 것은 연구결과를 작성하는 데 첫 단추를 끼는 일이다.

나. 내러티브하게 연구결과 작성하기(일단 길게) + 분석적 메모(가장 중요!)

연구방법에 따라 글쓰기가 달라질 수 있으나, 질적 연구를 전제로 이야기하는 것이기에, 연구결과를 내러티브(연구결과에 따라 다름)하게 작성해야 한다. 할 수 있는 한 최대한 길게. 이유는 줄이는 것은 쉬우나, 나중에 늘리는 작업은 더 어렵기 때문이다. 필자는 본심 때 심사위원 교수들에게 내용이 방대하여 줄이라는 지적을 받았고, 크게 어렵지 않게 수정할 수 있었다. 불필요한 부분을 삭제하면 되었기 때문이다.

질적 연구의 양이 적다는 사실은 자료수집과 자료분석이 제대로 되지 않았다는 것의 방증이기도 하기 때문이다(초보 연구자의 눈으로는 그렇다). "나는 이만큼 자료수집과 분석을 했다."라고 이야기하는 것은 결과의 양으로 보여줄 수 있기 때문이다(이 부분에서 반대의 목소리가 있을 수 있으나, 학위과정생의 글쓰기가 매우 뛰어나기 어렵다는 것을 전제로 이야기하는 것이다).

필자는 연구결과의 페이지를 정하고 작성하였다. 그래야 목표가 생겨 연구결과를 채울 수 있기 때문이었다. 사람마다 성향이 달라 추천하기 어렵지만, 예를 들어 연구결과를 120p로 계획하고, Ⅰ, Ⅱ, Ⅲ은 각 40p 이상 쓰겠다고 계획을 하는 것이다. 이러한 계획을 통해 (꼭 계획대로 되지는 않지만) 내가 기대한 연구물을 얻을 수 있을 것이다.

목차에 따라 연구결과를 작성하다 보면 갑자기 떠오르는 아이디어가 있을 것이다. 컴퓨터 메모장 또는 연구노트(다이어리)에 메모를 해야 한다. 필자는 정체성에 대해 연구결과를 작성 시 '의미 있는 경험, 성찰, 대안문화'라는 정체성 형성과정에서의 특징을 찾아낼 수 있었다. 구체적으로 기술하지 않았지만, 내 다이어리에 정체성 형성과정에서 의미 있는 경험이 어떤 의미이고, 성찰이 어떤 의미이며, 대안문화는 어떤 의미가 있는지 단어 혹은 문장 형태로 메모되어 있었으며, 이는 해석(논의) 부분에 의미 있게 기술되었다. 기억하자. 일단 목표 페이지 수를 정해놓고 내러티브하게 길게 쓰자. 그리고 중간중간 떠오르는 아이디어(분석적 메모)를 적어놓기!

다. (결과 작성이) 힘들 때 이론적 배경 보완하기

결과를 작성하다 막힐 때가 있을 것이다. 이때 이론적 배경을 추가하는 작업이 아이러니하게도 머리를 식히는 시간이 되기도 한다. 또한 다른 논문을 리뷰하면서 뜻하지 않게 결과와 해석 부분의 아이디어를 얻을 수 있을 것이다. 이론적 배경이 빈약할수록 추후 해석(논의) 부분을 작성할 때 어려움을 겪을 수 있기에 틈날 때마다 이론적 배경을 성실히 작성해야 한다.

라. (결과 작성이) 힘들 때 연구의 필요성 보완하기

프로포절을 준비하며 내가 이 연구를 왜 하는지, 이 연구가 왜 필요한지를 더욱 명확히 알 수 있게 된다. 따라서 위에서 이야기했듯 결과를 작성하며 힘들 때 연구의 필요성을 다시 확인하며, 추가 작성한다면 탄탄한 서론이 될 것이다.

여기서 요긴한 팁은 연구의 필요성을 작성 및 보완할 때 단락마다 써야 하는 주제를 맵으로 그린 뒤에 추가 작성하면 시간을 절약할 수 있을 것이다. 예를 들어 교육 → 교사 → 정체성 → 대안교사 정체성 → 마무리라는 맵을 그린 후 단락, 단락의 글을 보완하는 형식으로 작업을 하면 수월할 것이다.

마. 연구결과 다듬기

연구결과를 내러티브하고 길게 작성했다면, 이젠 프린트 후

소리내어 읽으며 어색한 부분은 다듬어야 한다. 이 작업은 여러 번일수록 좋다. 내가 머릿속으로 쓴 것을 소리내어 읽으면 어색한 부분을 찾기 쉬울 것이다. 반드시 해야 하는 단계이다(연구결과에 래퍼런스가 있으면 좋지만, 없어도 된다. 필자의 연구에는 없다).

바. 결과발표 연습은 지도교수 앞에서 여러 번 해보기

결과발표의 핵심은 연구결과이다. 서론, 이론적 배경, 연구방법은 프로포절에서 이미 충분히 발표했기에 자세히 할 필요가 없다. 그렇다고 생략하면 안 된다. 연구결과를 중심으로 발표하되, 서론~연구방법도 간단히 정리 발표해야 한다. 이 또한 지도교수 또는 연구실 사람들 앞에서 여러 번 해봐야 한다. 그래야 여러 질문을 미리 예상할 수 있고, 발표에 자신감을 가질 수 있기 때문이다. 박사학위 과정생이라면 결과 부분을 대부분 외워서 청중을 바라보고 발표한다면 연구결과에 더 신뢰감을 줄 수 있다. 앞서 이야기한 것처럼 자신의 연구는 자신이 가장 잘 안다. 따라서 주눅 들지 말고 발표하자.

3. 세 번째 목표 : 종심까지
(해석(논의))

가. '내 논문에서 새롭게 알게 된 것은 무엇인가?' 생각하기

    필자가 중요하게 생각하는 부분이다. 초기 학위과정생은 이런 생각을 많이 한다.

    '논문을 통해 대단한 발견을 하겠다.'

    물론 이러한 마음을 가지고 시작하는 것은 좋지만, 너무 거대한 계획을 가지고 있다가, 현실의 벽에 부딪힐 때 좌절감을 느낄 수 있다. 따라서 필자는 '작은 발견'에 의의를 두라고 이야기하고 싶다. 필자는 다음 그림처럼 연구결과의 마인드 맵을 그려보고, 내 논문 속에서 새롭게 알게 된 것은 무엇일까에 대한 고민을 계속했다. 결과 부분을 작성하며 했던 분석적 메모와 함께.

나. 연구결과 마인드 맵 그려보기

연구결과를 한눈에 볼 수 있도록 연구결과를 맵으로 그려봐야 한다. 필자는 손으로 여러 번 그려보고, 다음 그림처럼 '알마인드'를 이용해 그려보기도 했다. 내가 자료를 통해 연구결과를 작성하였지만, 양이 방대하여 각각 연결지어 생각하기 어렵기 때문에 연구결과를 한눈에 볼 수 있도록 그려보는 것은 해석(논의)을 작성하는 데 큰 도움이 된다.

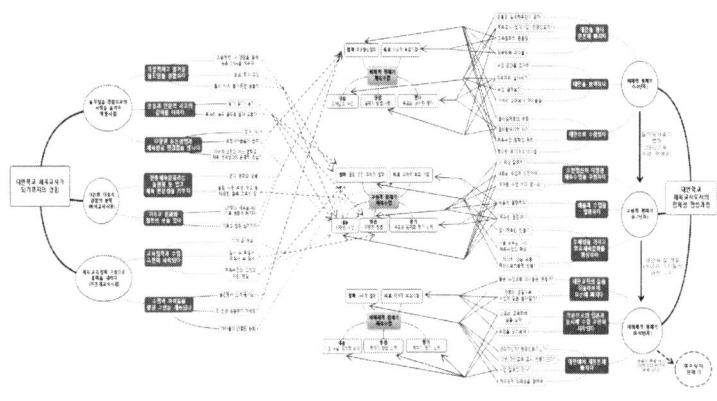

다. 마인드 맵과 분석적 메모를 머릿속에 항상 맴돌게 하기

앞서 여러 번 강조했던 부분이다. 각 연구결과의 관계와 연구결과를 작성하며 떠오른 아이디어, 궁금증 등은 본 연구결과를 해석(논의)하는 데 큰 도움이 된다. 화장실을 갈 때도, 산책을 할 때도 항상 마인드 맵과 분석적 메모를 머릿속에 맴돌게 해야 한다. 어느 순간 번뜩! 떠오르는 생각이 있을 것이다.

라. 이론적 배경, 마인드 맵, 분석적 메모를 참고하여 해석(논의) 목차 작성하기

이론적 배경은 연구자들 사이에 '비빌 언덕'이라는 애칭을 가지고 있다. 해석(논의)을 작성하는 데 반드시 필요한 부분이기 때문이다. 자신이 연구한 결과와 과거 학자들의 연구결과를 비교하며 동일한 주장 또는 새로운 것을 도출할 수 있기 때문이다. 또한 과거 학자들 연구결과에 나타나지 않은 자신의 연구결과가 있을 수 있다는 것을 확인할 수 있다. 물론 이론적 배경을 충실히 작성했다는 전제가 있어야 한다.

따라서 틈틈이, 성실히 작성한 이론적 배경과 마인드 맵, 분석적 메모를 참고하여 큰 틀에서 목차를 작성하면 글을 쓸 때 훨씬 수월할 것이다(물론, 최종 목차가 아니며, 계속 목차를 수정하며 작성해야 한다).

마. 이론적 배경을 옆에 두고(종이), 구글 스칼라 열어 놓은 상태에서(듀얼 모니터) 해석(논의) 작성하기

목차를 작성했다면, 한쪽엔 이론적 배경, 한쪽엔 구글 스칼라를 두고 해석을 작성해야 한다. 특히 해석을 작성하다 보면 레퍼런스가 없어 허전할 때가 있다. 필자는 가급적 한 단락에 1, 2개의 래퍼런스를 달기 위해 노력했고, 한 페이지에 1, 2명의 외국 학자의 래퍼런스를 달기 위해 노력했다.

이때 이론적 배경을 확인해야 하고, 이론적 배경에도 내가 해석을 작성하는 부분에 부합한 래퍼런스가 없다면 구글 스칼라에 키워드를 검색 후 논문을 찾은 뒤 초록을 먼저 읽어보았다. 초록이 내가 찾는 래퍼런스와 맞다면, RISS에서 검색 후 간략히 리뷰한 후 래퍼런스를 달기도 했다.

필자를 포함한 학위과정생은 초보 연구자이다. 이를 인정하고 내가 주장하는, 내가 발견한 부분에 대해 다른 학자들의 생각과 비교, 대조의 작업은 반드시 필요한 부분이다. 해석(논의) 부분에서의 래퍼런스는 반드시 신경을 써서 작성해야 한다. 잘못하다 나의 생각만 적어놓는 일기장이 될 수 있기 때문이다.

바. 일단 길게 작성한 후 다듬기

 필자는 일단 길게 작성할 것을 권한다. 그래야 중복되는 부분은 삭제하고, 줄이는 작업을 통해 간결한 해석(논의)으로 만들기 쉽기 때문이다. 필자도 단행본 기준 50쪽이 넘었으나, 다듬기 작업을 통해 43쪽으로 줄일 수 있었다. 처음부터 완벽한 글쓰기를 하려고 한다면 한 글자도 나가지 못할 것이다. 편안하게 써라. 연구결과는 나와 있으니!

사. 해석(논의) 내용을 풀어 그림으로 보여주기 (반드시 도해 그리기)

 도해 그리기는 강력 추천한다. 질적 연구는 독자들의 이해가 중요한 연구물이다. 아무리 글을 잘 써도 도해 하나에 비할 수 없다. 필자는 일주일 이상을 도해 그리기에 집중했다. 왜냐하면 필자가 쓴 글인데도 읽다 보면 앞에 글을 잊어버리기 때문이다. 예를 들어 '대안철학 체득과정'에 대해 3쪽으로(334~336p) 해석하였다. 이를 다음의 도해로 표현해보았다.

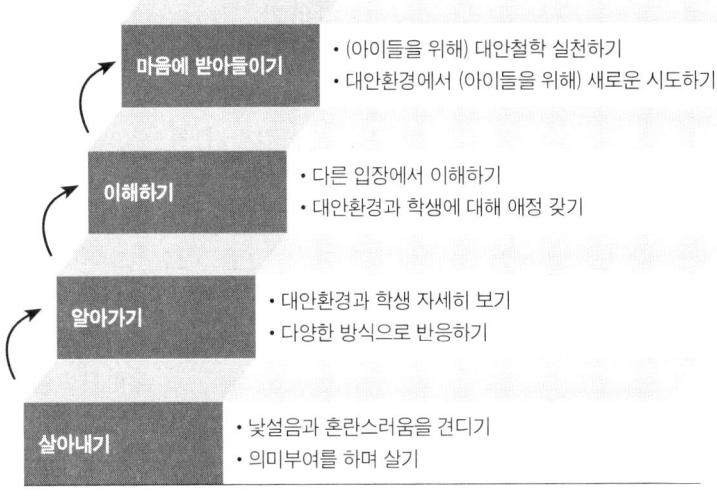

〈그림 20〉 대안철학 체득과정

글만 본 독자들(심사위원 포함)과 글과 그림을 본 독자들(심사위원 포함)은 어떨까? 후자가 훨씬 이해하기 수월할 것이다. 앞서 이야기했지만 질적 연구의 핵심은 독자들의 '이해'이다. 독자들의 이해, 공감이 양적 연구에서 이야기하는 타당성을 확보하는 일이기 때문이다. 이런 연유로 필자는 연구방법, 연구결과, 해석 부분에 많은 도해를 넣었다. 질적 연구의 마무리는 도해 그리기라는 것을 기억하자.

아. 참고문헌과 본문 래퍼런스 대조하기

이런 경우가 많다. 본문에 있는 래퍼런스가 참고문헌에 없는 경우, 또는 참고문헌에는 있는데 본문에는 래퍼런스가 없는 경우 말이다. 이는 연구 윤리와 연계되며, 연구 신뢰성을 떨어트린다(혹여 실수라 할지라도). 따라서 글쓰기 작업을 모두 마친 후 2~3시간을 들여 〈Ctrl+F〉를 사용하여 참고문헌과 래퍼런스를 대조하는 작업을 반드시 해야 한다.

자. 심사에 따른 수정사항을 지도교수와 상의 후 수정하기

앞서 첫 번째, 두 번째 목표의 마지막에서 이야기한 것과 같이 지도교수와의 상의는 필수이다. 세 번째 목표(초심, 본심, 종심)도 마찬가지다. 3번의 심사를 거치며 외부 심사위원을 포함한 5명(석사 3명)의 심사위원의 수정사항이 있을 것이다. 이때 간략한 수정사항은 학위과정생이 스스로 해도 되지만, 해석(논의)의 방향이 바뀔 수 있거나, 그 정도의 영향이 있는 수정사항은 반드시 지도교수와 상의 후 수정할 것을 권한다.

이 책은 대안교육 철학이 이식된 체육교사의 정체성과

체육수업 변화의 교육적 의미를 도출함으로써

대안교육이 지향하는 인간교육이

어떻게 체육교육에 투영될 수 있는지를

실제적으로 탐색한 국내 최초의 연구이다.

[출처] - 국민일보, 중앙일보, 서울일보 등